〈붓다의 노래〉 강설집

붓다!
기쁨의 노래

월호 지음

담앤북스

나모 땃사 바가와또 아라하또 삼먁삼붓다사

지극히 존귀하시고 응당 공양 받을 만하시며
바르게 두루 아시는 분께 귀의합니다!

마하반야바라밀

마하는 큼이요, 반야는 밝음이요, 바라밀은 충만함이다.
마하반야바라밀이 나요, 내가 마하반야바라밀이다.
나는 본래 크고 밝고 충만하다.

대면관찰, 해탈의 기쁨!

사꺄무니 붓다의 화두는 오직 늙고 죽음으로부터의 해탈이었습니다. 쾌락과 선정 그리고 고행을 통해서는 결코 늙고 죽음의 문제를 해결할 수 없음을 체득한 붓다는 보리수 아래 앉아 늙고 죽음의 원인에 대하여 사유하기 시작했습니다. 원인을 알아야 처방이 나오기 때문이지요.

늙고죽음 왜 생겼나?　　태어남이 있기 때문.
태어남은 왜 생겼나?　　존재열망 있기 때문.
존재열망 왜 생겼나?　　내것으로 취함 때문.
내것취함 왜 생겼나?　　상대애착 하기 때문.
애착함은 왜 생겼나?　　좋고나쁜 느낌 때문.
상대느낌 왜 생겼나?　　서로접촉 하기 때문.
접촉함은 왜 생겼나?　　여섯기관 있기 때문.
여섯기관 왜 생겼나?　　몸과마음 있기 때문.

몸과마음 왜 생겼나?   나름생각 하기 때문.

나름생각 왜 생겼나?   의도적인 행위 때문.

의도행위 왜 생겼나?   밝지못함(無明) 때문이네.

늙고 죽음의 근본원인은 무아법에 밝지 못하기 때문이었습니다. '내'가 있기 때문에 '나의 늙고 죽음'이 있는 것입니다. 그러므로 늙고 죽음에서 벗어나려면 '내'가 사라져야 하지요. 원인을 정확히 알았으니 이제는 처방이 나올 순서이지요. 그 처방이 바로 대면관찰이라는 네 알의 약입니다.

무아법에 밝으려면   네 가지로 관찰하세.

몸에 대해 몸을 보고,   느낌 대해 느낌 보고,

마음 대해 마음 보고,   법에 대해 법을 보세.

거울 보듯 영화 보듯,   강 건너 불구경하듯,

대면해서 관찰하되   닉네임을 붙여하세.

네 알의 약을 통해 얻을 수 있는 가장 큰 효능은 번뇌의 소멸과 관찰자 체험입니다. 몸과 마음을 대면해서 관찰하니 고통이 사라지거나 누그러집니다. 그러면서 관찰자의 입장에 서게 되지요. 이 관찰자야말로 불생불멸(不生不滅) 불구부정(不垢不淨) 부증불감(不增不減)인 성품입니다.

몸과 마음 변화하여   일어나고 사라지나,
관찰자는 여여부동   늙고 죽음 초월하네.
본래 해탈인 것이다.   우~하하하하하!

    우리의 성품이 본래 크고 밝고 충만함을 알게 되니 기쁘지 않을 수 없습니다. 이제 나와 남이 둘이 아닌 큰마음으로 웃으며 살면 될 뿐입니다. 또한 스스로 결핍을 느끼지 않으니 더 이상 밖으로 찾아다닐 필요도 없지요. 그저 아는 만큼 전하고 가진 만큼 베풀면 그만입니다. 감지덕지인 것이지요.

행불사문 월호 합장

차례

들어가는 말

11

12

108
게송으로
보는
붓다의
생애와
가르침

OOI

디빵까라(연등) 부처님께
수기를 받는 청년 수메다

수메다가 던진 푸른 연꽃 다섯 송이는
부처님의 머리 위에 일산처럼 펼쳐지고,
두 송이는 어깨에 드리워져 있었다.
걸음을 멈춘 디빵까라 부처님께서 부드러운 시선을 던지며
수메다에게 말씀하셨다.

"놀라지 마라. 그대는 과거생에 많은 지혜와
복덕을 쌓은 사람이다.
그대는 오랜 세월 자신의 재물을 가난한 이들에게 베풀고,
청정한 계율로 자신을 바로 세우며,
겸손한 자세로 모욕을 참아내고,
올바른 목적을 위해 용맹하게 정진하며,
몸과 마음을 고요히 안정시키고,
참된 지혜를 얻으려고 끝없이 노력한 사람이다.

그대는 수없는 삶 동안 슬픔에 잠긴 이들을 위로하고,
고통에 울부짖는 이들을 돌보며 보낸 사람이다.
그런 까닭에 지금과 같은 일이 일어난 것이다."

"부처님, 제 머리카락을 밟고 지나가소서."

"백 겁의 세월이 흐른 뒤 그대는 사바세계에서
여래(如來), 무소착(無所着), 지진(至眞), 등정각(等正覺)이 되어
사꺄무니라 불릴 것이다."

"부처님은 두 말씀 하지 않으시네.
승리자는 빈 말씀 하지 않으시네.
부처님에게 거짓이란 없으니
나는 반드시 붓다가 되리라.
허공에 던져진 흙덩이가 땅으로 떨어지듯
나는 반드시 붓다가 되리라.
짙은 어둠이 끝나면 태양이 솟아오르듯
나는 반드시 붓다가 되리라.
깊은 잠에서 깨어난 사자가 포효하듯
나는 반드시 붓다가 되리라.
짊어진 무거운 짐을 벗어 버리듯
나는 반드시 붓다가 되리라."
－『부처님의 생애』(조계종출판사)

▽

석가모니 부처님께서 이 사바세계 남섬부주에 오셔서 하늘과 땅의 스승이 되시어 모든 생명을 위해 바른 법을 널리 펼치신 것은 셀 수 없는 오랜 겁 동안 생을 거듭하면서 수행을 하고 공덕을 쌓으며 서원(誓願)을 세우셨기 때문입니다. 그 수많은 과거생 가운데 디빵까라 부처님, 즉 연등 부처님을 만나 미래생에 반드시 붓다가 될 것이라는 수기를 받는 장면이 있습니다. 이 장면에서부터 석가모니 부처님의 아름다운 일대기를 시작하고자 합니다.

사실 우주가 시작되고 오랜 세월 동안 부처님은 석가모니 부처님 한 분만 계셨던 것은 아닙니다. 우리가 통상 과거칠불이라고 하는데, 석가모니 부처님 이전에 여섯 분의 부처님이 계셨고 일곱 번째 부처님이 석가모니 부처님이십니다. 이 석가모니 부처님의 가르침을 우리가 배우고 있는 것입니다. 그리고 미래세에 오실 부처님은 미륵 부처님이시지요.

우리가 이 일곱 번째 부처님을 석가모니 부처님이라고 부르고 있는데, 석가모니라는 말의 원어는 사꺄무니(Sakyamuni)입니다. 사꺄(Sakya)는 부족의 이름이고, 무니(muni)는 성인을 뜻하는 말입니다. 다시 말하면, 사꺄무니라는 말은 '사꺄족의 성인'이라는 뜻입니다.

제가 출가하기 전에 영주 부석사 무량수전에서 혼자 일주일간 기도를 한 적이 있습니다. 처음에는 "석가모니불"을 외면서 정근을 했습니다. 계속 하다 보니까 나중에는 저절로 "사꺄무니"라고 부르게 되더군요. 우리가 한자로 '석가모니(釋迦牟尼)'라고 부르는 분의 본래 이름이 '사꺄무니'인 줄도 몰랐던 때인데 그랬습니다. 아마도 제가 과거생에 사꺄무니 부처님 아래서 공부를 했나 봅니다. 나중에 불교를 공부하면서 부처님 이름이 '사꺄무니'라는 것을 알았지요.

사꺄무니 부처님께서 수많은 생을 거듭하시며 수행을 하고 공덕을 쌓으시는 중에 '수메다'라는 이름으로 사신 적이 있습니다. 그때 디빵까라 부처님, 즉 연등불이 오셨다는 소식을 듣고 자신의 전 재산을 들여 '고삐'라는 여인에게서 일곱 송이의 꽃을 사서 공양을 올렸습니다.

사실 고삐는 그 꽃을 팔 생각이 없었지만 부처님께 공양 올리는 것의 공덕과 수메다의 준수한 모습과 맑은 눈동자에 반해 꽃을 팔게 된 것입니다. 여인의 몸이라 디빵까라 부처님께 직접 공양 올릴 수 없었던 고삐는 한 가지 조건을 걸었습니다. 다섯 송이는 수메다가 원하는 대로 공양 올리고, 두 송이는 자신을 대신해 부처님께 공양 올리며 다음 생에 자신이 수메다의 아내가 되도록 소원을 빌어달라는 것이었습니다.

수메다는 먼저 다섯 송이의 꽃을 부처님께 공양 올리며, 세상 모든 중생을 고통에서 건질 수 있도록 붓다가 되게 해 달라고 원을 발했습니다. 이어 두 송이의 꽃을 공양 올리며, 고삐라는 여인이 자신의 아내가 되게 해달라고 소원을 대신 빌었습니다. 그러자 놀라운 일이 벌어졌습니다. 다섯 송이의 꽃은 부처님의 머리 위에 일산처럼 펼쳐지고, 두 송이의 꽃은 부처님의 어깨 위에 드리워진 것입니다.

　　깜짝 놀란 수메다에게 디빵까라 부처님께서 "놀라지 마라. 그대는 과거생에 많은 지혜와 복덕을 쌓은 사람이다.… 그런 까닭에 지금과 같은 일이 일어난 것이다." 하고 첫 번째 게송을 읊으셨습니다.

　　그에 감격에 겨운 수메다는 디빵까라 부처님의 두 발 아래에 머리를 조아렸지요. 그러면서 보았습니다. 땅이 매우 질척거리는 것을요. 그래서 수메다는 자신의 옷을 벗어 질척거리는 땅을 덮었지만 그래도 모자란 곳은 자신의 머리카락을 풀어 덮으며, 부처님의 발에 진흙이 묻지 않도록 자신의 머리카락을 밟고 지나가시길 청했습니다.

　　이러한 수메다를 보고 디빵까라 부처님께서는 마침내 수기(受記)를 내리십니다.

　　　"백 겁의 세월이 흐른 뒤 그대는 사바세계에서 여래(如來), 무소착(無所着), 지진(至眞), 등정각(等正覺)이 되어 사꺄무니라 불릴 것이다."

　　수기란 기별을 준다는 것이지요. 줄 수(受) 자에 기별 기(記) 자를 쓰는데, 요즘말로 하면 '예언' 같은 말입니다. 『법화경』에 「수기품」이 있습니다. 부처님이 제자인 사리뿟따에게 이런 식으로 기별을 주십니다. 나중에는 '모든 중생이 다 부처가 될 것'이라고 기별을 내리십니다. 불가에서는 미래를 점치는 일을 금합니다. 부처님이 금하신 일입니다. 미래는 정해진 것이 아니라 변하는 것이기 때문입니다. 족집게 점쟁이도 지난 일은 잘 맞히지만 앞날은 잘 맞히지 못하지요. 미래는 결정돼 있지 않기 때문이지요. 미래가 결정돼 있다고 생각하는 것은 '숙명론'입니다. 그러나 불교는 '숙명론'을 배격합니다. 미래는 변할 수 있습니다. 그렇기 때문에 부처님이 점을 치지 말라고 하신 것입니다. 그렇지만 그런 부처님도 딱 한 가지는 점을 치셨습니다. 저도 한 가지는 점칠 수 있습니다. 잘 새겨 두십시오.

"여러분은 모두 다 부처가 됩니다."

이 얼마나 희망적인 메시지입니까. 사실 이 말은 부처님께서 하신 말씀입니다. 부처님은 여러분, 즉 우리 중생을 다 부처로 만들겠다고 다짐하신 분입니다. 사꺄무니 부처님의 원력(願力)에 힘입어서 우리는 모두 다 부처가 될 수 있습니다. 다만 더디 되느냐 빨리 되느냐 하는 시간의 차이가 있을 뿐입니다. 불교의 핵심, 부처님 가르침의 핵심을 아는 분들은 다른 분들보다 빨리 부처가 될 것입니다. 사캬무니 부처님처럼, 일체 중생을 고통에서 건지겠노라 서원을 세우며 보살행을 실천하고 공덕을 쌓으며 열심히 수행하면 우리가 부처가 되는 때를 더 빨리 앞으로 당길 수 있습니다.

뚜시따(도솔) 천
세따께뚜(호명) 천신이
인간세계로 내려오다

저 코끼리가 뚜시따 하늘에서
신(神)으로 내려와 모태에 드니
그 어머니 모든 근심 여의고
허영심 나지 아니하네.
―『불소행찬』

▽

　청년 수메다는 디빵까라 부처님에게서 백 겁 뒤에 부처가
될 것이라는 수기를 받고 천상과 지상을 오르내리다가 맨 마지막
에는 뚜시따(Tusita) 천(天)에 머물렀습니다. 뚜시따는 고대 인도
에서 사용했던 범어인데, 한자로 음사해서 '도솔천(兜率天)'이라
고 합니다.

불교에서는 번뇌에서 벗어나지 못한 중생이 사는 세계를 욕계, 색계, 무색계의 세 가지로 나눕니다. 그중에서도 욕망을 떨치지 못한 중생이 사는 곳이 욕계인데 우리가 사는 곳이 바로 욕계입니다. 이 욕계에는 육욕천(六欲天)이라 하여 6가지 하늘이 있는데, 도솔천은 그중에서 네 번째 하늘입니다. 다시 이 도솔천은 내원(內院)과 외원(外院)으로 나뉘는데, 내원은 장차 부처가 되실 보살이 머물며 수행하는 곳이고, 외원은 일반 천인들이 머무는 곳입니다. 미래세에 오실 미륵 부처님이 지금 도솔천 내원에 머물며 수행하고 계시지요.

　　이 도솔천의 내원에 천신 세따께뚜, 즉 호명보살(護明菩薩)로 머물고 계셨습니다. 이 호명보살은 부처가 되기 바로 직전의 보살, 즉 일생보처보살(一生補處菩薩)입니다. 천신 세따께뚜는 '사바세계에서 사람들을 교화할 시기가 무르익었구나. 어디로 갈까.' 고민하다가 인도로 가야겠다고 마음먹습니다. 그다음에 '어머니를 누구로 할까.' 고민하던 끝에 '마야 부인을 어머니로 삼아야겠다.' 결심합니다.

　　중생은 언제 어디에서 누구로 태어날지 모릅니다. 하지만 보살은 원생(願生), 즉 원하는 대로 태어날 수 있으므로 언제 어디에서 어떤 부모 밑에서 태어날지를 스스로 선택합니다. 이것이 진짜 주인공의 삶입니다. 우리 모두 보살행을 열심히 하다 보면 주인공이 될 수 있습니다. 보살행을 하기 위해서는 인간세계에 태어나는 것이 좋습니다. 왜냐하면, 천상세계는 모두 잘 먹고 잘 살기 때문에 내가 보살행을 할 것이 없습니다.

사실 대한민국만큼 보살행을 실천하기 좋은 나라가 없습니다. 인간세계에서도 너무 잘 먹고 잘 사는 나라에 태어나면 복지가 잘 돼 있어서 먹고 사는 고통이 거의 없습니다. 그래서 고민하는 사람도 별로 없지요. 그러나 대한민국은 유복한 사람과 박복한 사람이 고루 있습니다. 국제 정세도 혼란스럽고요. 그러면 사람들의 고민이 많아집니다. 또 중요한 사실 하나가 우리나라는 오랫동안 불교를 믿어 왔고 불교가 잘 자리 잡고 있어서 마음만 먹으면 어디서나 부처님 가르침을 배울 수 있다는 점입니다. 이런 이유로 저나 여러분이 우리나라에 태어났습니다.

　이 게송은 뚜시따 천의 호명보살이 인간세계로 내려오는 장면입니다. 천상에서 자신이 태어날 나라와 어머니를 택해서 하생(下生)하는 장면이지요. 중생은 자신이 지은 업에 따라 다음 생이 결정되지만, 보살은 원력에 따라 다음 생을 결정합니다. 일체중생을 구제하기 위해 일부러 인간세계로 내려오는 것입니다.

　마야 부인의 태에 장차 부처님이 되실 호명보살이 자리 잡으니, 마야 부인은 모든 근심과 걱정을 여의고 허영심이 일어나지 않는다는 말입니다. 어떤 아이가 모친의 태에 들어오느냐에 따라 어머니에게도 영향이 미칩니다. 아이가 들어서면 입맛이 평소와 달라진다고들 합니다. 우유죽을 좋아하는 아이가 오면 엄마가 자꾸 우유죽이 당깁니다. 그 마음이 전이되기 때문입니다. 장차 부처님이 되실 아이가 들어서니까 마야 부인, 즉 어머니는 근심 걱정이 사라지고 허영심이 일어나지 않는다는 말입니다.

　근심 걱정이 사라진다는 것은 이해가 되는데, 허영심이 나지 않는 이유는 무엇일까요? 마구니가 제일 좋아하는 게 허영심이기 때문입니다. 사람에게 허영심이라는 틈이 생기면 마구니가 들어옵니다. 요즘 전화로 사람을 속여 사기 치는 일이 심심찮게 뉴스에 보도되지요. 허영심이 없는 사람은 그런 사기를 당하지 않습니다. 사기꾼들은 "통장을 며칠만 빌려주면 몇 백만 원을 거저 주겠다."고 합니다. 허영심이 없으면 이런 부당한 돈을 아예 바라지 않습니다. 허영심 때문에 이런 말에 혹하면 통장에 있던 돈조차 다 날리게 됩니다. 허영심만 없어도 인생이 평탄해집니다. 허영심을 다스리는 일이 그만큼 중요하다는 뜻입니다.

룸비니 동산에서 태어나
사방을 바라보며 선포하다

이 생(生)은 부처가 될 생으로
가장 마지막 생이 될 것이다.
나는 오직 이 생에서
마땅히 일체를 건지리라.
-『불소행찬』

▽

    고대 인도에서는 아기가 태어날 때가 다가오면 친정에 가서 해산을 하는 풍습이 있었습니다. 그 풍습에 따라 마야 부인은 출산을 위하여 까삘라왓투를 떠나 친정인 꼴리야를 향해 길을 나섰습니다. 산달이 가까워 무거운 몸이라 천천히 가는 도중 룸비니 동산에서 쉬게 되었습니다. 겨울이 끝나고 봄이 시작되어 날은 따뜻하고 사방에 꽃이 향기롭게 피어 있었습니다. 잠시 쉬면서 동산을 거닐던 마야 부인은 문득 산기를 느끼고 옆에 있던 나무의 가지를 붙잡았습니다. 그러자 신기하게도 아무런 산통도 없이 오른쪽 옆구리에서 부처님이 태어나셨습니다.

　이때 마야 부인이 잡은 나무는 아무 고통 없이 부처님이 태어나게 된 것을 기려 아소카 나무, 즉 무우수(無憂樹)라고 불렀습니다. 부처님이야말로 진정한 도인(道人)이라 할 수 있습니다. 부처님은 어머니이신 마야 부인이 친정으로 가던 길 위에서 태어나셨습니다. 출가한 뒤로는 길을 다니며 전법을 하셨고, 마지막에는 길 위에서 돌아가셨습니다. 길 위의 삶을 평생토록 사셨기에 부처님은 도인(道人) 중의 도인이라고 할 수 있을 것입니다.

　부처님은 태어나자마자 사방을 관찰하며 선포하셨습니다. 바로 이번 생에 부처가 되실 것이며, 이번 생이 가장 마지막 삶이 될 것이고, 일체 중생을 고통에서 건지실 것을 크게 선포하셨지요. 이번 생을 '가장 마지막 생'이라고 말한 까닭은 부처님이 윤회에서 벗어난 분이기 때문입니다. 해탈했기 때문에 더 이상 다시 태어날 일이 없습니다. 이를 '무학(無學)'이라고 합니다. 아라한을 무학이라고도 하는데 더 이상 배울 것이 없다는 뜻이지요. 여기에 대비되는 말이 유학(有學)인데, 공부할 게 있다는 뜻입니다. 중생은 공부할 것이 있으니까 계속 다시 태어나는 겁니다. 공부할 게 없는 사람은 다시 태어나지 않지요. '마땅히 일체를 건지리라.'는 말에는 중생을 제도한다는 뜻도 있지만 부처님 스스로도 이번 생에 모든 번뇌와 고통에서 벗어나야겠다 다짐한 것과도 같습니다.

004

여덟 명의 바라문이
싯닷타(목적 성취자)라고
이름 짓다

세속에 남아 있으면
전륜성왕이 될 것이고
출가하면 붓다가 되어
뭇 중생을 제도할 것입니다.

▽

룸비니 동산에서 왕자가 태어났다는 소식은 온 나라의 경
사였습니다. 모두들 기뻐하는 가운데 여덟 명의 바라문이 갓 태
어난 왕자의 상호를 살펴보니, 위대한 성인이나 전륜성왕이 갖
추어야 하는 서른두 가지의 뛰어난 모습을 모두 갖추고 있었습니
다. 우리가 익히 알고 있는 삼십이상(三十二相) 팔십종호(八十種好)
를 이미 갖추고 계셨던 것입니다. 이런 뛰어난 상호를 갖추고 계

신 분이 세속에 있으면 전륜성왕이 되고, 출가를 하면 부처님이 되는 것입니다. 전륜성왕이란 온 국토를 통일하고 현명하게 잘 다스리는 임금을 말합니다. 부처님은 법계의 모든 중생을 고통에서 구제하시는 분입니다.

여덟 명의 바라문은 이제 갓 태어난 왕자의 상호를 보고, 그 앞에 두 가지 길이 있음을 선포하였습니다. 그리고 이어서 말합니다. 이 왕자님은 어떤 목적이든 모두 성취할 것이라고요. 그 말을 들은 숫도다나 왕(정반왕)은 왕자의 이름을 '싯닷타'라고 지었습니다. 싯닷타(Siddhattha)는 고대 인도의 말로 '목적을 성취하는 자'라는 뜻입니다. 싯닷타를 한자로 음사해서 실달타(悉達他) 또는 실달(悉達)이라고 옮겼습니다. 이 이름에는 왕자가 위대한 전륜성왕이 되기를 바라는 아버지 숫도다나 왕의 바람이 깃들어 있는 것입니다.

선택의 여지는 늘 있습니다. 우리도 마찬가지입니다. 결정돼 있는 것은 아무것도 없습니다. 어느 것을 선택하느냐에 따라 삶이 바뀝니다. 제가 쌍계사 국사암에 있을 때의 일입니다. 부산에 사는 불자 한 분이 찾아와 "신내림을 받아야 한다는데 어떻게 해야 할까요?" 하며 상담을 청해 왔습니다. 사연인즉, 몸이 너무 아파서 병원과 한의원을 여러 곳 다녔는데 몸에는 아무 이상이 없었다고 합니다. 그래서 어쩔 수 없이 신내림을 받기 전에 마지막으로 저를 찾아온 것입니다. 사실 본인은 신내림을 받고 싶지 않지만 가족에게 화가 미칠까 두려워 고민이 크다고 하더군요. 마지막으로 저를 찾아온 것은, 만약 제가 신내림을 받으라고 하면 받을 각오를 하고 왔다고 합니다. 그래서 저는 "선택은 본인이 하는 것"이라고 말했습니다. "본인이 받고 싶지 않다면 받지 않아도 된다."고 했습니다. 그렇지만 그분은 "그래도 좀 찜찜하다."고 하길래 행불선원에서 만든 독송집 『본마음 참나』를 주고 틈이 날 적마다 소리 내어 읽으라고 권했습니다. 백 일간 기도한다는 생각으로 아침저녁으로 소리 내어 읽을 것을 권했지요. 그러고 나서 백 일이 지난 후에 이분이 건강해져서 저를 다시 찾아왔습니다. 몇 년이 지난 후에도 건강한 모습으로 저를 찾아와 고맙다고 하더군요. 선택은 바로 내가 하는 것입니다. 아무리 어렵고 힘든 일이더라도 방법은 늘 있습니다. 모든 일이 그렇습니다.

오래 기다리던 왕자의 탄생에 모두 기뻐했고 범상치 않은 상호에 이어진 놀라운 예언은 그 기쁨을 더하게 했지만 그리 오래가지 못했습니다. 왕자가 태어난 지 칠 일 만에 마야 부인이 세상을 떠나 도리천으로 올라가게 된 것입니다. 그러나 마냥 슬픔에만 젖어 있을 수 없기에 당시의 풍습에 따라 마야 부인의 여동생인 마하빠자빠띠가 새어머니가 되어 왕자를 키우게 되었습니다. 어머니의 사랑이 가장 크지만 이모의 사랑도 그 못지않을 터라 고대 인도에서는 이모를 새어머니로 맞는 풍습이 있었습니다.

싯닷타 태자가 세상에 태어난 상서로운 일에 하늘의 천신들도 모두 기뻐하였습니다. 선인 아시타도 그 소식을 듣고 까삘라왓투로 찾아와 싯닷타 태자를 보고는 말없이 눈물만 펑펑 흘렸습니다. 혹시 아들에게 무슨 나쁜 일이 생기는 것은 아닌지 놀란 숫도다나 왕이 그 까닭을 물었습니다. 그러자 아시타 선인은 고개를 저으며 말했습니다.

"이 분은 분명 붓다가 되실 텐데, 그때가 되면 나는 죽어서 이 세상에 없을 것이라서 붓다를 뵙지 못하는 것이 한탄스러워서 그러는 것입니다."

아들이 온 세상을 정복하여 통치하는 전륜성왕이 되기를 바라던 숫도다나 왕은 그 말에 기뻐하지 않았습니다. 하지만 우리가 모두 아는 대로 아시타 선인의 예언은 현실이 되었습니다.

정거천왕이 수행자의
모습으로 태자에게 설하다

나는 늙고 병들고 죽음을 염증 내어

집을 떠나 해탈을 구하는 수행자라네.

중생은 늙고 병들고 죽으며

변하여 무너짐을 잠시도 쉬지 않으니

나는 생(生)도 멸(滅)도 없이 항상(恒常)한 즐거움 구한다네.

－『불소행찬』

▽

싯닷타 태자는 왕궁에서 유복하게 잘 자랍니다. 아버지인 숫도다나 왕의 입장에서는 아들이 붓다가 되기보다는 전륜성왕이 되기를 바랐습니다. 그래서 삶의 고통에 관심을 두지 않도록 풍요롭고 행복한 분위기에서 태자를 양육했습니다. 더위와 추위에 힘들지 않도록 여름 궁전과 겨울 궁전을 따로 지어 머물게 했고, 아리따운 궁녀들이 시중을 들게 했습니다. 싯닷타 태자가 출가할까 걱정했기 때문입니다.

그러던 어느 날 싯닷타 태자는 궁 밖으로 나가게 됩니다. 싯닷타는 동쪽 성문 밖에서 늙어 가는 사람을 발견합니다. 얼굴에 자글자글 주름이 가득하고 몸이 쪼그라들어 허리가 구부정한 노인을 발견하고 깜짝 놀라지요. 왜냐하면 그 동안 궁에서 본 사람은 모두 젊고 아름다운 이들뿐이었기 때문입니다. 곁에 있던 수행인에게 "저이는 왜 저러냐?" 물으니 "늙으면 누구나 그렇다."는 답을 듣습니다. 그다음으로 남쪽 성문 밖으로 나가는 길에 병든 사람을 봅니다. 싯닷타는 "나도 병이 드는가?" 묻습니다. 수행인은 역시 "그럼요."라고 답합니다. 다시 며칠이 흐른 뒤에 서쪽 성문 밖으로 나가다가 죽어서 장사 지내는 행렬을 보고는 또 묻습니다. "나도 죽는가?" 이번에도 수행인은 "그럼요."라고 답합니다. 이 일들을 계기로 싯닷타는 인간은 누구나 늙고 병들고 죽는다는 사실을 알게 됩니다. 그리고 나서 '그렇다면 지금 잠깐 잘 사는 게 무슨 의미가 있나?' '늙고 병들고 죽는 데서 벗어날 방법이 없나?' 하는 고민을 시작합니다. 골똘히 고민에 빠져 있다가 이번에는 북쪽 성문 밖으로 외유를 나가는 길에 수행자를 만납니다. 싯닷타는 수행인에게 "저이는 뭐하는 사람인가?" 묻습니다. "수행자입니다. 저이는 집을 떠나 수행하면서 늙고 죽음의 문제를 해결하려 합니다." 싯닷타는 이 말을 듣고 마음속으로 '저거다. 저것이 내가 가야 할 길이다.' 하고 정하며 수행자의 꿈을 꿉니다.

이 이야기가 우리가 익히 알고 있는 사문유관(四門遊觀)의 이야기입니다. 동·남·서·북의 네 성문 밖에서 생로병사라는 삶의 네 가지 고통을 직면하게 되는 것입니다. 모든 태어난 존재라면 누구도 피할 수 없는 늙음과 병듦과 죽음에 맞닥뜨린 것이지요. 늙고 병들고 죽는 것만이 고통이 아닙니다. 이 모든 것은 태어났기 때문에 벌어지는 것입니다. 그래서 태어남도 고통이 되는 것입니다. 이 고통에서 벗어날 방법이 정녕 없을까요? 있습니다. 그 답을 찾는 길이 바로 출가 수행인 것입니다. 그래서 네 번째로 북쪽 성문 밖에서 싯닷타 태자는 수행자를 만나고 가야 할 길을 결정한 것입니다.

수행자에게는 저마다 화두가 있습니다. 부처님의 화두는 '늙음과 병듦과 죽음으로부터의 해탈'이었습니다. 우리 모두 늙고 병들고 죽습니다. 백 년 안에, 지금 만난 사람 모두 이 세상에서 찾아볼 수 없습니다. 시간은 빨리 흘러갑니다. 누구도 흐르는 시간을 더디게 가게 하거나 멈추지 못합니다. 그러니 지금 살아 있을 때 복 닦기와 도 닦기를 좀 더 열심히 해야겠다는 마음으로 살아가야 합니다.

29세에 왕궁을 떠나 출가하며 마부 찬다카에게 전하다

나고 죽는 바다를 뛰어 건너고
그런 다음 마땅히 돌아가리라.
만일 이 소원 이루어지지 않는다면
이 몸은 숲속에서 죽고 말리라.
－『불소행찬』

▽

동·남·서·북의 네 성문 밖에서 삶의 고통에 맞닥뜨리고
그 고통에서 벗어나기 위한 수행의 길을 찾게 된 싯닷타 태자는
스물아홉 살에 왕궁을 떠납니다. 그러나 눈에 넣어도 아프지 않
을 만큼 자신을 아끼고 사랑하던 부왕과 친모보다 더한 애정으로
키워주신 마하빠자빠티, 자신이 떠나면 홀로 남을 부인 야소다라

가 태자의 출가를 반길 리 없었습니다. 게다가 대를 이를 자식도 없는 상태였지요. 그러던 중 아들이 태어납니다. 갓난아이의 이름을 라훌라라고 지어주고는 싯닷타 태자는 출가의 결심을 행동으로 옮기게 됩니다.

라훌라의 탄생을 축하하는 연회가 칠 일 밤낮 동안 이어졌습니다. 모든 사람이 지쳐 잠든 깊은 밤 스물아홉의 나이에 출가를 위해 왕궁을 떠나는 태자는 마부 찬다카만 대동한 채 애마 깐타까를 타고 몰래 궁을 빠져나옵니다. 어슴푸레한 달빛에 의지하여 길을 재촉하다 보니 어느덧 동쪽 하늘이 밝아오고 있었고 숲속에 이르게 되었습니다.

싯닷타 태자는 말에 내려 입고 있던 화려한 옷과 장신구를 벗어 찬다카에게 주었습니다. 지니고 있던 날카로운 칼로 아름답고 윤기 흐르는 머리털을 싹둑 잘라버립니다. 그러고는 찬다카에게 궁으로 돌아와 부왕과 어머니 그리고 부인에게 자신의 말을 전하라며 위의 게송을 읊습니다. 생로병사의 고해(苦海)를 넘은 뒤에 반드시 돌아가리라, 만약 그 고해를 넘지 못하면 이 숲속에 몸을 묻으리라는 결연한 의지를 대신 전해달라고 한 것이지요.

찬다카의 전언을 들은 숫도다나 왕은 태자의 출가를 선선히 받아들였을까요? 아니지요. 깜짝 놀란 부왕은 당장 여러 명의 신하들을 보냅니다. 태자를 찾아서 반드시 데리고 오라고 말이지요. 왕의 명령을 받은 신하들은 날랜 말을 타고 태자를 뒤좇아 왔습니다. 그리고 마침내 태자를 발견하고는 애원하지요. 돌아가 전륜성왕의 길을 걸으시라, 가족의 슬픔을 헤아려 보시라,

공덕을 지어 천상에 나는 길을 택하시라며 태자의 두 발에 매달렸습니다. 하지만 그 어떤 말로도 싯닷타의 마음을 돌이킬 수는 없었습니다. 결국 몇몇은 까삘라왓투로 돌아갔지만 그들 가운데 다섯 명은 남아 태자의 뒤를 따랐습니다. 그들이 꼰단냐, 왑빠, 밧디야, 마하나마, 앗사지였는데 후에 부처님의 첫 번째 제자가 됩니다.

싯닷타 태자는 안락이 보장된 태자로서의 삶을 버리고 생과 사의 문제를 해결하기 위해 숲속으로 들어갔습니다. 아름다움을 자랑하던 머리카락도 모두 잘라버리고, 화려하고 부드러운 옷과 귀한 장신구를 벗어버린 몸에는 허름한 옷을 걸치고, 향기로운 진미가 아닌 거친 음식을 먹으며 오직 생사해탈의 길을 찾아 수행의 길로 들어선 것입니다. 부처님께서 출가하신 뜻은 삶과 죽음의 고해를 뛰어넘는 것입니다. 그 뜻을 기억하면서 우리가 왜 불법을 배우고 수행해야 하는지를 되새겨야 합니다.

선정과 고행을 포기하고 수자타에게서 우유죽을 받아 드시다

여기 이 자리에서
내 몸은 말라버려도 좋다.
가죽과 뼈와 살이
없어져도 좋다.
어느 세상에서도 얻기 어려운
저 깨달음에 이르기까지
이 자리에서 죽어도
결코 일어서지 않으리라.
–『부처님의 생애』(조계종출판사)

▽

싯닷타는 스물아홉 살에 출가해 육 년간 수행을 했습니다. 처음에는 쾌락을 버렸습니다. 쾌락으로는 일시적 행복과 위안을 느낄 수 있지만 궁극적 해탈을 얻을 수 없다는 사실을 절감했기 때문입니다. 술이나 마약도 마찬가지입니다. 무언가 바깥의 대상을 통해 행복을 구하면 한계가 금방 옵니다. 술을 예로 들어 볼까요. 술을 마시면 일시적으로는 기분이 좋아지지만 그때뿐입니다. 과음한 뒤 술이 깰 때 골치가 더 아픕니다. 마약에 취하면 황홀경에 젖는다고 합니다. 그러나 점점 중독돼서 나중에는 폐인이 되지요. 물질적 것이든 정신적인 것이든 외부의 대상에 몰입해 취하면 얼빠진 사람이 됩니다. 내 얼을 거기에 다 빼앗기니까요.

그러나 쾌락을 버리는 것으로는 생사의 문제에서 해탈할 수 없음을 깨닫고 선정을 닦기 시작합니다. 나무 밑에서 가부좌하고 수행하는 사람들을 보고 그 무리에 합류한 것입니다. 당시 수행자들이 하던 선정은 크게 두 가지였습니다. 싯닷타도 이 두 가지를 차례차례 수행합니다.

첫 번째로 수행한 것이 무소유처정(無所有處定)인데, 소유하는 바가 없다는 뜻입니다. 몸이 사라지는 경지를 추구하는 것이지요. 사실 우리 몸은 잘 간수하기 무척 어렵습니다. 배가 고프거나 목이 마르거나 춥거나 덥거나 등등 수시로 돌봐야 합니다. 그러나 무소유처정을 닦으면 이 몸뚱이가 사라진 것처럼 느껴집니다. 예를 들면 세 시간가량 좌선을 해서 화두일념의 상태가 되면 몸뚱이가 느껴지지 않습니다. 좌선을 하고 있을 때면 이게 됩니다. 그러나 일 년 내내 앉아만 있을 수는 없지요. 이걸 보면 결국 몸뚱이는 있는 것입니다.

그래서 두 번째로 비상비비상처정(非想非非想處定)을 수행합니다. 이것은 생각이 있는 것도 아니고 없는 것도 아닌 상태를 가리킵니다. 분별심이 쉰 상태이지만 죽지는 않은 상태를 뜻하지요. 참선하고 집중해 삼매를 닦다 보면 생각이 쉬어집니다. 그렇다고 죽은 건 아닙니다. 이것도 마찬가지로 선정에 들면 아무 생각이 없으니 고통과 불행이 없습니다. 그러나 일 년 내내 앉아만 있을 수는 없습니다. 일어나서 탁발하고 대화하다 보면 다시 번뇌가 일어납니다. 싯닷타는 결국 이것도 바른 수행이 아님을 깨닫고 선정을 포기합니다.

그리고 세 번째로 고행에 도전합니다. 그 누구도 도달하지 못한 경지에 이르기까지 고행을 합니다. 여러분은 부처님 고행상을 본 적이 있지요? 갈비뼈가 선연히 드러나고 뱃가죽이 등에 붙고 뼈 위에 핏줄이 도드라질 정도로 고행을 했습니다. 너무 오래 가만히 앉아 있어서 새가 머리에 둥지를 틀기도 했다고 합니다. 나무인 줄 알고요. 죽음의 문턱을 넘나들 정도로 고행을 했지만 고행으로도 해탈에 이르지 못한다는 것을 알게 되었습니다. 단지 몸만 수고롭게 할 뿐 생사에서 벗어나게 하지 못함을 알고는 고행을 포기합니다.

자리에서 일어난 싯닷타는 강가로 내려가 깨끗이 목욕을 하고 길게 자란 머리털과 수염을 잘라 몸을 깨끗이 했습니다. 그러고는 수자타에게 우유죽 공양을 받아 드셨습니다. 싯닷타가 출가할 때부터 따르며 함께 수행하던 다섯 수행자는 그 모습을 보고 실망했습니다. 우유죽을 먹다니, 이제 수행을 포기하려는 것인가 싶어 실망하지 않을 수 없었습니다. 누구보다 높은 선정을 성취하고 그 누구도 감히 따를 수 없을 정도로 고행을 하기에 깊은 경외심을 품고 싯닷타를 따르던 그들의 실망은 컸습니다. 그들은 싯닷타를 손가락질하며 떠났습니다.

008

35세에 마라의 유혹과 위협을 이겨내고 깨달음을 성취하시다

이것이 있으므로 저것이 있고
이것이 일어나므로 저것이 일어난다.
이것이 없으므로 저것이 없고
이것이 사라지므로 저것이 사라진다.
─『부처님의 생애』(조계종출판사)

▽

깨끗이 목욕하고 우유죽을 드신 보살은 보리수 아래에 자리를 잡고 앉았습니다. 사실 보살이 고행을 그만둔 데에는 이유가 있었습니다. 단지 고행이 생사 해탈에 도움이 되지 않는 것만이 이유는 아니었습니다. 그 옛날 부왕을 따라 농경제에 나갔다가 잠부나무 아래에서 선정에 들었던 기억이 떠올랐기 때문입니다. 그 고요하고 평안한 선정을 통해 해탈의 길을 찾아보고자 마음먹었습니다.

보리수 아래 굳건히 자리 잡은 보살에게 마군들의 왕 마라가 나타났습니다. 보살이 깨달음을 얻어 부처가 되면 마군들의 세가 약해질 것을 두려워하여 보살의 수행을 방해하려고 나타난 것이지요. 마라는 유혹합니다. 힘든 수행을 멈추고 공덕을 닦아 즐거운 천상에 태어나는 손쉬운 방법을 찾으라며 회유합니다. 어떤 회유와 협박에도 보살은 조금도 흔들리지 않은 채 고요히 손가락 끝으로 땅을 만져 마라와 그를 따르는 모든 마군들을 물리쳤습니다.

마라를 물리친 보살은 보리수 아래에서 생사의 '근본 원인'을 찾아 몰두합니다. '내가 늙고 병들고 죽는 것에서 해탈하려고 했는데, 늙고 병들고 죽는 것의 원인이 무엇일까' 하는 문제의식에 착안한 것입니다. 지금까지는 남들이 하던 선정과 고행을 모두 해보았지만 거기에서 답을 구하지 못했으니 이제는 내 방법대로 해봐야겠다고 생각한 것이지요. 그 결과 모든 현상에는 원인이 있다는 것을 발견합니다. 연기법(緣起法), 즉 불교의 핵심 사상을 깨달으신 것입니다.

009

늙고 죽음의 원인을 관찰하여 연기(緣起)를 발견하다

늙고 죽음 왜 생겼나? 태어남이 있기 때문
태어남은 왜 생겼나? 존재 열망 있기 때문
존재 열망 왜 생겼나? 내 것으로 취함 때문
내 것 취함 왜 생겼나? 상대 애착하기 때문
애착함은 왜 생겼나? 좋고 나쁜 느낌 때문
상대 느낌 왜 생겼나? 서로 접촉하기 때문
접촉함은 왜 생겼나? 여섯 기관 있기 때문
여섯 기관 왜 생겼나? 몸과 마음 있기 때문
몸과 마음 왜 생겼나? 나름 생각하기 때문
나름 생각 왜 생겼나? 의도적인 행위 때문
의도 행위 왜 생겼나? 밝지 못함 때문이네.
그러므로
무아법에 밝아지면 의도 행위 사라지고

의도 행위 사라지면 나름 생각 사라지고
나름 생각 사라지면 몸과 마음 사라지고
몸과 마음 사라지면 여섯 기관 사라지고
여섯 기관 사라지면 접촉함이 사라지고
접촉함이 사라지면 상대 느낌 사라지고
상대 느낌 사라지면 애착함이 사라지고
애착함이 사라지면 내 것 취함 사라지고
내 것 취함 사라지면 존재 열망 사라지고
존재 열망 사라지면 태어남이 사라지고
태어남이 사라지면 늙고 죽음 사라지네.

▽

　이 게송은 바로 앞의 간략한 연기법 게송을 자세히 설명한
것으로 십이연기법(十二緣起法)을 말한 것입니다. 십이연기법은
부처님이 새로 만들어낸 것이 아닙니다. 부처님이 이 세상에 오
시기 전에도 있었고 그 후에도 있을 법칙을 부처님이 발견한 것
입니다. 이것이 바로 불법의 핵심이지요. 모든 현상에는 원인이
있다, 내가 고통스러운 데는 원인이 있다. 이것이 바로 연기법입
니다. 부처님 깨달음의 핵심이 바로 연기법인 것입니다.
　'늙고 죽음'의 원인은 '태어남'이 있기 때문입니다. '태어
남'의 원인은 '존재의 열망'이 있기 때문입니다. '존재의 열망'은
'내 것으로 취하기' 때문입니다. 영가들은 내 몸을 받고 싶어서 안

달합니다. 몸뚱이가 없으니 실감이 나지 않기 때문이지요. '내 것으로 취함'은 '상대를 애착하기' 때문입니다. 좋다 나쁘다 맛있다 맛없다 등등. 맛있는 것은 애착하고 맛없는 것은 물리칩니다. 이러한 '좋고 나쁜 느낌'은 '서로 접촉하기' 때문에 일어납니다. 음식을 먹는 일이 바로 접촉하는 것이지요. '접촉'은 왜 생기나요? '여섯 기관' 때문입니다. 눈 귀 코 혀 몸 뜻, 이 여섯 가지가 있으니 접촉할 수 있는 것입니다. 여섯 기관, 즉 '몸과 마음'은 왜 생깁니까? '나름 생각하기' 때문입니다. 여러분의 얼굴을 보면 여러분 나름의 생각을 알 수 있습니다. 얼굴이라는 말이 바로 얼의 꼴을 뜻합니다. 자기 정신의 꼴, 모양을 뜻합니다. '나름 생각'은 '의도적인 행위' 때문에 생겨납니다. 의도적, 의식적으로 웃으면 얼굴이 예뻐집니다. 마찬가지로 의도적으로 성질을 자주 내면 얼굴이 추해집니다. 그러니 지금부터라도 웃어야 합니다. 성질은 되도록 내지 말고 상냥하게 미소 지어야 합니다. 자꾸 웃으면 얼굴이 복상으로 바뀝니다. 그러면 저절로 잘됩니다. '의도적인 행위'는 왜 생기나요? '밝지 못하기' 때문입니다. 무엇에 밝지 못하다는 걸까요? 무아법(無我法)에 밝지 못하다는 겁니다. 이를 '무명(無明)'이라고도 합니다. 본래 나라는 것은 없는데 나의 생각, 나의 고집을 주장하다 보니까 내가 생겨나는 것입니다.

이렇게 해서 늙고 죽음의 문제가 해결됐습니다! 부처님이 잘 알려주신 십이연기법을 믿고 따라서 실행하기만 하면 됩니다. 그런데 이걸 따라 하지 않고 자신이 독자적으로 개발하겠다고 하는 사람들이 있습니다. 하지만 수십 년 수천 생을 해도 안 됩니다.

독자적으로 개발할 분은 이미 정해져 있지요. 바로 미륵 부처님입니다. 그러나 여러분은 자신이 미륵 부처님인 줄 알면 안 됩니다. 부처님이 이미 밝혀 놓은 길, 제시한 길을 따라가면 됩니다. 십이연기(十二緣起), 사성제(四聖諦), 팔정도(八正道) 등의 길을 따라가면 되는 것입니다.

저도 한때 저만의 독자적인 길을 개발하려고 한 적이 있습니다. 부처님이 고행하지 말라고 하셨는데도 고행을 해 보겠다고 일종식(日種食)과 장좌불와(長坐不臥)에 돌입했습니다. 일종식은 하루에 한 끼만 먹는 것입니다. 장좌불와란 눕지 않고 늘 좌선하는 것입니다. 그렇게 며칠을 해 봤어요. 그러다 보니까 몸과 마음이 초췌해지고 기운이 빠졌습니다. 그렇게 삼 일째 되던 날인가, 비몽사몽간에 제가 대관령 같은 큰 산을 넘으려 하는 것이 보였습니다. 그 산에는 꼬불꼬불한 외길이 나 있었는데 길 밖은 숲이 우거져 있었고, 저는 길의 초입에 서 있더군요. 그런데 가만히 보니 가야 할 길이 너무 길더군요. 숲길을 헤치고 곧장 가면 빠를 것 같아서 한 발자국 내디디는데 누군가 저를 불러 세우더니 이렇게 말했습니다.

"숲길로 가면 헤맨다. 언뜻 보면 그 길이 빠를 것 같지만 만들어진 길을 따라가라."

그 일이 있은 후 저는 일종식과 장좌불와를 풀었습니다. 이런 고행은 그만하라는 소리구나, 깨달았기 때문이지요. 우리는 불교(佛教), 즉 부처님의 가르침을 믿고 따라야 합니다. 쾌락에도 빠지지 말고 고행에도 빠지지 마라, 중도(中道)의 길을 가라, 십이연기, 사성제, 팔정도, 사념처, 삼보에 대한 명상 등 불교의 핵심이 불교 경전에 다 들어 있습니다. 지금 전하는 108 게송에도 다 들어 있다고 보면 됩니다. 지금 여러분이 이 책을 보는 건 삼천 년 만에 기회를 얻은 것과 마찬가지입니다. 왜냐하면, 혼자서는 삼천 년 동안 고민해도 답을 알 수 없기 때문입니다. 십이연기와 같은 가르침을 하나씩 아는 데 수만 수천 년씩 걸립니다. 전법(傳法)을 하다 죽어야 하는데 공부하다 죽습니다. 대한민국 불교가 전법을 하지 않는 이유가 바로 이렇게 공부하다 죽는 사람이 많기 때문입니다. 법륜(法輪)을 굴리다 죽어야 원이 없지 평생 공부만 하다 죽으면 안 됩니다. 이 세상에 가르치는 선생님도 있어야지 배우는 학생만 있으면 어떻게 되겠습니까. 전법을 하려면 불교의 핵심을 빨리 파악해야 합니다. 그래서 하루 빨리 선생님이 되어야 합니다.

깨달음을 얻은 직후, 명상하며 사념처를 떠올리시다

사람들의 삶을 청정하게 하고, 슬픔과 비탄을 이겨내고
고통과 근심을 없애며, 바른 진리를 얻고
열반에 이르게 하는 하나의 길이 있으니
그것은 바로 네 가지 관찰의 확립이다.
무엇이 네 가지인가?
비구들이여,
세상에 대한 탐욕과 근심을 제거하면서
열심히 노력하고 분명히 알아차리며 관찰을 확립하고
몸에서 몸을 관찰한다.
세상에 대한 탐욕과 근심을 제거하면서
열심히 노력하고 분명히 알아차리며 관찰을 확립하고
느낌에서 느낌을 관찰한다.
세상에 대한 탐욕과 근심을 제거하면서

열심히 노력하고 분명히 알아차리며 관찰을 확립하고
마음에서 마음을 관찰한다.
세상에 대한 탐욕과 근심을 제거하면서
열심히 노력하고 분명히 알아차리며 관찰을 확립하고
법에서 법을 관찰한다.
이것이 네 가지 관찰의 확립이다.
–『쌍윳따 니까야』

▽

　　부처님은 십이연기법을 깨닫고 난 후 사념처(四念處)를 떠올리셨습니다. 십이연기의 핵심은 '나의 고통은 늙고 죽음인데, 이것은 내가 있기 때문이다. 내 고통이 사라지게 하려면 내가 사라져야 한다.'는 것입니다. 이것이 바로 무아법(無我法)입니다. 내가 사라지게 하려면 어떻게 해야 할까요? 네 가지를 대면관찰(四念處)하면 됩니다. 바로 몸[身]과 마음[心], 느낌[受], 법[法]을 관찰해야 합니다. 십이연기법이 늙고 죽음, 즉 고통의 원인을 밝힌 것이라면 사념처는 그에 대한 처방으로 제시한 것입니다.
　　제가 아는 분 중에 술버릇이 매우 안 좋은 분이 있습니다. 시쳇말로 술만 마시면 개가 됩니다. 깨어 있을 때는 멀쩡한데 아무리 이야기해도 술버릇을 못 고쳤습니다. 그런데 그분이 어느 날 술버릇을 고쳤습니다. 아예 술을 끊었습니다. 어떻게 했을까요? 어느 날 이분이 술을 많이 마시고 곤드레만드레 취해 화장실에 갔다가 언뜻 거울을 보았습니다. 그런데 거울에 비친 자신의 모습이 사람의 모습이라 하기 어려웠습니다. 못 봐 줄 정도였지요. 바로 대면관찰을 한 겁니다. 그러고 나서 술을 딱 끊었습니다. 대면관찰의 힘이 그렇게 센 겁니다. 여러분도 화가 날 때 얼른 거울로 자기 얼굴을 보세요. 그러면 화가 사그라집니다. 얼굴뿐만 아니라 마음도 그렇게 관찰하면 수그러집니다. 화가 날 때 '화가 일어나는구나.' 하고 염하면 효과적입니다. 이때 마음속으로 말하는 것보다 소리를 내면 더 효과적입니다. 제가 자주 하는 '마음 리셋' 주문을 모두 아시지요? "나는 본래 크고 밝고 충만하다." 이 말도 소리 내서 하면 효과적인 것처럼 관찰도 마찬가지입니다. 한 걸음 더 나아가 닉네임(nickname, 별명)을 붙여서 말하면 더 효과적입니다. 순간순간 일어나고 사라지는 자기 마음에 별명을 붙여서 관찰해 보세요.

무아법에 밝으려면 네 가지로 관찰하세.
네 가지가 무엇인가?

몸에 대해 몸을 보고, 느낌 대해 느낌 보고
마음 대해 마음 보고, 법에 대해 법을 보세.
거울 보듯 영화 보듯 강 건너 불구경하듯
대면해서 관찰하되, 닉네임을 붙여 하세.

가장 처음 호흡 관찰,

들이쉴 때 들이쉰다, 내어쉴 때 내어쉰다,
걸어가면 걸어간다, 머무르면 머무른다,
앉았으면 앉아 있다, 누웠으면 누워 있다,
늙어 가면 늙어 간다, 병이 들면 병들었다,
죽어 가면 죽어 간다, 있는 대로 관찰하세.
몸뚱이는 변화해도 관찰자는 그대로네

두 번째는 느낌 관찰,
보기 좋고 보기 싫고, 듣기 좋고 듣기 싫고,
향기롭고 냄새나고, 맛이 좋고 맛이 없고,
부드럽고 딱딱하고, 좋은 느낌 나쁜 느낌,
무덤덤한 느낌들을 있는 대로 관찰하세.

세 번째는 마음 관찰,
탐욕, 성냄, 어리석음
시기, 질투, 고와 락을
있는 대로 관찰하세.

네 번째는 법성 관찰,
여섯 기관 무더기가 꿈과 같고
허깨비와 물거품과 그림자와 이슬이나
번갯불과 같은 것을 관찰하세.
다섯 쌓임 무더기가 모두 공함 관찰하면

일체 고통 벗어나네.

가자, 가자, 건너가자 완전하게 건너가자.
모든 존재 변화하여 일어나고 사라지나
관찰자는 여여부동 늙고 죽음 초월하네.

이 게송은 앞의 게송을 현대적으로 표현하면서 설명하기
위해 제가 만든 것입니다. 우리가 수행해야 하는 것이 바로 이
네 가지 대면관찰[四念處]의 수행입니다. 이건 누구나 생활 속에
서 얼마든지 할 수 있습니다. 생활 속에서 할 수 있기 때문에 더
좋은 수행법입니다. 살다 보면 가정에서 모임에서 직장에서 나
를 괴롭게 하는 사람이 얼마나 많습니까. 그럴 때마다 마음이 수
시로 일어나고 사라지지요. 운전하다가 성질이 나면 '이런, 달마
(별명)가 화가 일어나는구나.' 하고 관찰하고 말하는 겁니다. 저
는 요즘 '달마(達磨)'라는 닉네임을 붙여서 말합니다. 달마가 원
래 법(法)이라는 뜻이거든요. 기분이 좋아지면 '달마가 기분이 좋
아지는구나,' 기분이 나빠지면 '달마가 지금 기분이 나쁘구나.'
하고 관찰합니다.

범천 마하브라흐마의
요청으로 법을 펴기로
하시다

이제 불사(不死)의 문은 열렸다.
귀 있는 자는 들으라.
낡은 믿음을 버리고!
— 『쌍윳따 니까야』

▽

부처님께서 십이연기법과 사념처를 깨달으신 후 '이 법을 사람들에게 전할 것인가, 말 것인가.' 망설이셨습니다. '사람들에게 말해주더라도 과연 알아들을까, 따라올까. 괜히 또 비방해서 업이나 짓게 하는 거 아닌가.' 하는 생각을 하신 겁니다.

부처님은 선정이나 고행을 통해서 깨달으신 게 아닙니다. 십이연기법도 원인을 관찰해서 깨달으신 것이지요. 그런데 부처님 당시에도 그랬지만 지금도 많은 사람이 선정이나 고행으로 깨달음을 얻을 수 있다고 착각합니다. 그래서 "그런 식으로는 깨달을 수 없다."고 지적하는 사람을 비방합니다. 그래서 부처님이 망설이신 겁니다. 수행에 관심이 없는 사람들은 이런 문제에 신경을 쓰지 않습니다. 그저 잘 먹고 잘 사는 것, 부자가 되는 것, 좋은 대학에 가는 것, 큰 기업에 입사하는 것, 오래 사는 법 등에 관심이 있지요. 이런 사람들이 거의 대다수이기 때문에 부처님이 망설이신 거지요. 이때 범천의 마하브라흐마(mahā-brahma), 즉 천상의 신들 중 대범천(大梵天)이라는 신이 내려와서 이렇게 청합니다.

"부처님, 부처님이 법을 설해 주시면 구제될 중생이 그나마 있습니다. 비록 그 수가 적지만 그런 이들을 위해 법을 설해 주소서."

불교는 무신론이 아닙니다. 신의 존재를 인정합니다. 다만 기독교처럼 유일신을 섬기지 않을 뿐입니다. 절에 가면 신중단(神衆壇)이 있지요? 그 신중단에 모신 분들이 다 신이지요. 그러한 신 중에서 성스러운 신이 대범천인데, 이 신은 수행에 관심이 깊지요. 천상세계도 둘로 나뉩니다. 하나는 수행을 열심히 해서 가는 천상세계인 범천으로 이곳의 왕이 대범천이고, 다른 하나는 복을 닦아서 가는 천상세계로 제석천이 다스리지요. 부처님은 범천의 마하브라흐마의 청을 듣고 법륜(法輪)을 굴리기로 마음먹으면서 이 게송을 읊으신 것입니다.

"이제 불사(不死)의 문이 열렸다."

여기서 '불사의 문'은 대면관찰을 뜻합니다. 우리의 몸뚱이는 죽습니다. 그러나 몸뚱이가 늙을 때 늙는다고 관찰하고, 병들 때 병든다고 관찰하고, 죽어갈 때 죽는다고 관찰하는 관찰자는 죽지 않습니다. 그것이 바로 불사(不死)의 문(門)입니다. 관찰자는 불생불멸(不生不滅), 즉 나지도 않고 죽지도 않습니다. 그래서 불교에서는 죽음에 대해 애통해하지도 않고, 태어남에 대해서도 좋아하지도 않습니다. 태어나면 울어야 합니다. '아이고 이제 고통의 문이 열렸구나.' 하면서요. 육칠십 년을 살아 보면 누구나 '사는 게 쉬운 일이 아니'라는 사실을 알게 되지 않습니까. 사실 죽으면 슬퍼하며 곡을 할 게 아니라 기뻐하며 축가를 불러야 합니다. 복 닦고 도 닦는 이는 그래야 합니다.

"귀 있는 자는 들으라. 낡은 믿음을 버리고!"

'낡은 믿음'이란 크게 세 가지를 말합니다. 숙명론(宿命論)과 신의설(神意說) 그리고 고행주의(苦行主義)입니다. 이 세 가지를 한마디로 말하면 미신(迷信)입니다. 사람이 나이 들면 자연히 배가 나오지요. 이 똥배를 넣으려면 어떻게 해야 하는지 이 세 가지로 살펴봅시다.

첫 번째로 숙명론(운명론)을 믿는 사람은 모든 건 다 정해져 있으므로 똥배가 들어갈 때까지 무작정 기다립니다. 두 번째로 신의설을 믿는 사람은 모든 것이 신의 뜻이라고 생각하기 때문에 신에게 기도를 올립니다. '제발 제 똥배가 들어가게 해 주세요.'라고요. 마지막으로 세 번째 고행주의를 믿는 사람은 단식에 돌입합니다.

불교에서는 어떻게 할까요? 인과법에 따라 모든 일(똥배)에는 원인이 있다고 보고 원인을 찾습니다. 배가 나오는 이유는 많이 먹는데 덜 움직여서겠지요. 이제 원인을 알았습니다. 그러면 어떻게 해야 할까요? 식사량을 줄이고 운동량을 늘이면 됩니다. 여러분은 어떤 방법을 따르겠습니까?

다섯 수행자에게
처음으로 법을 굴리시다

"출가자가 가까이 의지해서는 안 되는 두 가지 극단이 있다.

두 가지 극단이란 무엇인가?

한 극단은,

오욕락에 빠져서 탐욕을 즐기며 쾌락에 젖는 것으로,

낮고 천한 일이고, 세속적인 일이고,

범부들의 일이고, 성인(聖人)들이 하지 않는 일이고,

세간으로든 출세간으로든 전혀 이익이 없는 일이다.

다른 한 극단은,

자신을 끊임없이 힘들게 하고 괴롭히는 것으로,

몸과 마음의 고통만 있을 뿐이고,

성인(聖人)들이 하는 일이 아니고,

세간으로든 출세간으로든 아무런 이익이 없는 일이다.

비구들이여, 여래는 이 두 가지 극단에 빠지지 않고
중도 수행법을 완벽하게 스스로 깨달았다.
그 중도를 수행함으로써 진리를 보는 눈이 생기고,
지혜가 생기고, 완벽한 평화로움을 이루고,
위없는 앎을 얻었고, 완전히 깨달았고,
열반〔해탈〕을 증득하게 되었다."
－『쌍윳따 니까야』「초전법륜경」

▽

　　부처님이 보리수 아래에서 깨달음을 성취하신 뒤 이 법을
사람들에게 가르쳐야 할지를 망설이실 때 범천의 대범천이 내려
와 가르침을 내려주십사 청하지요. 그래서 부처님은 이 법을 설
하기 위해 길을 나섭니다. 부처님이 출가해서 초기에 선정을 닦
을 때 무소유처정과 비상비비상처정을 가르쳐준 스승들이 있었
지요. 그들에게 가장 먼저 법을 설해야겠다 생각하시고 삼매에
들어 그들을 떠올려 보았더니 모두 죽어서 이 세상 사람이 아니
었습니다. 그다음으로 부처님을 모셨던 다섯 수행자를 떠올리십
니다. 이 다섯 수행자들은 까삘라왓투에서 온 신하들로 부처님을
곁에서 호지하던 이들이었지요. 그런데 부처님이 고행을 그만두
고 수자타에게 우유죽을 받아 드시자 실망해서 등을 돌렸던 이들
입니다.
　　부처님이 삼매에 들어 살펴보니 이들은 바라나시의 사슴

동산에 머물고 있었습니다. 그래서 보드가야를 떠나 바라나시로 그들을 찾아가셨습니다. 다섯 수행자들은 저 멀리서 부처님이 다가오는 것을 보고 처음에는 '타락한 수행자'라며 외면했습니다. 그런데 부처님이 자신들 가까이 다가올수록 처음 생각과 다른 느낌이 드는 겁니다. 부처님의 맑고 환한 얼굴빛과 몸에서 나는 광채에 자신들도 모르게 벌떡 일어나 부처님의 발우를 받아들고 자리를 깔고 발을 씻겨드렸지요. 부처님의 위엄과 풍모에 저절로 그런 행동이 나온 것입니다.

　　이 다섯 수행자들에게 부처님은 법륜(法輪), 즉 진리의 수레바퀴를 처음으로 굴리셨습니다. 그 내용을 담은 경전이 「초전법륜경(初轉法輪經)」이고 이 게송의 가르침부터 설하신 것입니다. 첫 번째로 가르치신 법이 중도(中道)입니다. 쾌락에도 떨어지지 말고 고통에도 떨어지지 말고 중도(中道)로 가라는 것이지요. 부처님은 바로 이 중도의 수행을 통해 열반을 증득하신 것입니다.

두 극단에 빠지지 않는
중도란 팔정도뿐이라고
설하시다

여래가 완벽하게 스스로 깨달은 진리를 보는 눈이 생기고,
지혜가 생기고, 완벽한 평화로움을 이루고,
위없는 앎을 얻었고, 완전히 깨달았으며
열반(해탈)을 증득하게 하는 중도란 무엇인가?
이것은 오직 성스러운 여덟 가지 요소들이 있는 길,
팔정도(八正道)뿐이다.
팔정도는 바른 견해(正見), 바른 생각(正思惟),
바른 말(正語), 바른 행위(正業), 바른 생계(正命),
바른 노력(正精進), 바른 관찰(正念), 바른 집중(正定)이다.
– 『쌍윳따 니까야』 「초전법륜경」

▽

부처님이 바라나시의 사슴동산, 즉 녹야원에서 처음으로 법을 설하신 것을 '초전법륜'이라고 합니다. 법륜, 즉 법의 수레바퀴를 굴린다는 것은 법을 펼친다는 뜻입니다. 이 초전법륜에서 가장 먼저 하신 말씀이 '두 가지 극단을 피해야 한다.'는 것인데 쾌락에도 고통에도 떨어지지 말고 중도를 가라는 말씀입니다. 그리고 이 중도를 실천하는 방법으로 팔정도를 말씀하셨습니다.

팔정도(八正道)가 곧 중도(中道)입니다. 이것은 부처님의 직설(直說)입니다. 팔정도는 바른 견해, 바른 생각, 바른 말, 바른 행위, 바른 생계, 바른 노력, 바른 관찰, 바른 지혜를 말합니다. 바른 견해[正見]란 바로 사성제와 팔정도를 뜻합니다. 진리 중의 진리가 사성제요, 도(道) 중의 도가 바로 팔정도입니다. 바른 생각[正思惟]이란 콩 심은 데 콩 나고 팥 심은 데 팥 난다고 아는 것입니다. 숙명론이나 불가지론, 신의설은 모두 바른 견해가 아닙니다. 바른 말[正語]은 정직하고 부드러운 말입니다. 바른 행위[正業]는 살생 투도 사음 망어를 하지 않는 것입니다. 바른 생계[正命]란 살생 투도 사음 망어를 하지 않는 직업을 갖는 것입니다. 바른 정진[正精進]은 선한 일은 늘리고 악한 일을 줄이는 것입니다. 바른 관찰[正念]은 사념처, 즉 대면관찰을 뜻합니다. 바른 집중[正定]은 사념처 수행을 꾸준히 하는 것입니다. 사념처와 팔정도는 결국 모두 다 만나게 돼 있습니다. 바른 관찰[正念]과 바른 선정[正定]으로 다 만나게 됩니다.

이제 앞에서 이야기한 십이연기법과 사념처(대면관찰)를 팔정도와 연결해서 살펴볼까요? 십이연기법에서는 근본 원인을 '무명(無明)'이라고 했습니다. 그럼 무명 이전에는 무엇이 있었을까요? 바로 '명(明)'입니다. 우리는 본래 명이지요. 본래 밝아요. 그게 바로 마하반야바라밀법이지요. 나는 본래 크고 밝고 충만합니다. 본래 우리는 명(明)인 것이지요. 그런데 한 생각이 홀연 일면서 무명이 생기는 겁니다. 그러니 본래 자리로 돌아가면 됩니다. 명을 새로 만들 필요가 없지요. 이미 갖추고 있으니까요. 본래 가진 밝음만 찾아서 쓰면 됩니다. 본래 가진 명이 바로 관찰자입니다. 그것을 찾는 방법이 바로 대면관찰이지요. 몸은 늙고 병들고 죽어도 관찰자는 늙고 병들고 죽지 않아요. 다만 관찰할 뿐입니다. 관찰자는 밝음입니다. 관찰할 수 있다는 건 밝다는 것이지요. 그래서 십이연기법과 사념처가 부처님 가르침의 핵심인 것입니다. 이러한 진리, 가르침을 바탕으로 해서 세상을 살 때는 팔정도대로 살라는 것이지요.

사성제 설하심을 듣고
안냐 꼰단냐가 최초로
수다원과를 얻다

비구들이여, 지금 여래가 말하려고 하는 이것은
괴로움에 대한 성스러운 진리인 고성제(苦聖諦)이다.
새로 태어남도 괴로움이고, 늙어 가는 것도 괴로움이고,
병듦도 괴로움이고, 죽는 것도 괴로움이고,
사랑하지 않는 것(사람과 사물)과 만나는 것도 괴로움이고,
사랑하는 것(사람과 사물)과 헤어지는 것도 괴로움이고,
원하는 어떤 것이 있는데 그것을 가지지 못하는 것도
괴로움이다.
한마디로 압축해서 말하자면,
존재를 구성하고 있는 색, 수, 상, 행, 식 다섯 가지(五蘊)를
놓아 버리지 못하고 집착하고 있는 것인
오취온(五取蘊)이 괴로움이다.
– 『쌍윳따 니까야』 「초전법륜경」

▽

부처님은 성도 후에 '사람들에게 이 가르침을 전할까, 말까' 망설이셨다는 이야기를 앞에서 했습니다. 사람들이 일반적으로 생각하는 것과 너무나 상반되는 가르침이기 때문입니다. 사람들은 자신들이 늙지도 병들지도 죽지도 않을 것처럼 삽니다. 천년만년 살 것처럼 말이지요. 재산이 수십 억씩 있는 사람들이 물의를 일으키며 사는 것도 자신은 천년만년 살 거라고 생각해서 그런 겁니다. '내가 만약 다음 달이나 내년 혹은 십 년 뒤에 죽는다.'고 생각해보세요. 그러면 더 욕심 내지 않고 지금 가지고 있는 것이나 잘 갈무리해야겠다 생각하겠지요. 아직도 '조금 더' 욕심 내는 사람들은 자신이 영원히 살 거라고 착각하는 겁니다. 언젠가 죽는다는 사실을 기억하면서 살면, 그때까지 먹고 쓰고 수행할 정도만 바라게 됩니다. 부처님이 욕망 자체를 부정하신 것은 절대 아닙니다. 재가신도들에게는 '지나치게 욕심 내지 말라.'고 하셨습니다. 물론 스님들에게는 '욕심 내지 말라.' 하셨고요.

부처님이 깨달으신 중도를 실천하는 방법이 팔정도라고 앞에서 말했습니다. 팔정도의 첫 번째가 바른 견해입니다. 바른 견해를 지닌다는 것은 사성제(四聖諦)를 아는 것입니다. 사성제는 네 가지 성스러운 진리라는 뜻입니다. 사성제가 왜 진리일까요? 모든 부처님이 사성제, 즉 고(苦)·집(集)·멸(滅)·도(道)를 설했습니다.

인생에는 즐거운 일도 많은데 불교에서는 왜 인생을 고(苦)라고 할까요? 불교에서 말하는 고, 즉 괴로움은 우리가 피할 수 없는 고통을 뜻합니다. 대표적인 네 가지 괴로움이 생로병사(生老病死)입니다. 첫 번째가 태어남이지요. 태어나면서 다 울지요. 태어나면서 웃는 사람은 없습니다. 그다음으로 늙어가는 것도 괴로움이지요. 무릎 쑤시고 허리 아프고 소화도 잘 안 되고…, 나이 든다는 게 괴로움이지요. 몸에 병이 드는 것도 괴로움입니다. 병원에 가면 아픈 사람이 왜 그렇게 많은지 진료 한번 받으려면 오래오래 기다려야 합니다. 마지막으로 죽어야 하는 것도 괴로움입니다. 존재에 대한 열망이 남았는데 죽어야 하니까 괴로운 것이지요. 죽어서 곱게 자기 갈 곳으로 가면 괜찮은데 여한이 많으면 가지도 못합니다. 가족이나 재산에 미련이 많으면 이승을 맴돕니다. 그런 존재를 중음신이라고 합니다. 천도재를 올려서 잘 가면 좋은데 성질이 더러운 중음신들은 절대 안 가려고 버팁니다.

　　생로병사의 네 가지 고통에 또 네 가지 고통을 더해서 팔고(八苦)라고 합니다. 첫째는 원수를 만나는 괴로움〔怨憎會苦〕, 둘째는 사랑하는 것들과 헤어져야 하는 괴로움〔愛別離苦〕, 셋째는 원하는 것을 얻지 못하는 데서 오는 괴로움〔求不得苦〕, 넷째는 오취온으로 인한 괴로움〔五陰盛苦〕입니다. 오취온(오온)은 우리 몸과 마음을 구성하는 다섯 가지 무더기입니다. 바로 색·수·상·행·식이지요. 색(色)은 우리의 몸(물질적 존재)이고, 수(受)는 느낌, 상(想)은 거기서 한 단계 더 나아간 판단 작용이지요. 예를 들어 길을 가다가 빨간 사과가 열린 걸 봤을 때를 생각해보지요. 빨간 사과를 본 것은 수이고, '사과를 따 먹으면 맛있겠다.'고 판단하는 것은 상이라고 합니다. 실제로 사과를 따서 먹으면 행(行)이지요. 의지 작용을 말하지요. 사과를 따서 먹고 난 다음 사과 주인에게 혼이 났어요. 그래서 '따 먹으면 안 되는구나.' 하고 아는 게 식(識)입니다.

이런 여러 가지 고통을 일으키는 원인은 바로 아집입니다. '내가 있다'고 하는 잘못된 착각, '이 몸뚱이가 나'라는 착각, '분별심이 나'라는 착각이 고통의 근본 원인입니다. 그런데 다른 데서 자꾸 원인을 찾으니까 해결이 안 되는 것입니다. 십이연기법에서 말하는 무명이 곧 아집입니다. '내가 있다'고 하는 생각, 즉 무아(無我)에 밝지 못한 것이 아집입니다. 십이연기법이나 사성제나 다 서로 통하는 가르침입니다.

내가 어떤 사람과 시비가 붙었다고 가정해봅시다. 그래서 내가 화가 치솟아 오르고 괴로워졌어요. 그럴 때 나에게 괴로움을 주는 저 사람은 무엇일까요? 내가 저 사람 때문에 화가 나서 괴롭다고 여기면 저 사람이 내 괴로움의 주요한 원인이라고 생각되겠지요. 하지만 아닙니다. 저 사람은 부수적인 원인일 뿐이고 진짜 근본 원인은 바로 나 자신입니다. 내가 없으면 나에게 고통이 일어날 일이 없지 않습니까? 내가 있기 때문에 고통을 받는 것입니다.

지금 내 앞에 열 명의 사람이 있다고 가정해봅시다. 그 열 사람에게 제가 욕설을 퍼부었어요. 그러면 그 열 명이 모두 똑같은 반응을 보일까요? 아닙니다. 각자 반응이 다 다를 겁니다. 왜 그럴까요? 고통은 자기가 수용하는 만큼 받는 것이기 때문입니다. 자신에 대한 애착이 강할수록 고통이 커집니다. 무아법에 통달하면 고통 받지 않습니다. 내가 없는데 어떻게 나의 고통이 있을 수 있습니까. 그런데 사람들은 고통의 근본 원인을 자신에게서 찾지 않고 밖에서 찾습니다. 이것이 윤회의 원인이 되는 겁니다. 생사의 문제가 해결이 되지 않지요. 계속 돌고 도는 것입니다.

'나' 자신이 인(因)이고, 그 '상대방'은 부수적인 연(緣)입니다. 불교에서 말하는 인과 연은 뉘앙스가 약간 다릅니다. 인은 근본 원인, 주관적 요인이고 연은 부수적인 원인, 객관적 요인이지요. 인과 연이 맞아떨어져서 좋은 일이건 나쁜 일이건 벌어지는 겁니다. 그러면 인과 연 중 무엇을 먼저 다스려야 할까요? 인을 먼저 다스려 가면서 연이 바뀔 때를 기다려야 합니다. 자신은 내버려 두고 남만 바꾸려고 하면 바뀌나요. 절대 안 바뀌지요. 나를 바꿔 가면서 남이 바뀌기를 기다려야 합니다. 그것이 인을 먼저 다스리면서 연이 바뀌길 기다리는 것입니다. 먼저 인을 다스리는 것, 아집과 집착 그리고 고집을 소멸하는 길이 바로 도(道)입니다.

사꺄무니 부처님께서 부처님이 되신 후 처음으로 펼치신 법문을 기록한 것이 「초전법륜경」입니다. 이 초전법륜의 가르침, 즉 중도와 팔정도, 사성제의 가르침을 듣고 다섯 수행자 중에서 꼰단냐에게 진리의 눈이 열렸습니다. 부처님께서는 꼰단냐가 법을 알게 된 것을 매우 기뻐하셨고 그때부터 그는 안냐 꼰단냐, 즉 깨달은 꼰단냐라고 불렸으며, 최초로 수다원과를 얻었습니다.

5일 후, 「무아경」을 듣고 다섯 비구 모두 아라한이 되다

"이 물질(몸)은 '나'가 아니다. 만일 이 몸이 '나'라면,
이 몸은 고통스럽지 않을 것이고,
그리고 이 몸에 대해 '나의 몸이 이와 같이 되기를!
나의 몸이 이와 같이 되지 않기를!'이라고 원하면,
원하는 대로 될 수 있을 것이다.
그러나 이 몸은 '나'가 아니다. 그러므로 이 몸은 괴롭고,
이 몸에 대해 '나의 몸이 이와 같이 되기를,
나의 몸이 이와 같이 되지 않기를'이라고 원해도
원하는 대로 될 수 없는 것이다."

"비구들이여! 그대들은 어떻게 생각하는가?
이 몸(물질)은 영원한가, 무상한가?"
"무상합니다. 부처님."

"그렇다면 무상한 것은 괴로움인가, 즐거움인가?"

"괴로움입니다. 부처님."

"그렇다면 무상하고 괴롭고 매 순간 변하는 이 현상을 두고,

'이것은 나의 것이다, 이것은 나다,

이것은 나의 자아이다.'라고

보는 것이 옳은 것인가?"

"부처님! 그것은 확실하게 옳지 않습니다."

"그러므로 비구들이여! 그 어떤 물질이라도

그것이 과거이건, 미래이건, 현재이건,

안이건, 밖이건, 거칠 건, 섬세하건, 저열하건,

수승하건, 멀리 있건, 가까이 있건, 모든 물질에 대해

'이것은 나의 것이 아니다, 이것은 내가 아니다,

이것은 나의 자아가 아니다.'라고

이와 같이 있는 그대로 통찰하여 바른 지혜로써

이해하고 마음에 새겨야 한다."

"비구들이여! 이와 같이 이해하여

법에 대해 견문이 넓은 성스러운 제자들은

물질에 대해서도 싫어하여 벗어나고,

느낌에 대해서도 싫어하여 벗어나고,

판단에 대해서도 싫어하여 벗어나고,

의지 작용에 대해서도 싫어하여 벗어나고,

식에 대해서도 싫어하여 벗어난다.

싫어하여 벗어나면 탐욕에서 벗어나고,
탐욕에서 벗어나면 해탈한다.
해탈하면 해탈했다고 아는 지혜가 생겨난다.
그리하여 '태어남은 다했다! 청정 범행은 완성되었다!
해야 할 일을 다 이루었다!
깨달음을 위해 해야 할 다른 일은
더 이상 없다!'라고 분명히 안다."
–『쌍윳따 니까야』「무아경」

▽

　　　중도와 팔정도, 사성제를 설한 초전법륜의 법문을 듣고 꼰
단냐가 가장 먼저 깨닫고 수다원과에 들어 안냐 꼰단냐, 즉 깨달
은 꼰단냐라고 불리게 되었습니다. 진리의 눈이 열린 꼰단냐가
탁발을 하여 먹을 음식을 구해 오는 동안 부처님은 나머지 네 수
행자들에게 설법을 계속했습니다. 닷새 동안 먼저 법을 깨우친
이가 탁발을 하는 동안 다른 이가 부처님의 설법을 들어 눈을 뜨
게 되었습니다. 그리고 마침내 부처님께서는 다섯 비구를 모두
모아 놓고 위의 「무아경」을 설하셨지요. 이 무아의 가르침을 듣고
다섯 비구는 모두 아라한이 되었습니다.
　　　아라한이란 수행의 단계에서 최고의 경지에 이른 사람을

뜻하는 말입니다. 수행의 경지는 크게 네 단계로 나뉩니다. 첫 번째 단계는 '입류(立流)'입니다. 사성제와 팔정도, 중도설을 듣고서 '산다는 게 즐거움의 원천이 아니라 괴로움의 원천이구나.' 하고 아는 것을 '입류'라고 합니다. 처음으로 성인의 흐름, 진리의 흐름에 들어갔다는 뜻입니다. 이를 수다원과(須陀洹果)라고도 합니다. 칠왕래(七往來)라고도 하지요. 지상과 천상을 일곱 번 왕래하고서 깨닫기 때문입니다. 수다원과만 얻어도 다시는 지옥과 축생, 아귀에 떨어지지 않습니다. 고통의 근본 원인이 '내가 있기 때문'이라는 걸 알기에 더 이상 내 행복을 위해 남을 죽이거나 남의 것을 빼앗거나 삿된 음행을 하거나 망언을 하지 않기 때문이지요. 안냐 꼰단냐가 초전법륜의 법문을 듣고 처음 오른 과위가 수다원과입니다.

　　두 번째 단계는 사다함과(斯陀含果)라고 합니다. 일왕래(一往來)라고도 하지요. 천상에 태어났다가 지상에 한 번 와서 해탈하기 때문입니다. 세 번째 단계는 아나함과(阿那含果)입니다. 불환(不還)이라고도 합니다. 천상세계에 가서 다시 오지 않기 때문입니다. 그러나 아직 무아법(無我法)을 통달한 것은 아닙니다. 마지막 네 번째 단계가 아라한과(阿羅漢果)입니다. 무아법을 통달했기 때문에 불생(不生), 즉 다시 태어나지 않습니다. 더 배울 것이 없으므로 무학(無學)이라고도 합니다.

　　다섯 비구가 아라한이 되게 한 「무아경」은 어떤 말씀을 하는 경일까요? 몸에 대해 '내 몸이다,' 분별심에 대해 '내 생각이다.'라고 고집하는데 이런 생각을 쉬어야 한다고 설하고 있습니다. 살면서 '나'라는 말을 얼마나 많이 쓸까요? 생각 외로 많이 씁니다. '나'도 많이 쓰지만 '우리'도 많이 쓰지요. 외국 사람들이 들으면 깜짝 놀랍니다. 우리도 사실 '나'라는 말의 연장선상에 있는 거예요. 부처님은 '나'라는 말을 쓰지 않으셨습니다. 부처님은 '나'라는 말이 오는 자리에 늘 '여래'라는 말을 썼습니다. 스스로를 지칭할 때 '여래'라고 했어요. 배가 고플 때도 '여래가 배가 고프다.'고 했지요. 이러면 아무래도 배가 덜 고프겠지요. 부처님을 부르는 말은 여러 가지였는데 부처님 스스로 가장 즐겨 쓴 표현이 '여래'입니다. 부처님은 배탈이 났을 때도 '여래가 아프다.'고 했지요. 그러면 아픈 건 누구인가요? 여래입니다. 그러면 나는 무얼 하고 있나요? 관찰하고 있습니다. 부처님이야말로 닉네임을 가장 잘 활용한 분입니다. 제가 대면관찰을 할 때 닉네임(별명)을 쓰는 아이디어를 바로 여기에서 착안한 겁니다. 여러분도 머리가 아플 때 '아이고 내 머리야.' 하는 대신 '짱구(푼수, 복덩이)가 머리가 아프네.'라고 해 보세요. 그러면 아픔이 줄어듭니다. '나의 것이 아니다, 내가 아니다, 나의 자아가 아니다.' 이것이 바로 무아법에 통달하는 비결입니다.

부처님 재세 시에는 제자들이나 재가신도들이 이 게송으로 수다원과, 사다함과, 아나함과, 아라한과를 얻었습니다. 심지어 부처님은 "여래의 게송을 만나지 못했다면 사리뿟따(사리자) 같은 지혜제일의 제자도 수다원과조차 얻지 못했을 것이다."라고 하셨지요. 하물며 다른 제자들은 말할 것도 없지요. 그만큼 부처님의 게송이 중요한 겁니다. 『금강경』에도 나오지 않습니까. '여

기 있는 사구게(四句偈, 네 구절로 이루어진 게송) 가운데 하나만이라
도 수지 독송하며 남에게 전하면 이 세상을 보배로 가득 채운 보
시보다 그 공덕이 크다.'고 말입니다. 여러분도 이 책에 나오는
108게송 중 한 게송이라도 제대로 만나면 수다원, 사다함, 아나
함, 아라한이 될 수 있습니다. 신해행증(信解行證), 믿고 이해하고
실천하고 증명하다 보면 깨달음이 옵니다. 그 먼 옛날에도 모두
그렇게 수행해서 깨달았으니까요.

세상에 61명의 아라한이 존재하게 되자, 전법선언을 하시다

비구들이여, 길을 떠나라.

많은 사람의 이익과 안락을 위해서!

세상에 대한 자비심을 품고

많은 이들의 안녕과 선과 해탈을 위해,

인간과 천신들의 행복을 위해 길을 떠나라.

두 사람이 함께 같은 길을 가지 마라.

비구들이여, 처음도 좋고, 중간도 좋고, 끝도 좋은,

의미와 문장을 갖춘 법을 설하라.

아주 원만하고 청정한 행을 드러내 보여라.

세상에는 마음에 먼지와 때가 적은 자가 있다.

그들이 법을 듣지 못한다면 쇠퇴하고,

듣는다면 해탈로 나아가리라.

비구들이여, 나도 법을 설하기 위해

우루웰라의 세나니 마을로 가겠노라.

-『쌍윳따 니까야』

▽

최초로 아라한이 된 분은 사꺄무니 부처님입니다. 그후 부
처님께서 출가하실 때부터 따르던 다섯 비구가 중도와 팔정도,
사성제, 무아의 법문을 듣고 모두 아라한이 되었습니다. 이제 세
상에는 여섯 명이 아라한이 존재하게 되었습니다.

바라나시의 부유한 집안에 태어난 야사는 친구들과 잔치를
자주 벌였습니다. 무희들을 불러 춤을 즐기면서 먹고 마시며 밤새
놀다가 잠이 들곤 했지요. 그러다 목이 말라 문득 새벽에 잠이 깬
야사는 엉망이 되어 널브러져 자고 있는 무희들의 모습을 보게 되
었습니다. 그런데 그 모습이 너무나 추한 겁니다. 어젯밤에 아름
다웠던 건 모두 화장발 조명발이었던 겁니다. 그런 꾸밈을 걷어내
고 드러난 모습이 역겨웠고 허망했습니다. 야사는 그 자리를 빠져
나와 홀로 숲을 헤매면서 "참 허망하다." 외치며 고통스러워했습
니다. 정처 없이 걷던 발걸음은 부처님이 머물고 계신 사슴동산까
지 이어졌고 그의 외침을 들은 부처님과 만나게 되었습니다.

부처님은 야사에게 왜 그리 괴로워하는지 까닭을 물으셨
고 그는 방금 자신이 겪은 일을 말했지요. 부처님은 그에게 보시
와 지계의 공덕에 대해 설해주셨습니다. 가르침에 감복한 야사는
그 자리에서 수다원과를 얻고 출가하여 부처님의 제자가 되었습

니다. 그 후 야사는 자신의 친구 쉰네 명을 데려왔고 그들은 모두 부처님의 가르침을 듣고 아라한이 됩니다. 이렇게 해서 이제 세상에는 예순한 명의 아라한이 존재하게 되었습니다. 그러자 부처님께서는 이 게송을 말씀하셨습니다.

이것이 그 유명한 전도 선언입니다. 이 게송에서 부처님은 '인간과 천신들의 행복을 위해 길을 떠나라'고 하십니다. 진리를 전해야 할 대상은 인간만이 아니라는 말씀입니다. 하늘의 천신들에게도 진리를 전하라고 하셨습니다. 천신들이라고 해서 다 아라한과를 얻은 것은 아니기 때문입니다. 그래서 법당에 가 보면 상단에는 아라한과 이상의 불보살을 모시고 중단에 신들을 모시고 '신중단'이라고 부르는 겁니다. 깨달음의 계위에서 보면 신들도 아직 아라한과를 얻지 못했기 때문입니다. 그래서 지은 복이 다하면 다시 윤회의 굴레에 떨어지게 됩니다. 아라한이 되어야 생사에서 벗어나게 됩니다. 부처님을 부르는 열 가지 호칭 중 하나가 '천인사(天人師)'인 이유도 여기에 있습니다. 부처님은 인간만의 스승이 아니시고 인간과 신들의 스승이신 것이지요.

부처님을 부르는 열 가지 명호를 한번 알아보지요. 여래(如來)는 '이와 같이 오셨다'는 뜻이고, 응공(應供)은 마땅히 공양 받을 만한 분이라는 의미입니다. 정변지(正遍知)는 바르게 두루 아시는 분이며, 명행족(明行足)은 지혜와 실천을 고루 갖춘 분이고, 선서(善逝)는 열반의 경지에 잘 가신 분이고, 세간해(世間解)는 세상의 모든 일에 밝은 분이고, 무상사(無上士)는 그 위로 더 이상 누구도 없는 최상의 존재라는 뜻입니다. 조어장부(調御丈夫)는 모든 중생을 잘 다루는 분이며, 천인사(天人師)는 인간과 신들의 스승이라는 뜻입니다. 마지막으로 불(佛)세존(世尊)인데 불(佛)은 깨달은 분 혹은 늘 깨어 있는 분이고, 세존(世尊)은 세상에서 가장 존귀한 분을 뜻합니다. 마지막의 불·세존을 둘로 나누면 열한 가지 명호가 됩니다.

부처님께서는 인간만이 아니라 인간과 천신 모두를 위해 길을 떠나라고 하셨습니다. 또한 '두 사람이 한 길을 가지 마라.'시며 제자들이 각기 다른 곳으로 가서 법을 전하라고 하셨습니다. 이제 예순 명이 된 제자들만 길을 떠나는 것이 아니었습니다. 부처님께서도 '나도 법을 설하기 위해 우루웰라의 세나니 마을로 가겠노라.'시며 그 길에 함께 하셨습니다.

부처님이 보리수 아래에서 깨달으신 직후 이 법을 이해할 자가 누가 있겠는가 걱정하신 것이 벌써 옛일이 되었습니다. 세상에는 진리를 애타게 갈망하는 이들이 있고, 법을 들으면 이해하고 받아들여 따를 줄 아는 이들도 많습니다. 부처님께서 세상에 계시던 2,600년 전만 그런 것이 아닙니다. 지금은 더 많은 사람들이 생로병사의 고통 속에서 괴로워하며 진리의 빛을 갈구하고 있습니다. 이 게송을 읽는 우리도 저 전법의 길에 동참해야 할 것입니다. 우리도 길을 떠나야 합니다. 아직도 고통에서 벗어나지 못하고 있는 세상의 많은 사람들을 위해, 그들의 이익과 안락을 위해 길을 떠나야 합니다. '처음도 좋고, 중간도 좋고, 끝도 좋은, 의미와 문장을 갖춘 법을 설하'기 위해 열심히 부처님 가르침을 배우고 수행해야 할 것입니다.

017

30명의 빠테이야까
비구들에게 '윤회의 시작은
알 수 없음'을 설하시다

윤회의 시작은 알 수 없다.

무명에 덮이고 갈애에 묶여 끝없이 윤회하는 중생들은

윤회의 시작을 알 수 없다.

비구들이여, 어떻게 생각하는가?

그대들이 오랜 세월 윤회하면서 목이 잘려 흘린 피와

사대양의 물 가운데 어느 쪽이 더 많겠는가?

……

비구들이여, 그대들이 오랜 세월 윤회하면서

목이 잘려 흘린 피가

사대양의 물보다 훨씬 많다.

……

이와 같이 그대들은 오랜 세월 괴로움을 겪었고,

고통을 겪었고, 참화를 겪었고 무덤의 숫자를 늘렸다.

......

비구들이여, 이제 그대들은 모든 조건 지어진 것에서
염오하여 떠나기에 충분하고 초연하기에 충분하며
해탈하기에 충분하다.
－『쌍윳따 니까야』

슬기로운 이는
잠깐이라도 지혜로운 이와 함께 한다면
법을 금방 깨닫는다.
혀가 국 맛을 알듯이.
－『법구경』 65

어리석은 자는
한평생을 지혜로운 이와 함께 살아도
법을 깨닫지 못한다.
국자가 국 맛을 모르듯이.
－『법구경』 64

▽

　　바라나시의 사슴동산에서 부처님과 예순 명의 제자들은
법을 전하기 위해 각기 다른 길로 흩어졌습니다. 부처님은 당신이 말씀하신 대로 우루웰라를 향해 가시는 길에 잠시 숲에 앉아 쉬고 계셨습니다. 그때 그곳으로 '빠테이야까' 출신의 젊은이 서른 명이 왔습니다.

빠테이야까는 왕족이라는 뜻인데 고귀한 왕가의 혈통을 이은 서른 명의 젊은이들은 아내를 동반하고 야유회를 갔습니다. 모두 부부 동반으로 왔는데 한 명만 기생을 데리고 왔지요. 이들이 숲에서 먹고 마시고 놀다가 잠이 든 틈을 타서 기생이 그들의 귀중품을 훔쳐서 도망을 갔습니다. 잠에서 깨고 나서 귀중품을 도난당한 걸 알고는 서른 명의 젊은 남자들이 다 같이 기생을 찾으러 움직이다가 부처님을 만난 것이지요. 그들은 부처님께 "혹시 이 앞으로 지나가는 여인을 보지 못하셨는지요?" 여쭈며 자신들의 사정을 말합니다. 그러자 부처님께서 이렇게 되묻습니다.

"잠깐 앉아 보라. 도망간 여인을 찾는 것과 그대들 자신을 찾는 것 중에서 어느 것이 더 중요한가?"

부처님의 말씀을 듣고 젊은이들은 정신이 번쩍 납니다. 그래서 곧바로 부처님께 법을 청해 듣고는 모두 그 자리에서 출가해서 비구가 됩니다. 그들은 수다원과를 얻고 나서 부처님이 '윤회의 시작은 알 수 없다'는 이 게송을 설하시자 이를 듣고 아라한이 됩니다.

우리가 언제부터인지 알 수 없는 때로부터 시작하여 지금까지 얼마나 많이 생사를 반복해왔겠습니까? 그 오랜 윤회 동안 흘린 피를 모두 모은다면 저 넓은 바다의 물보다 많을 것입니다. 저 서른 명의 젊은이들은 이미 질리도록 충분히 오랫동안 윤회했습니다. 우리도 마찬가지입니다. 우리가 죽어 보지 않은 곳이 없습니다. 지금 내가 사는 집, 내가 다니는 장소가 다 과거생에 죽어 본 곳일 수 있습니다. 수없이 계속해 왔으니 이제 그만해도 되는데 태어나고 죽기를 멈추지 않고 계속하니까 부처님 보시기에 답답한 것이지요. 그래서 이제는 떠나기에 충분하다고 말씀하신 겁니다. 이 말씀을 듣고 서른 명의 빠테이야까 비구들이 모두 아라한과를 얻은 것입니다.

이 서른 명의 비구들은 슬기로운 이들이었습니다. 그래서 부처님의 말씀을 듣고 바로 깨달아 곧 아라한이 되었지요. 어떤 이를 가리켜 슬기롭다고 할까요? '슬기로운 이'는 자만심을 쉰 자입니다. 슬기롭지 못한 '어리석은 자'는 자만심을 쉬지 못한 자이지요. 마치 국자가 국 맛을 모르는 것처럼 자만심을 내려놓지 못하면 깨달음은 멀고 먼 일입니다. 부처님께서 출가하실 때 말을 끌었던 마부 찬다카도 나중에 출가해서 스님이 됩니다. 그러나 그는 오랜 세월 부처님 곁에 있었지만 수다원과조차 얻지 못했습니다. 심지어 데와닷따가 반역을 일으켰을 때 그를 쫓아갑니다. 왜 그랬을까요? 자만심 때문입니다. '내가 부처님이 출가할 때 말을 끌고 간 사람이야.' 하는 자만심 때문에 아무리 법을 들어도 깨달음을 얻지 못한 겁니다. 제일 무서운 게 자만심입니다. 아만심을 버려야 합니다. '내가 나이가 몇인데,' '내가 절에 다닌 게 몇 년인데,' '내가 장관까지 지낸 사람인데.' 이런 것들이 다 자만심입니다. 자만심을 쉬어야 공부도 진도가 나갑니다.

018

깟사빠 삼 형제와 천 명의
결발 수행자를 개종시키고
'불의 설법'을 하시다

비구들이여, 모든 것이 불타고 있다.
어떻게 불타고 있는가?
비구들이여, 시각이 불타고 형상이 불타고
안식이 불타고 시각의 접촉이 불타고 있다.
시각의 접촉을 조건으로 생겨나는 즐거운 느낌,
괴로운 느낌, 무덤덤한 느낌이 불타고 있다.
어떻게 불타고 있는가?
탐욕의 불, 성냄의 불, 어리석음의 불로 불타고 있고,
태어남, 늙음, 죽음, 우울, 슬픔, 고통, 불쾌,
절망으로 불타고 있다.
비구들이여, 청각, 후각, 미각, 촉각, 의식도 마찬가지다.

비구들이여, 나의 고귀한 제자들은 이와 같이 보아서

시각을 싫어하고 형상을 싫어하고 안식을 싫어하고
시각의 접촉을 싫어하고 시각의 접촉을 조건으로 일어난
괴로운 느낌, 즐거운 느낌, 무덤덤한 느낌을 싫어하여 떠난다.
비구들이여, 청각, 후각, 미각, 촉각, 의식도 마찬가지다.

싫어하여 떠나서 사라져서 해탈한다.
해탈하면 '나는 해탈했다.'는 지혜가 생겨난다.
지혜가 생겨나면 '태어남은 부서지고
성스런 삶을 살았으며, 해야 할 일을 다 마치고
더 이상 윤회하지 않는다.'라고 분명히 안다.
-『쌍윳따 니까야』

▽

부처님이 출현하시기 전에는 불교가 없었습니다. 다른 종교들이 있었지요. 바라문교나 불을 숭배하는 배화교 등등 그 먼 과거에도 여러 가지 종교가 있었습니다. 깟사빠 삼 형제는 바로 배화교의 지도자였습니다. 첫째가 오백 명, 둘째가 삼백 명, 셋째가 이백 명, 이렇게 모두 천 명의 제자를 거느린 지도자들이었습니다.

서른 명의 빠테이야까 청년들을 제도하여 출가시킨 부처님은 우루웰라에 도착하셨습니다. 이곳에 있는 깟사빠 삼 형제를 교화시키기 위해서였지요. 오백 명의 제자를 거느린 큰 형을 먼저 찾아갔는데, 그들은 머물 자리가 없다면서 어떤 동굴로 가라고 했습니다. 그 동굴은 불을 뿜는 용이 사는 곳으로 알려진 곳이었습니다. 그 굴에 들어간 이는 많았지만 살아서 나온 사람은 없었습니다. 그런데 부처님은 동굴에서 주무시고 다음 날 멀쩡한 모습으로 살아 나왔습니다. 부처님이 호리병을 가지고 나왔는데, 용이 그 안에 들어 있었지요. 그 모습을 보고 배화교 수행자들이 다 놀랍니다. 부처님이 그들에게 법을 설하자 모두 부처님의 제자가 됩니다.

부처님은 세 가지 방법으로 교화를 했습니다. 신통과 설법, 위의로 교화를 했습니다. 신통 교화는 신통력을 보여 주는 것이고, 설법 교화는 게송을 설해서 교화시키는 것입니다. 위의는 부처님의 모습을 보기만 해도 환희심이 나는 것을 뜻합니다. 부처님은 세 가지 방법 모두를 써서 교화시킨 것입니다. 당시 배화교 수행자들을 '결발 수행자'라고 불렀습니다. 머리에 똬리를 틀었기 때문인데요, 요즘도 인도에 가면 이런 모습을 한 이들이 있습니다. 이들이 불의 신을 섬기기 때문에 부처님은 불의 비유로 설법을 하신 겁니다. 이 게송을 듣고 천 명 모두 아라한과를 성취했습니다. 물론 이들은 이 게송을 듣기 전에 오랫동안 열심히 수행한 공덕이 있었기 때문이지요. 그러나 그 결정적인 계기는 이 게송을 들은 것입니다.

이들이 불의 신을 섬기기 때문에 부처님은 불의 비유로 설법을 하셨습니다. 세상의 모든 것이 불타고 있는데 어떻게 불타고 있는지를 설명하셨지요. 모든 것을 태우는 불은 일반적인 불이 아니라 탐욕과 성냄과 어리석음의 불길입니다. 이 삼독심의 불길은 화산보다 뜨겁고 큰 바다의 물로도 끄지 못합니다. 우리 모두는 삼독심으로 뜨겁게 불타고 있는 걸 붙잡고 있습니다. 그러니 고통스럽지요. 부처님께서 '놓으라.'고 아무리 말씀하셔도 움켜쥔 손을 놓지 못하고 고통스러워하고 있는 겁니다.

인도네시아 사람들이 원숭이를 잡는 것을 인터넷에서 동영상으로 본 적이 있습니다. 일단 사냥꾼이 원숭이들이 지켜보는 데서 나무 밑에 구멍을 조그맣게 파고 먹이를 집어넣지요. 그러면 그걸 본 원숭이가 구멍 속으로 손을 넣어 먹이를 움켜쥡니다. 그러곤 손을 빼려고 하는데 손이 빠지지 않습니다. 구멍이 작아서 주먹 쥔 손은 빠져나오질 못하는 것입니다. 그때 숨어 있던 사냥꾼이 서서히 원숭이에게 다가옵니다. 주먹을 풀고 먹이를 놓으면 손을 빼서 도망갈 수 있지만 원숭이는 그렇게 하지 못합니다. 먹이를 놓지 못하고 난리를 칩니다. 그러면 사냥꾼이 슬슬 걸어가서 원숭이 목에 줄을 감아 잡습니다. 그걸 보니 저도 맨손으로 원숭이를 잡을 수 있겠더군요. 이 동영상을 보면서 사람도 저 원숭이와 조금도 다르지 않다는 생각을 했습니다. 사람도 욕심과 성냄, 어리석음을 나라고 생각합니다. 분노도 놓지 않습니다. 내 것이니까요. 그렇게 주먹을 움켜쥐고 꽉 잡고 있으니까 윤회에서 벗어날 수 없는 겁니다. 놓으면 해탈하는데 놓지를 못하지요.

걱정 근심이 많은 사람은 애착이 많은 사람입니다. 애착이 많으니까 내가 애착하는 걸 못 얻을까봐 혹은 없어질까봐 걱정하고 근심하는 것입니다. 그런 것을 보면 고통의 원인은 '아집이 확실하구나.' 하고 알게 됩니다.

　　사찰에서 예불을 드릴 때 반드시 오분향(五分香) 의례를 합니다. 오분향은 부처님과 아라한이 갖춘 다섯 가지 공덕을 향에 비유한 것입니다. 계향(戒香)·정향(定香)·혜향(慧香)·해탈향(解脫香)·해탈지견향(解脫知見香)이 그것입니다. 이 마지막 게송이 바로 해탈지견향입니다. '나는 해탈했다는 지혜'가 생겨난다. 그래서 더 이상 윤회하지 않는다.' 이는 곧 불생(不生)의 경지, 무학(無學)의 경지, 아라한의 경지에 이른다는 뜻입니다.

　　그런데 『화엄경』이나 『법화경』을 살펴보면 아라한과를 얻었는데도 다시 윤회의 구덩이로 들어가는 존재가 있습니다. 바로 보살입니다. 일체중생을 고통에서 구제하겠다는 원을 세웠기에 그 원을 성취하려고 다시 불구덩이로 들어가는 것입니다. 소방대원은 사람들을 구하기 위해 자진해서 뜨거운 불 속으로 들어가지 않습니까? 보살은 불교의 소방대원입니다. 윤회의 불 속으로 들어가 사람들을 구하는 소방대원 말입니다.

019

빔비사라 왕이 공양을
올리고 공덕을 회향하자
「담장밖경」을 설하시다

죽은 이들은 담장 밖에 서 있고
옛집에 들어오려고 문기둥에 서 있네.
…

죽은 이를 애처롭게 생각하는 사람들은
깨끗하고 맛있는 음식으로 보시하고
이렇게 빌어야 한다네.
"이 공덕이 죽은 이에게 돌아가기를!
죽은 이가 행복하기를!"

…

울며 슬퍼하고 오랫동안 땅을 치고 통곡한다 해도
죽은 이에게 아무 소용이 없네.

거룩한 승가에 공양 올리면
오랫동안 복덕이 되고 즉시 좋은 과보를 받네.
- 『쿳다까 니까야』 「담장밖경」

▽

　　빔비사라 왕은 부처님이 수행을 하시던 때에 서로 만난 적
이 있습니다. 부처님이 스승을 찾아 길을 떠났다가 마가다국에
들리셨는데 그때 이미 훌륭한 위의를 갖추고 계셨기에 빔비사라
왕이 찾아왔습니다. 왕이 자신의 나라를 절반을 떼어드릴 테니
함께 나라를 다스리자고 청했지만, 부처님은 늙고 죽음의 문제를
해결하기 위해 출가하셨기 때문에 그 청을 거절하셨습니다. 그러
자 빔비사라 왕은 부처님이 깨달음을 얻으시면 반드시 자신을 찾
아와 법을 설해주기를 청했습니다.

　　부처님은 그 청을 기억하시고, 제자들과 함께 빔비사라
왕을 찾아갔습니다. 왕은 부처님께 귀의하며 부처님과 제자들이
머물러 수행하실 곳을 마련합니다. 그곳이 바로 불교 최초의 절
인 '웰루와나,' 즉 '죽림정사'입니다. 죽림정사 주변에는 실제로
대나무가 많고, 호수도 있지요. 어느 날 빔비사라 왕은 부처님과
제자들에게 공양을 올리고 기분 좋게 잠이 들었습니다. 그런데
밤새 꿈에서 귀신들에게 시달렸습니다. 다음 날 왕이 부처님께
악몽을 꾼 이유를 묻자 부처님은 이와 같이 말해 줍니다.

　　"그 영혼들은 그대 과거생에 인연 있는 이들이다. 그대가

과거생에 집사로 있을 때 부처님께 공양하려던 것들을 훔쳐 먹은 친인척들이다. 그 과보로 죽어서 아귀가 된 것이다. 그들은 그대가 나에게 공양을 올리고 그 공덕을 자신들에게 회향하기를 바랐다. 그래야 아귀보에서 벗어날 수 있기 때문이다. 그러나 그대는 공양은 올렸으나 회향을 하지 않았기 때문에 꿈에 그들이 나온 것이다."

이 말을 들은 빔비사라 왕은 다음 날 다시 부처님과 제자들에게 공양을 올리고 그 공덕을 과거생의 친인척들에게 회향합니다.

보시나 공양을 올려서 공덕이 생기면 회향을 잘 해야 합니다. 기도 수행 중 맨 마지막 날 회향 기도를 하라고 하는 이유는 보시나 공양의 공덕을 남에게 향하게 하려는 것입니다. 그렇게 하지 않으면 자신이 지은 공덕이 자신에게 옵니다. 그러나 남에게 공덕을 회향한다고 해서 나의 공덕이 없어지는 것이 아닙니다. 나의 촛불을 옆 사람이 든 초에 옮겨 불을 붙이면 사방이 더 환해지는 것과 마찬가지입니다. 경전을 독송하는 수행을 하거나 기도를 할 때, 다 마친 후에는 그 공덕을 가족이나 돌아가신 분들에게 회향해야 합니다.

빔비사라 왕은 공양의 공덕을 회향하고 편안히 잠이 듭니다. 그날 밤 왕의 꿈에 그들이 아귀보를 벗고 나타났습니다. 아귀에서 벗어나기는 했는데, 한 가지 이상한 점은 벌거벗은 채 나타난 겁니다. 다음 날 왕은 부처님께 다시 그 까닭을 묻습니다. 그러자 부처님은 "스님들에게 가사를 공양하고 그 공덕을 그들에게 회향하라."고 일러 줍니다. 부처님 말씀대로 스님들에게 가사를 공양하니 그날 밤 꿈에는 그들이 모두 멋진 옷을 입고 천상으로 올라가는 모습이 보였습니다.

「담장밖경」은 공덕을 회향하는 것에 대한 설법입니다. 이 게송에 나오는 '죽은 이들,' 곧 영가는 초대를 해야 도량에 들어올 수 있습니다. 천신들이 도량을 지키고 있기 때문입니다. 그래서 영가의 위패를 올려주어야 사찰 안으로 들어올 수 있습니다.

나를 낳아서 불면 꺼질세라 애지중지하면서 길러주신 부모님이 돌아가시면 누구나 '좀 더 잘해드릴 걸.' 하고 후회합니다. 젊은 사람이 죽으면 '벌써 죽다니.' 하며 통곡합니다. 후회하거나 통곡하거나 해봐야 아무 소용이 없습니다. 죽은 이들의 마음만 더 아프게 합니다. 그러면 어떻게 해야 할까요? 바로 이 게송의 마지막에 나옵니다.

"거룩한 승가에 공양 올리면 오랫동안 복덕이 되고 즉시 좋은 과보를 받네."

스님들이 천도재를 드릴 때 마지막에 기도를 올립니다. 불보살에게 공양한 공덕을 회향하는 것입니다. 죽은 이들을 위해서 무언가를 하고 싶다면 법보시를 하거나 승가에 공양을 올린 후 그들에게 회향하는 것이 좋습니다. "이 공덕이 돌아가신 분 000 에게 돌아가기를." "이 공덕으로 000이 행복하기를." 이렇게 구체적으로 축원하면 됩니다.

사리뿟따와 목갈라나가
앗사지 장로의 게송을
듣고 출가하다

모든 현상에는 원인이 있다네.
여래께서는 그 원인에 대해 설하신다네.
원인이 소멸한 결과(열반)에 대해서도
여래께서는 또한 설하신다네.
- 『율장』 「대품」

▽

　　사리뿟따와 목갈라나는 부처님의 상수제자가 됩니다. 이들은 원래 다른 종파의 수행자였습니다. 두 사람은 부처님을 만나기 전, 그 종파에서 최고의 경지까지 올랐지만 여전히 무언가 해결되지 못했다는 것을 느끼고 있었습니다. 그러던 어느 날 길을 가다가 '그 무언가를 해결했구나.' 하고 여겨지는 사람을 만나게 됩니다. 그냥 보기에도 단정하고 표정이 남다른 사람이었습니다.

사리뿟따는 한역 경전에서는 사리자(舍利子) 혹은 사리불(舍利佛)이라고 옮기고 있습니다. 산스크리트로 뿟따는 '아들'이라는 뜻입니다. 사리는 모친의 이름입니다. 사리자(舍利子)는 사리의 아들이라는 뜻을 옮긴 말이고, 사리불(舍利佛)은 그 소리를 옮긴 말입니다.

아무튼 사리뿟따는 그 사람을 쫓아가서 "당신은 참으로 위의가 뛰어납니다. 당신의 스승은 누구입니까?" 하고 묻습니다. 그러자 그는 "저의 스승은 사꺄무니 붓다입니다." 하고 답하지요. 그래서 사리뿟다가 다시 "당신의 스승은 어떤 법을 가르치십니까?" 하고 묻습니다. 이 질문에 답한 것이 이 게송입니다.

이 게송을 설한 분은 부처님의 초전법륜을 듣고 아라한이 된 다섯 비구 중의 한 분인 앗사지 장로였습니다. 사실 장로(長老)라는 말은 본래 불교에서 사용하는 용어입니다. 천당도 불교 용어지요. 기독교가 전래되면서 불교 용어를 가져다 쓴 것입니다. 장로는 수행이 높고 지혜가 있는 수행자를 가리킵니다.

이 게송이 매우 낯익지요? 부처님께서 깨달으신 인과의 법칙을 설하고 있기 때문입니다. 인과법, 즉 연기법은 이미 앞에서 자세히 설명했듯이 불교(佛敎), 즉 부처님 가르침의 핵심입니다. 모든 현상에는 원인이 있습니다. 늙고 죽음에는 원인이 있지요. 태어남이 있기 때문입니다. 태어남의 원인은 존재의 열망입니다. 존재의 열망은 내 것으로 취함이 있기 때문입니다. 앞에서 설명한 십이연기를 간단명료하게 설한 것이 이 게송입니다.

　'모든 현상에는 원인이 있다.'는 것을 쉽게 이야기하면 '콩 심은 데 콩 나고 팥 심은 데 팥 난다.'는 겁니다. 불교를 과학적 종교라고 말하는 이유가 여기에 있습니다. 아인슈타인 같은 최고의 과학자가 "앞으로 최고의 종교는 불교"라고 말한 바 있습니다. 앞으로 과학이 발달하면 할수록 불교는 각광받을 것이라고 확신합니다.

　고통스러운 상황에 처했을 때는 늘 이 게송을 떠올리십시오. 원인이 무엇일까 생각해야 합니다. 원인을 알아야 해결할 수 있습니다. 병에 걸리면 병이 왜 걸렸는지 알아야 치료할 수 있는 것과 마찬가지입니다. 얼마 전에 제가 한의원에 침을 맞으러 갔습니다. 오른쪽 다리가 아파서 갔는데, 한의사가 왼쪽 다리에 침을 놓으려고 하는 겁니다. 그래서 제가 깜짝 놀라서 막았지요. 제가 분명 오른쪽 다리라고 말했는데 한의사는 자기 입장에서 보고 저의 왼쪽 다리에 침을 놓으려고 했던 겁니다. 원인을 바르게 알아야 모든 고통에서 벗어날 수 있습니다.

　사리뿟따는 이 게송의 처음 두 줄을 듣고 수다원과를 얻었습니다. 그다음 두 줄은 이해하지 못했지요. 그래서 곧바로 자기 친구인 목갈라나와 함께 출가해서 부처님의 제자가 됩니다.

웰루와나의 대집회에서
사리뿟따와 목갈라나를
상수제자로 임명하다

"부처님이시여,
저는 부처님을 존경하는 마음에서
일주일 동안 꽃 일산을 부처님 머리 위로
드리우고 서 있었습니다.
저는 이 공덕으로 제석천왕이나 범천으로
태어나고 싶지 않습니다.
단지 미래 부처님 아래에서 상수제자가 되기를 발원합니다."
…

"부처님이시여,
제 친구 사라다는 미래 부처님의 상수제자가
되겠다는 서원을 세웠다고 합니다.
저도 또한 같은 부처님의

두 번째 상수제자가 되기를 발원합니다.”

…

“비구들이여,

이것이 나의 아들 사리뿟따와 마하목갈라나가

그때 세운 서원이다.

둘은 자신들이 세운 서원에 따라 이 영광을 얻은 것이지

내가 두 사람을 편애하여 상수제자에 임명하는 것이 아니다.”

- 『담마빠다 아타까타』

▽

  사리뿟따와 목갈라나가 부처님께 오기 전에, 부처님께는 천 명 이상의 많은 제자가 있었습니다. 이 두 사람은 출가한 순서로 따지면 서열이 맨 아래인데 이 둘을 서열 1, 2위에 둔 겁니다. 불교에서는 출가 순서대로 서열을 정합니다. 이것을 ‘좌차(座次)’라고 합니다. 앉는 차례라는 뜻입니다.

  저도 쌍계사에서 행자 생활할 때 제 위로 행자가 둘이 있었습니다. 그들은 나이도 저보다 어리고 불교도 잘 몰랐어요. 저는 불교로 박사학위를 받고 대학에서 강의도 삼 년이나 하다가 출가를 했지만 그 두 사람은 저보다 나이도 어리고 불교도 잘 몰랐지요. 하지만 저는 제 위 행자들에게 무조건 고개를 숙였습니다. 그때 ‘하심(下心) 공부를 제대로 하는구나.’ 하고 생각했지요.

나이로 보나 불교에 대한 지식으로 보나 어느 면으로 봐도 나보다 아래라고 생각되지만 나보다 하루라도 먼저 행자 입방했으니 나보다 위구나 생각했습니다. 그래도 때로는 한 번씩 속에서 뭔가가 올라왔지요. 그럴 때는 쌍계사 위에 있는 불일폭포로 올라갔습니다. 사찰에서 한 시간가량 올라가서 시원하게 쏟아져 내리는 폭포도 보고 소리도 크게 지르면서 마음을 쉬곤 했습니다. 덕분에 제가 목청이 좋아졌습니다.

이처럼 불교는 출가 순서에 따라 서열이 정해집니다. 그런데 사리뿟따와 목갈라나를 서열 1, 2위의 상수제자로 둔 겁니다. 이 사실을 보고 제가 '불교에도 원래 장교 제도가 있구나.' 생각했습니다. 장교는 훈련을 마치면 바로 소위로 임명되지요. 조직은 저마다 장교 제도가 있습니다. 조직이 발전하기 위해서는 우수한 인재를 선발해야 하기 때문입니다. 부처님도 이러한 점을 고려하신 겁니다. 물론 당시 다른 제자들의 반발이 있었습니다. "부처님, 왜 저 둘을 편애하십니까?"라며 두 분을 상수제자로 삼은 까닭을 묻습니다. 그러자 부처님께서는 저 둘은 과거생에 부처님의 상수제자가 되기를 서원했기 때문이라고 답을 하십니다.

사리뿟따는 과거생에 부처님께 지은 공덕으로 미래 부처님의 상수제자가 되기를 서원했고, 목갈라나는 사리뿟따의 뒤를 이어 두 번째 상수제자가 되기를 서원했습니다. 그런 서원을 했기에 사리뿟따와 목갈라나는 사꺄무니 부처님의 상수제자가 되었던 것이지, 결코 부처님이 두 장로를 다른 제자들보다 편애했기 때문이 아니었습니다. 서원이 이토록 중요한 것입니다.

사실 첫 번째 제자는 '꼰단냐'입니다. 다섯 비구 중 한 분으로 부처님의 초전법륜을 듣고 제자 가운데 첫 번째로 깨달음을 얻어서 '안냐 꼰단냐,' 즉 '깨달은 꼰단냐'라고 불리게 되었지요. 그러나 첫 번째 제자와 상수제자는 다른 것입니다. 꼰단냐는 과거생에 '부처님의 첫 번째 제자가 되기'를 서원했고, 사리뿟따와 목갈라나는 '부처님의 상수제자가 되기'를 서원한 것입니다. 서원은 자기를 창조합니다.

두 상수제자의 서원에 대해 말씀하시면서 부처님은 이 둘을 '나의 아들'이라고 했습니다. 부처님은 남성이 아라한과를 얻으면 아들이라 부르고, 여성이 아라한과를 얻으면 딸이라고 했습니다. 부처님은 출가 전에 이미 속가의 아들이 있었습니다. 라훌라지요. 그렇지만 성도하신 후에는 아라한과를 얻은 제자를 아들과 딸이라고 했습니다. 여러분도 사꺄무니 부처님의 아들딸이 되려면 아라한과를 얻으면 됩니다. 아라한과를 얻으면 고통에서 벗어나고 부처님의 아들딸도 되니 이만큼 보람된 일이 어디 있겠습니까? 불자(佛子)라는 말이 부처님의 자녀라는 뜻이니 그 말처럼 진짜로 부처님의 아들딸이 되어야겠습니다.

여러분이 지금 이 자리에서 서원을 하면 머지않은 미래에 반드시 성취하게 됩니다. 강한 의지로 마음을 집중해서 서원을 세우면 나의 미래가 이 서원에 따라 바뀝니다. 사원이 나 자신을 창조하는 것이지요. 미래의 나를 만드는 것이고, 내 삶의 방향을 결정하는 것이지요. 그냥 열심히 살면 되는 게 아닙니다. 그냥 사는 삶은 어디로 흘러갈지 알 수 없습니다. 서원은 삶에 방향을 설정하는 것입니다. 나아가야 할 방향과 성취해야 할 목표가 있는 삶을 사십시오. 그러기 위해 서원을 세워야 합니다. 먼저 서원을 세운 뒤에 열심히 살아야 합니다. 저도 서원을 세웠습니다. 저의 서원이 바로 행불선원의 서원입니다.

부처님 감사합니다.
법륜을 굴리겠습니다.
행불하겠습니다.

삭까천왕이 마하깟사빠 장로에게 공양 올리고 기뻐하다

비구가 탁발을 나간다.
다른 목적이 있어서가 아니고
오직 자신의 몸을 지탱하기 위해서
천신들은 그런 비구를 존경한다.
항상 평온하고 주의 깊게 깨어있는 사람을.
— 『담마빠다 아타까타』

따가라향과 전단향이 아무리 짙은들
하늘까지 이르지 못하지만
계율을 갖춘 이의 향기는
하늘까지 퍼져간다.
— 『법구경』 56

▽

　삭까천왕은 천신들의 왕, 바로 제석천왕입니다. 우리나라
도 『삼국유사』 보면 '석제환인'이 나오는데 그가 바로 제석천왕입
니다. '석제환인의 아들이 홍익인간의 뜻을 품고 웅녀와 결혼해
서 단군을 낳는다.'고 하지요. 우리 한민족은 바로 삭까천왕의 자
손입니다. 삭까천왕은 도리천의 왕인데, 도리천은 삼십삼천이라
고도 합니다. 도리천의 중앙에 삭까천왕의 궁이 있고, 사방의 봉
우리마다 8천이 있어서 모두 합하면 33천이 있기 때문이지요. 삭
까천왕은 불심 깊은 신입니다. 이러한 삭까천왕, 즉 석제환인의
자손이기에 우리나라를 불국토라고 하지요.

　삭까천왕은 천신들의 왕이면서도 부처님께 공양 올리고
법문 듣는 걸 즐겼습니다. 어느 날 삭까천왕은 칠 일간 멸진정에
들었다가 나오는 마하깟사빠(마하가섭) 장로에게 공양을 올려야겠
다고 마음먹습니다. 두타제일이라 불리는 마하깟사빠 장로는 우
리에게는 마하가섭이라는 이름이 더 익숙하지요. 멸진정은 몸과
마음의 작용이 소멸해서 쉬는 선정을 말합니다. 죽음과는 다르지
요. 일주일간 먹지도 자지도 않고 잡념을 피우지도 않고 선정에
든 상태입니다. 아라한에게 공양을 올리면 큰 공덕이 되는데 그
중에서도 멸진정에 칠 일간 들었다가 나온 아라한에게 첫 공양을
올리면 다음 생에 한 나라의 재상이나 큰 재벌이 될 수 있다고 합
니다. 대단히 큰 공덕이지요. 삭까천왕도 그런 공덕을 알았지요.
그래서 마하깟사빠 장로가 멸진정에 들었다 나오는 날 모습을 바
꾸고 공양을 올리려고 했습니다. 왜냐하면 마하깟사빠는 가난한

사람에게만 공양을 받았기 때문입니다. 가난한 사람들은 과거생에 복덕을 짓지 않은 이들이기 때문에 지금이라도 복덕을 지을 기회를 주기 위해서였습니다. 당시 어떤 제자들은 부자들에게만 공양을 받기도 했습니다. 그것은 공양할 것이 부족한 가난한 이들을 배려해서입니다. 부처님께서 이를 아시고는 "이제부터는 일곱 집만 차제걸식을 하라. 가난하든 부유하든 가리지 말고 차례대로 일곱 집만 가라."고 하셨습니다. 잘 사는 사람도 계속 잘 살기를 원한다면 보시해야 하고, 가난한 사람도 가난을 이기고 싶으면 보시해야 합니다.

마하깟사빠 장로는 멸진정에서 나온 후 가난한 집에 가서 공양을 받아야겠다고 생각합니다. 삭까천왕은 이러한 마하깟사빠의 생각을 알고 아주 가난한 집 노파로 변신해서 장로가 지나는 길목에서 기다리다가 공양청을 했습니다. 그러자 마하깟사빠는 노파(삭까천왕)에게 발우를 주고 뒤를 따랐습니다. 노파의 집은 아주 누추했습니다. 그런데 그렇게 누추한 곳에서 너무도 향기로운 음식이 나왔습니다. 사실은 천상의 공양이기 때문이지요. 마하깟사빠가 공양을 받으며 "가난한 집에서 어떻게 이렇게 향기롭고 맛난 음식이 나옵니까?" 하고 묻습니다. 그러자 노파가 사실을 실토하지요. 자신은 본래 삭까천왕이라고.

우리가 어느 자리까지 올라가는 것도 힘들지만 그 자리를 유지하는 것도 노력해야 합니다. 그래서 삭까천왕도 계속 공덕을 짓는 것입니다. 자기가 부자가 됐다고, 권력을 잡았다고 해서 공덕을 짓지 않으면 반드시 추락하게 돼 있습니다.

삭까천왕은 마하깟사빠 장로에게 이렇게 묻습니다. "속여서 공양을 올려도 공덕이 됩니까?" 그러자 장로는 "좋은 의도에서 한 일이니 공덕이 된다."고 일러 줍니다. 그러자 삭까천왕은 매우 기뻐하며 천상으로 올라갔습니다. 그 모습을 멀리서 본 부처님이 흐뭇한 미소를 지으시면 이 게송을 읊으셨습니다.

아라한과를 얻으면 이처럼 신들에게도 존경을 받습니다. 인간의 몸이면서도 신에게 존경받는 존재가 되는 것입니다. 수다원과만 얻어도 신들과 동격이 됩니다. 신중단에 오르려면 큰 복덕 짓거나 수다원과 이상이 되면 됩니다. 수다원과만 얻어도 신들이 함부로 하지 못합니다. 조금 있으면 도반이 되기 때문이지요. 불교가 아니면 있을 수 없는 게송입니다. 부처님을 '천인사(天人師),' 즉 하늘과 사람의 스승이라고 하는 이유도 여기에 있습니다. 부처님은 참으로 하늘의 신과 땅 위 인간의 스승이시기 때문입니다.

포살일에 일곱 부처님이 한결같이 읊으신 게송을 설하시다

악은 짓지 말고
선은 받들어 행하며
마음을 깨끗이 하라.
이것이 붓다들의 가르침이다.
– 『법구경』 183

▽

포살은 초하루나 보름으로 날을 정해 그간의 자기 허물을 반성하고 참회하는 의식입니다. 스님들도 안거 기간에 포살을 합니다. 자신이 계율에 어긋난 행동을 했으면 그것을 드러내서 참회하고 대중에게 용서를 빕니다. 처음 포살할 때 바로 이 '칠불통계게(七佛通誡偈)'를 읊습니다. 과거 일곱 부처님, 즉 사꺄무니 부처님을 포함해서 일곱 분의 부처님이 한결같이 말씀하신 경계의 게송이라고 하여 이렇게 부릅니다. 이 게송은 『법구경』에 등장하는데 다문제일 아난다 존자가 "부처님께서는 예부터 전해 오는 재일을 어떻게 기리셨는지" 여쭈자 이에 부처님께서 말씀하신 것입니다. 한문으로는 '제악막작(諸惡莫作) 중선봉행(衆善奉行) 자정기의(自淨其意) 시제불교(是諸佛敎)'라고 합니다.

이 말씀 역시 불교의 핵심입니다. '악은 짓지 말고 선을 받들어 행하라'는 것은 오계(五戒)를 지키라는 뜻입니다. 불살생(不殺生), 불투도(不偸盜), 불사음(不邪淫), 불망어(不忘語), 불음주(不飮酒)는 종교가 없는 사람도 지켜야 할 중요한 덕목입니다. 이어지는 '마음을 깨끗이 하라'는 것은 마음을 청정하게 머무르는 것이 중요하다는 뜻입니다.

여러분 삼학(三學)에 대해 들어보셨지요. 삼학은 계학(戒學), 정학(定學), 혜학(慧學)을 말합니다. 부처님의 모든 가르침은 모두 삼학으로 귀결되지요. 계는 오계, 팔재계, 십선계 등의 계율을 지켜 몸과 마음을 다스리는 것입니다. 정은 산란한 마음을 한 대상에 집중시켜 고요한 가운데 진리를 관찰하는 것이고, 혜는 미혹을 깨고 진리를 깨닫는 것입니다. 정과 혜의 기본 바탕이 계를 지키는 것으로, 계를 지키지 않으면 사상누각과 같아서 정과 혜에서 성취를 이룰 수 없습니다. 그렇기 때문에 불법을 배우고 수행하는 사람이라면 누구나 계를 잘 지켜야 합니다. 먼저 계를 잘 지켜야 정과 혜에서 성취하여 깨달음에 이를 수 있기 때문입니다.

이 칠불통계게와 관련한 유명한 일화가 있습니다. 당나라 시대의 이백, 두보, 한유와 더불어 저명한 시인이었던 백거이가 항주 태수로 있을 때였습니다. 태수는 요즘으로 치면 도지사와 같은 직책인데, 관내에서 이름이 높은 도림(道林) 선사를 뵈려고 찾아갔습니다. 도림 선사는 높은 나무 위에 자리를 잡고 머물렀기 때문에 당시 사람들이 '조과(鳥窠, 새 둥우리)' 선사 혹은 '작소(鵲巢, 까치집)' 선사라고도 불렀지요. 백거이가 선사를 찾아간 날에도 스님은 나무 위에 계셨습니다. 그 모습을 보고 백거이가 물었죠. "스님, 왜 그렇게 위험한 곳에 계십니까?" 그러자 스님은 "이보게, 내가 보기에는 자네가 더 위험하네." 하고 답하는 겁니다. 관리는 언제 목이 날아갈지 모르지 않습니까? 그래서 스님의 말씀에 백거이는 하심을 하고 다시 말합니다. "듣고 보니 맞는 말씀입니다. 저에게 좋은 가르침을 내려주십시오." 하고 청하지요. 그때 도림 선사가 읊은 것이 이 칠불통계게입니다. 그런데 듣고 보니 너무도 쉬운 말씀이었지요. 뭔가 높고 어려운 가르침을 기대했는데 말입니다. 그래서 그는 "그거는 삼척동자도 다 아는 소리가 아닙니까?" 하고 따져 물었습니다. 그러자 스님이 "이 사람아, 삼척동자도 알지만 팔순 노인도 행하기 어려운 것이라네." 하고 답하셨지요. 이에 백거이가 그 자리에서 스님께 절을 올렸습니다.

아마도 백거이와 조과도림 선사의 일화를 잘 아는 분도 있을 겁니다. 그래서 이 칠불통계게가 조과도림 선사의 말인 줄 아는 분이 많을 텐데요. 사실 이 게송은 『법구경』에 나오는 것으로 아난다 존자의 질문에 부처님께서 답하신 말씀입니다.

까삘라왓투를 방문하여
숫도다나 왕과
마하빠자빠띠에게
설하시다

탁발 의무를 가벼이 여기지 말고
면밀하게 마음 챙기며 탁발하라.
이 가르침을 닦는 이는
이 세상과 다음 세상에서 행복하리라.

성실하게 탁발하고
탁발 수행을 게을리하지 마라.
이 가르침을 닦는 이는
이 세상과 다음 세상에서 행복하리라.
- 『법구경』 168, 169

숫도다나 왕은 부처님의 부친입니다. 왕은 부처님의 성
도 소식을 듣고 신하들을 부처님께 보냅니다. "출가 본연의 목적
을 성취하셨으니 고향을 방문해 달라."고 요청한 것이지요. 그런
데 신하들을 보내기만 하면 함흥차사인 겁니다. 부처님을 만나는
족족 법문을 듣고 출가해 버렸기 때문입니다. 결국 숫도다나 왕
은 부처님이 출가하기 전에 매우 친했던 신하를 보내면서 "제발
내 부탁을 전해다오." 하고 당부합니다. 이 신하도 부처님을 뵙고
출가했지만 다행히 왕과의 약속을 잊지 않고 전했습니다. 그래
서 부처님이 성도하신 후 처음으로 고향인 까삘라왓투를 가게 됩
니다. 부처님이 고향에 도착하자 왕이 환대하며 궁궐로 모시려고
했습니다. 그런데 부처님이 "궁궐 밖에서 머물겠다."고 하는 겁니
다. 그러고는 다음 날에는 걸식을 했습니다. 그 모습을 보고 왕이
깜짝 놀랐습니다. 왕의 눈에는 거지처럼 보였기 때문입니다. 그
래서 부디 궁궐 안으로 들어가시라고 부탁하자 부처님께서 이 게
송을 설하신 겁니다.

부처님은 부왕에게 "과거의 모든 부처님도 탁발했고 저도
탁발하고 미래 부처님도 탁발하실 것"이라고 일러 줍니다. 왜 이
런 말씀을 하셨을까요? 탁발 자체가 수행이기 때문입니다. 탁발
을 하게 되면 자기 생각과 세상이 다르다는 걸 알게 됩니다. 어떤
이는 많이 줄 것 같은데 조금 주고, 어떤 이는 적게 줄 것 같지 않
은데 넉넉하게 주기도 합니다. 제가 불사를 해보았더니 역시 그
랬습니다. 불사하는 과정 자체가 공부임을 깨닫게 됩니다. 열 길

물속은 알아도 한 길 사람 속은 알 수 없다는 옛 속담이 가슴에 와 닿습니다. 탁발하다 보면 저절로 하심이 됩니다. 일단 허리를 구부리지 않습니까. 그러면서 스스로에게 하심이 됩니다. 보시하는 사람에게는 복을 닦는 기회가 되지요. 그래서 탁발 수행이 중요한 겁니다.

과거 부처님과 제자들은 탁발로 얻은 음식을 절의 공양간에 와서 나눠 먹었습니다. 그 당시 절의 공양간은 음식을 만드는 곳이 아니라 먹는 곳이었습니다. 지금도 남방불교인 미얀마나 스리랑카의 절에 가면 공양간이 밥 먹는 곳이지 취사장이 아닙니다. 절의 공양간을 취사장으로 이용하는 문화는 북방불교에서 생긴 것입니다. 탁발을 하지 않으면 신도들의 공양청을 받아서 신도 집에 가서 먹습니다.

이 게송을 듣고 숫도다나 왕이 수다원과를 성취합니다. 그간의 고정관념과 편견이 탁 깨진 것입니다. '탁발 = 거지들이 하는 일'이라는 편견이 깨진 것이지요.

난다에게 천녀 500명을
얻게 됨을 보증하시다

감각적 욕망의 진흙 수렁을 건넌 사람
욕망의 가시를 뽑아 버린 사람
어리석음에서 벗어나 열반에 이른 사람
그런 사람은 즐겁거나 괴롭거나
마음에 흔들림이 없다.
– 『담마빠다 아타까타』

성글게 이은 지붕에
빗물이 쉽게 스며들듯
잘 닦지 않은 마음에
욕심이 쉽게 스며드네.

잘 이은 지붕에
빗물이 스며들지 않듯

잘 닦은 마음에
욕심이 스며들지 못하네.
-『법구경』13, 14

▽

숫도다나 왕과 마하빠자빠띠 왕비 사이에서 태어난 난다는 부처님의 이복동생입니다. 부처님이 출가하시고 나서 난다가 뒤를 이어 태자가 되었습니다. 부처님이 고향 까삘라왓투로 오신 뒤 어느 날 태자인 난다가 왕이 되기 위한 관정 의식과 결혼식을 하는 날이었습니다. 난다에게는 아주 중요한 날이었지요. 준비가 한창일 때 부처님이 행사장으로 찾아왔습니다. 부처님은 난다에게 당신의 발우를 주고 말없이 돌아서서 앞으로 걸어갔습니다. 난다는 부처님께 발우를 드리려고 그 뒤를 좇아갔지요. 뒤에서 약혼녀가 난다를 불렀지만 부처님을 계속 따라갈 수밖에 없었습니다. 부처님을 따라가다 보니 어느덧 죽림정사까지 가게 되었지요. 계속 부처님을 따라가다가 얼떨결에 출가하게 된 것입니다. 본의 아니게 출가를 했으니 수행이 잘 될 턱이 없지요. 난다는 까삘라왓투의 최고 미녀였던 약혼녀가 자꾸 떠올랐습니다. '환속을 해야 하나?' 고민하는 난다를 보고 부처님이 그를 숲속으로 데리고 가서 말씀을 하십니다.

"저기에 있는 화상을 입은 수컷 원숭이가 보이느냐? 약혼녀와 원숭이 중에 누가 더 예쁘냐?"

"약혼녀는 미스 카필라인데 원숭이와 비교가 되나요?"

그러자 부처님은 난다를 데리고 천상으로 갑니다. 그곳에서는 발이 핑크빛인 천녀 오백 명이 손님 맞을 준비로 바빴습니다. 부처님은 난다를 데리고 다시 세상으로 내려와서 묻습니다.

"천녀들과 약혼녀 중 누가 더 예쁘냐?"

"천녀들과 비교하니 제 약혼녀는 원숭이와 다름이 없습니다."

난다의 대답을 들은 부처님은 "네 말이 맞다. 수행을 잘해서 아라한과를 얻으면 천녀 오백 명을 너의 여인으로 만들어주겠다."고 약속합니다. 난다는 그 말을 듣자 약혼녀에 대한 애착이 사그라졌습니다. 그날 이후 난다는 수행을 열심히 해서 결국 아라한과를 얻습니다. 그리고 부처님을 찾아와서 이렇게 말합니다.

"제가 드디어 공부가 되었습니다. 전에 약속하신 거 그만해지셔도 됩니다."

"이미 해지했느니라."

아라한과를 얻고 보니 여인은 필요가 없어진 겁니다. 정신적 차원이 이전과 달라졌으니까요. 초등학생일 때와 중학생일 때, 그리고 대학생일 때 생각하는 차원이 다른 것과 같습니다. 원하는 것도 달라지지요. 이렇게 자신의 가치관, 정신적 차원을 높이는 일이 중요한 것입니다. 세속적인 소원을 이루는 것보다 정신적 차원을 높이는 일이 더 중요합니다.

다른 제자들이 난다가 진정 아라한과를 얻었는지 의심하자, 부처님이 이 게송을 통해 인증해 주십니다. 아라한과를 얻으면 마음에 흔들림이 없습니다. 가지 많은 나무에 바람 잘 날 없다고 '나라가 조용해지면 내 마음도 편안해지겠지.' 생각하더라도 절대 편안해지지 않습니다. 매해 연말 뉴스를 보면 '유난히 다사다난(多事多難)했던'이라는 말이 꼭 나옵니다. 수천만 명이 같이 사는데 하루라도 조용할 날이 있겠습니까. 늘 시끄러울 수밖에 없지요. 더군다나 좁은 땅에서, 사방에 중국 일본 북한을 두고 사는 나라 아닙니까. 항상 다사다난합니다. 일 없기를 빌면서 내 마음이 편안해지기를 바라면 안 된다는 말입니다. 여여부동해지려면 반드시 관찰자의 입장에 서는 법을 배워야 합니다. 그래서 대면관찰이 중요한 것입니다. '잘 이은 지붕에 빗물이 스미지 않는다.'는 경전 구절처럼 지붕을 잘 잇게 하는 것이 바로 대면관찰입니다.

아들 라훌라를 출가시켜
최초의 사미계를 주시다

"라훌라여, 들숨과 날숨에 대한 마음챙김을 닦아라.
라훌라여, 들숨과 날숨에 대한 마음챙김을 닦고
자주 행하면 실로 큰 결실과 큰 이익이 있다.
라훌라여, 그러면 들숨과 날숨에 대한 마음챙김을
어떻게 닦고 어떻게 자주 행해야
실로 큰 결실과 큰 이익이 있게 되는가?
라훌라여, 비구가 숲속이나 나무 아래나 빈 오두막에서
가부좌로 앉아서 몸을 바로 세우고
전면에 마음챙김을 확립한다.
그는 마음을 챙기면서 숨을 들이쉬고
마음을 챙기면서 숨을 내쉰다.
길게 들이쉬면서는
'길게 들이쉰다'고 꿰뚫어 알고,
길게 내쉬면서는

'길게 내쉰다'고 꿰뚫어 안다.
짧게 들이쉬면서는
'짧게 들이쉰다'고 꿰뚫어 알고,
짧게 내쉬면서는
'짧게 내쉰다'고 꿰뚫어 안다.
'온몸으로 숨을 느끼면서 들이쉬리라'며 공부 짓고
'온몸으로 숨을 느끼면서 내쉬리라'며 공부 짓는다.
'몸의 작용(身行)을 편안히 하면서
숨을 들이쉬리라'며 공부 짓고
'몸의 작용을 편안히 하면서
숨을 내쉬리라'며 공부 짓는다."
– 『맛지마 니까야』「긴 라훌라 교계경」

▽

　　라훌라는 부처님이 출가하기 전에 태어난 아들입니다. 부처님이 태어났을 당시 예언이 있었습니다. 세속에서는 전륜성왕이 되고 출가하면 성인, 즉 붓다가 되리라는 예언이었지요. 부친 숫도다나 왕은 아들을 전륜성왕으로 키우고 싶은 마음에 호화로운 생활을 하게 하고 아리따운 여인과 결혼 시켜 아들도 낳게 합니다. 그러면 출가할 생각을 하지 않을 것이라 생각했지요. 그러나 부처님은 출가했습니다. 부처님은 성도 후 고향으로 왔을 때 아들인 라훌라가 "저에게 유산을 주십시오."라고 하자, 따라오라 이르며 머리를 깎아 주었습니다. 출가를 시킨 것이지요.

라훌라는 왕자로 호의호식하며 살다가 출가했기 때문에 승단 생활에 적응하지 못했습니다. 또 '내가 부처님의 아들이다.' 하는 자만심 때문에 함께 수행하는 이들을 함부로 대했습니다. 부처님은 상수제자인 사리뿟다를 아들의 은사스님으로 정했는데, 라훌라는 은사에게도 장난을 쳤습니다. 부처님이 사리뿟다를 부르지 않았는데도 "부처님이 빨리 오시래요." 하고 사라지는 식이었지요. 그래서 몇 번 주의를 받았으나 그 버릇을 고치지 못했습니다.

하루는 부처님이 라훌라에게 당신이 발 씻을 물을 떠오라고 시키셨습니다. 당시 수행자들은 모두 맨발로 다녔기 때문에 발을 잘 씻어야 했습니다. 『금강경』에도 이러한 수행자의 일상이 잘 나타나 있지요. '성 안에서 차례로 걸식하신 후 본래의 처소로 돌아와 공양을 드신 뒤 가사와 발우를 거두고 발을 씻으신 다음 자리를 펴고 앉으셨습니다.'라고 '제1 법회인유분(法會因由分)'의 마지막 구절에 나옵니다.

부처님이 발을 다 씻으신 후에 라훌라가 그 물을 버리려는 순간, 부처님이 대야를 걷어찹니다. 그러자 대야에서 물이 쏟아지고 대야도 찌그러지지요. "저 대야가 찌그러졌는데 어떠냐?" 하고 부처님이 물으시자 라훌라는 이렇게 답합니다.

"발 씻는 대야인데 찌그러지면 뭐 어떤가요."

그러자 부처님이 "그래 그렇지, 네가 바로 이 대야와 같다."고 일러 주십니다. 늘 장난을 일삼고 다른 이들을 함부로 대하면 사람들에게 이 대야처럼 하찮은 존재로 인식된다는 사실을 일깨우신 것입니다. 부처님은 비유의 달인입니다. 라훌라는 이 말을 듣고 정신을 차립니다. 마음을 다잡고 공부를 시작한 라훌라에게 부처님이 마음 공부의 첫 주제로 가르치신 것이 호흡에 대한 마음챙김 수행입니다.

여러분도 한번 따라해 보십시오. 들숨 날숨을 입은 다물고 코로만 숨을 쉽니다. 들이쉬면서 들이쉬는 것을 알아차리고, 내쉬면서 내쉬는 것을 알아차립니다. 길게 들이쉬면서 길게 들이쉬는 것을 알아차리고, 길게 내쉬면서 길게 내쉬는 것을 알아차립니다. 이것이 바로 들숨 날숨의 마음챙김입니다. 청소년 법회 때 해 보라고 하면 아이들도 잘 따라 합니다. 간단한 수행법인데 결실과 이익은 아주 큽니다. 마음관찰에 앞서서 마음을 코밑으로 모아 숨(호흡)을 관찰함으로써 준비 운동을 하는 것입니다. 숨을 들이쉬고 내쉴 때 그걸 관찰하는 것이지요. 허리를 곧추 세우고 눈은 살짝만 뜹니다. 왜냐하면 눈이 보는 걸 따라서 마음이 가기 때문입니다. 특정 물건이나 대상에 초점을 맞추거나 보지 말아야 합니다.

마음이 코밑에 집중되면 가슴 아플 일도, 고민할 일도, 배 아플 일도 없어집니다. 이 수행만 잘 해도 마음이 편안해지고 마음을 관찰하는 방법을 터득하게 됩니다. 그래서 저도 템플스테이를 할 때 처음에는 코밑에 마음을 집중하라고 일러 줍니다. 이것이 모든 명상의 기본입니다. 부처님께서 라훌라에게 이 방법을 가르쳐 주신 겁니다. 부모가 자식에게 무언가 가르칠 때는 제일 중요한 것을 가르치겠지요. 숨 관찰하기가 중요한 이유도 바로 여기에 있습니다.

여섯 왕자가
이발사 우빨리와
함께 출가하다

"세존이시여, 저희 사꺄족들은 교만합니다.
세존이시여, 여기 이발사 우빨리는 오랜 세월
우리의 하인이었습니다. 그를 먼저 출가시켜 주십시오.
우리는 그에게 인사를 하고, 일어서 맞이하고,
합장하고, 공경하겠습니다.
이와 같이 하면 우리 사꺄족들의 교만이 제거될 것입니다."
- 『율장』「소품」

▽

　　부처님이 성도하신 후 고향인 까삘라왓투 왕국으로 가셨을 때 사촌인 여섯 왕자를 만났습니다. 그들은 아난다, 데와닷따, 아누룻다, 마하나마, 밧디야, 우빠난다라고 전해집니다. 이 여섯은 부처님의 말씀을 듣고 모두 출가합니다. 그때 왕자들의 이발 사였던 우빨리가 그들의 머리를 깎았습니다. 왕자들은 숲에서 머리를 다 깎은 뒤에 우빨리에게 "우리 옷을 가지고 궁으로 돌아가라."고 합니다. 그러자 우빨리도 출가하겠다고 하며 함께 부처님께 갑니다. 석가족(사꺄족)은 '우리는 타고난 선민이다.' 하는 자부심이 강했다고 합니다. '우리는 부처님이 나신 종족'이라는 자부심도 대단했습니다. 여섯 왕자는 자신들이 자만심이 많다는 사실을 알고 있었습니다. 자만심은 자기만 존귀하게 여기는 마음입니다. 반면 자존심은 나도 소중하듯 남도 소중히 여기는 마음입니다. 자만심은 버려야 하지만 자존심은 키워야 합니다. 이런 자만심이 많다는 것을 알았기 때문에 부처님께 자신들보다 이발사인 우빨리를 먼저 출가시켜 달라고 청한 것입니다. 자신들보다 먼저 출가한 우빨리에게 먼저 인사하고 일어나 맞이하고 합장하고 공경하면서 교만을 제거하겠다는 참으로 놀라운 하심(下心)의 마음을 낸 것이지요.

우리는 마음공부를 해야 한다는 말은 많이 듣지만 정작 마음공부의 단계는 잘 모릅니다. 걷지 못하는 아이는 뛸 수도 없습니다. 일단 태어나면 처음에는 기다가 뒤뚱뒤뚱 걷습니다. 어느 정도 걷게 되면 그제야 뛸 수 있는 것입니다. 마음공부도 마찬가지입니다. 처음부터 잘 되기는 어렵습니다. 첫 단계가 하심(下心) 공부입니다. 마음을 낮춰야 합니다. 하심이 되어야 무언가 받아들일 준비가 되는 것입니다. 바다는 가장 낮은 곳에 있기 때문에 바다가 되는 것입니다. 복을 받으려면 하심을 해야 합니다. 바다에 물이 모이는 것처럼 복의 물이 흘러 들어옵니다. 아만심이 팽배하면 들어올 것도 들어오지 않습니다. 사찰에서 절을 많이 시키는 이유도 여기에 있습니다. 절의 진정한 의미는 하심입니다. '내 몸의 가장 높은 곳에 있는 정수리를 상대의 가장 낮은 곳에 있는 발에 가져다 댄다. 상대를 받들어 올린다.' 이게 바로 절의 의미입니다.

백팔배나 삼천배 등 절을 통해 하심이 좀 되면 일심(一心), 즉 마음을 하나로 모으는 공부를 합니다. 기도가 대표적인 일심 공부입니다. 천수다라니나 「화엄경 약찬게」 등을 앉으나 서나 계속 독송합니다. 일심이 되면 무심(無心), 곧 한 마음조차 사라진 상태인 무분별심을 공부합니다. 참선이 대표적인 무심 공부입니다. '아, 이 몸과 마음이 진짜가 아니구나.' 하는 무심을 맛보고 나서는 발심(發心), 즉 전법을 하겠다는 원을 세우는 것입니다. 이렇게 마음공부는 하심에서 시작해 일심, 무심, 발심으로 이르는 네 단계로 이루어집니다. 하심이 제대로 되지 않으면 그다음 단계인 일심이나 무심 혹은 발심이 제대로 이루어지지 않습니다. 제대로 마음공부하려는 분들은 먼저 하심을 열심히 해야 합니다.

안나바라가 과거생의 공덕으로 아누룻다로 태어나 천안통을 얻다

나는 과거생도 볼 수 있고
천안(天眼)으로 온 우주를 볼 수 있네.
나는 삼명(三明, 숙명, 천안, 누진통)을 얻고
신통력도 갖추었네.
나는 부처님의 가르침을 모두 통달했네.
- 『담마빠다 아타까타』

▽

경전을 보면 과거생, 금생, 내생에 대한 이야기가 무궁무
진하게 나옵니다. 가끔 "진짜로 전생이 있습니까?" 하고 묻는 분
들이 있습니다. 부처님이 숱하게 말씀하셨으니 사실 물을 필요도
없습니다. 전생 없이 현생만 보면 이해가 안 되는 일, 설명되지 않

는 일이 많습니다. 과거생에 자신이 지은 공덕에 따라, 자신이 한 서원에 따라 금생에 받는 것입니다. 금생에 짓는 것은 내생에 받고요. 삼세인과(三世因果)를 믿는 것이 바로 불교를 믿는 것입니다. 내가 지은 공덕은 반드시 받습니다. 과거 현재 미래가 있지만 현재가 가장 중요합니다. 과거는 바꿀 수는 없지만 미래는 바꿀 수 있기 때문입니다. 부처님이 점을 보지 말라고 하는 이유도 여기에 있습니다. 미래는 정해진 것이 아니라 '지금 여기에서' 내가 하는 일에 따라 달라질 수 있으니까요. 부처님과 제가 점치는 것이 딱 하나 있기는 합니다. 앞서 말한 적이 있습니다. 열심히 수행하고 공덕을 지으면 미래세에 모두 부처가 된다는 것입니다.

부처님 제자들 중 천안통 제일이었던 아누룻다는 과거생에 '안나바라'라는 농부였습니다. 하루는 안나바라가 새벽 일찍부터 밭갈이를 하는데, 점심때가 되었지만 부인이 밥을 가져오지 않는 겁니다. 점심때가 다 지나서 밭에 온 부인은 밭에 오는 길에 수행자를 만나 공양을 올리는 통에 밥을 다시 해 오느라 늦었다고 이야기합니다. 안나바라는 부인에게 잘했다고 말하지요. 안나바라는 집에 돌아오는 길에 점심때에 아내가 만난 그 수행자를 만나자 공양을 올렸습니다. 그 수행자는 벽지불이었습니다. 공양을 받은 수행자는 그에게 소원을 물었습니다. 안나바라는 "금생에 너무 없이 사니 힘이 듭니다. 앞으로는 '없다'는 말을 모르고 살게 해 주세요."라고 청하지요. 수행자는 그렇게 될 것이라고 축원해 줍니다.

이 공덕으로 안나바라는 다음 생에 왕자인 아누룻다로 태어나 '없다'는 말을 모르고 살게 됩니다. 하루는 구슬치기를 하는데 연거푸 내기에서 졌습니다. 내기에서 진 대가로 친구들에게 빵을 주기로 했기 때문에 하인을 시켜서 빵을 가져오게 하지요. 그런데 그때 마침 궁에 빵이 다 떨어진 겁니다. 아누룻다의 어머니가 빈 접시의 뚜껑을 덮으며 하인에게 "빵이 없다고 전하라."고 하는데, 그 순간 그 궁을 지키는 신이 그 접시에 천상의 빵을 줍니다. 신은 그가 '없다'는 말을 모르고 살게 해 달라는 사연을 이미 알았기 때문이지요. 천상의 빵이었기 때문에 아주 맛있었습니다.

왕자로 자란 그도 출가를 합니다. 그러나 귀하게 자란 탓에 승단에서 생활하려니 라훌라처럼 집중을 잘 하지 못했습니다. 부처님이 설법하시는 동안 졸기도 했지요. 어느 날 부처님이 그를 "조개 같은 놈"이라 부르며 자극을 줍니다. "저 남쪽 바다 한가운데에 큰 조개가 있는데 한 번 잠이 들면 삼천 년 동안 잔다. 부처님 왔다 가도 자느라고 모른다. 너는 그런 조개 같은 놈이다." 하고 나무란 것이지요. 그 말에 자극을 받은 아누룻다는 잠을 청하지 않습니다. 눈이 감길 것 같으면 눈에 꼬챙이를 끼워서 자지 않으려고 노력했습니다. 그러다 결국 눈병에 걸려서 실명하게 됩니다. 아누룻다는 고된 수행 끝에 육신의 눈은 멀었지만 그 대신 천안통이 열립니다. 이 게송은 천안통을 얻은 아누룻다가 설한 것입니다.

아누룻다는 자신이 천안으로 온 우주를 볼 수 있다고 하면서, 삼명을 얻었다고도 말합니다. 삼명을 얻었다는 것은 세 가지로 밝아졌다는 것입니다. 즉, 과거생을 볼 수 있는 숙명통, 신들의 세계를 볼 수 있는 천안통, 번뇌가 다한 누진통을 얻었다는 말입니다. 이 셋 중 가장 중요한 신통이 바로 누진통입니다. 아무리 수백 생의 전생을 샅샅이 살필 수 있고 높고 먼 하늘까지 모두 볼 수 있더라도, 번뇌가 다하지 않으면 더 괴로울 뿐입니다. 누진통을 얻어야, 즉 번뇌가 사라져야 아라한이 될 수 있습니다. 번뇌가 없어지려면 바로 내가 없어져야 합니다. 무아법에 통달해야 하는 것입니다. 무아법에 통달하려면 어떻게 해야 할까요? 앞서 이야기한 대로 대면관찰을 꾸준히 해야 합니다.

천안통은 신들의 세계를 볼 수 있는 능력이라고 했습니다. 불교는 무신론이 아닙니다. 신들의 존재를 인정합니다. 다만 신을 주인으로 삼지 않고 나를 주인으로 삼습니다. 그래서 사찰에서는 신을 가운데 자리, 즉 중단에 모시는 것입니다. 상단에는 아라한 이상의 불보살을 모십니다. 중단(신중단)에는 신들과 수다원과 이상을 얻은 사람, 복을 많이 지은 사람을 모십니다. 하단에는 영가들을 모시지요. 수다원과만 얻어도 바로 천상으로 갑니다. 복을 많이 지어도 그렇습니다. 이 책에서 소개하는 108게송 중 하나만 듣고도 수다원과를 얻은 사람, 아라한과를 얻은 사람이 있습니다. 여러분도 할 수 있습니다.

아누룻다가 과거생의 재정관 수마나를 사미로 받다

나이가 어리더라도
붓다의 가르침을 힘껏 닦는 비구
그가 세상을 비추네.
구름을 벗어난 달처럼.
- 『법구경』 382

▽

아누룻다는 과거생에 '안나바라'라는 이름의 농부였습니다. 그는 어떤 재정관의 하인으로 일을 했습니다. 바로 앞 게송에서 안나바라가 벽지불을 만나 공덕을 지은 이야기를 소개했지요. 그날, 그가 밝은 모습으로 집에 돌아오자 재정관이 "왜 그렇게 기분이 좋은가?" 하고 묻습니다. 안나바라가 "오늘 벽지불에게 공양을 올렸다.”고 말하자 재정관은 “그 공덕을 나에게 팔라.”고 합니다. 안나바라가 이를 거절하자 재정권은 거듭 “그럼 나누어 주게나. 그럼 내 재산의 절반을 주겠네.” 하고 청합니다. 안나바라는 벽지불에게 “공덕을 나누어 주어도 괜찮은가요?”라고 묻습니다. 그러자 벽지불이 “괜찮다. 나누어 준다고 네 공덕이 없어지는 게 아니다.”고 답하지요. 마치 내가 가진 촛불을 옆 사람의 초에 붙여도 내 촛불이 꺼지지 않는 것처럼 말입니다. 그래서 재정관에게 공덕을 나눠 주겠다고 하고, 약속대로 재정관의 재산 절반을 받습니다.

안나바라는 다음 생에 아누룻다로 태어나고, 그 재정관은 ‘수마나’라는 이름으로 다른 집에 태어납니다. 수마나는 일곱 살에 출가를 합니다. 두 사람은 과거생의 연으로 모두 출가를 하게 된 것이지요. 수마나는 삭발을 하려고 머리에 삭돌을 대는 순간 아라한이 됩니다. 과거생에 안나바라가 벽지불에게 지은 공덕을 나누어 받은 덕분입니다. 그래서 부처님은 일곱 살 수마나에게 비구계를 줍니다. 일곱 살에 비구가 된 사미는 수마나와 소빠까, 둘뿐입니다. 일반적으로 비구계는 스무 살에 주기 때문입니다. 수마나가 일곱 살에 비구계를 받은 건 그만큼 신통력이 뛰어났기 때문입니다.

어느 날 아누룻다가 배가 아파서 수마나에게 “히말라야 산속 호수의 물을 떠오라.”고 합니다. 이에 수마나는 하늘을 날아서 그 호수에 가지요. 그러자 호수에 사는 용왕이 자기 몸집을 크게 키워 호수를 덮어 버립니다. 수마나는 큰 거인으로 변해 공중에서 용왕을 찌그러뜨리고 물을 받아 옵니다.

　　다른 제자들이 수마나가 아라한과를 얻은 것을 모르고 단지 어리다는 이유로 귀엽다며 장난을 치자 부처님께서는 비구계를 준 것입니다. 아무리 어려도 우습게 보면 안 되는 것이 세 가지 있습니다. 바로 비구와 황태자 그리고 새끼 사자입니다. 셋 모두 어리다는 이유로 우습게 보면 후환을 입을 수도 있습니다.

아누룻다의 여동생 로히니 공주의 병이 낫다

분노와 교만을 버리고 모든 족쇄를 극복하라.
몸과 마음에 애착하지 않고
번뇌도 없는 사람에게는
괴로움이 생기지 않는다.
－『법구경』 221

▽

천안통을 얻은 아누룻다에게는 여동생이 한 명 있었습니다. 바로 로히니 공주였는데 피부병이 아주 심했습니다. 온몸에 발진이 나서 사람들 앞에 나서지도 못할 정도였지요. 아누룻다는 부처님이 까삘라왓투에 가셨을 때 출가했는데, 그때도 공주는 밖으로 나오지 못했습니다. 아누룻다는 동생의 병이 걱정돼 부처님께 해결법을 물었습니다. 부처님은 "공양간 불사에 참여하고 틈

나는 대로 와서 청소를 하게 하라."고 일러 주셨습니다. 아누룻다가 그 말을 전하자 로히니 공주는 부처님이 시키는 대로 했습니다. 자신이 가진 폐물을 모두 팔아 공양간 불사에 동참했고, 틈날 때마다 도량 구석구석을 청소하고 정리했습니다. 드디어 공양간 준공식 날, 공주의 병이 씻은 듯이 싹 나았습니다.

병을 낫게 하려면 공덕을 많이 지어야 합니다. 특히 부처님과 아라한 스님들이 공양하는 공양간 불사에 동참하고 청소를 했기 때문에 큰 병이 낫게 된 것이지요. 준공식 날, 부처님은 공주에게 말씀하셨습니다.

"네게 큰 병이 생긴 건 과거생에 지은 업보 때문이다. 과거생에 넌 왕비였다. 어느 날 왕과 아름다운 무희가 눈이 맞아 동침한 사실을 알고 질투 때문에 무희의 방에 피부 발진이 나는 독 가루를 뿌렸다. 그래서 그 무희가 오랫동안 피부 발진으로 고생하게 만들었다. 그 업을 지금 받게 된 것이다. 그런데 공양간 불사와 청소로 그 업보에서 벗어나게 된 것이다."

부처님은 공주에게 과거생에 분노와 교만으로 남을 해쳤기 때문에 금생에 병을 얻은 것이라며 이 게송을 읊어 준 것입니다. 몸과 마음에 대한 애착, 분노와 교만은 모두 극복해야 할 대상입니다. 분노, 시기, 질투 등은 악업을 만들고 그 업은 결국 자기가 받게 됩니다. 나 자신을 구속하는 족쇄가 되는 것이지요. '내 몸,' '내 마음'에 애착하면 번뇌가 생기고 괴로움이 생깁니다. '나의 것'을 끊임없이 찾아 갈구하는 마음이 쉬지 않으면 번뇌가 다할 수 없습니다.

031

아누룻다가 병이
들었을 때 했던 수행법

네 가지 관찰의 확립에 마음을 잘 정립하여 익히면,
몸에 생겨난 고통의 느낌들이 마음을 사로잡지 못합니다.
네 가지란 어떤 것인가?
세상에 대한 탐욕과 근심을 제거하면서
열심히 노력하고 분명히 알아차리며 관찰을 확립하고
몸에 대해 몸을 관찰합니다.
세상에 대한 탐욕과 근심을 제거하면서
열심히 노력하고 분명히 알아차리며 관찰을 확립하고
느낌에 대해 느낌을 관찰합니다.
세상에 대한 탐욕과 근심을 제거하면서
열심히 노력하고 분명히 알아차리며 관찰을 확립하고
마음에 대해 마음을 관찰합니다.
세상에 대한 탐욕과 근심을 제거하면서
열심히 노력하고 분명히 알아차리며 관찰을 확립하고

법에 대해 법을 관찰합니다.
-『쌍윳따 니까야』

▽

　　아라한도 병에 걸립니다. 과거생에 지은 업의 과보를 받기 때문입니다. 금생에 아무리 청정하게 잘 살아도 늙고 병들고 죽습니다. 아라한들은 병이 나면 어떤 수행을 했는지 궁금해서 경전을 뒤졌더니 대면관찰, 즉 사념처(四念處) 수행을 했더군요. 사념처 수행은 생사해탈법입니다.

　　사념처는 신(身)·수(受)·심(心)·법(法)의 네 가지 대상, 즉 몸·느낌·마음·법을 관찰하는 것입니다. 몸에 대해 몸을, 느낌에 대해 느낌을, 마음에 대해 마음을, 법에 대해 법을 관찰하는 것입니다. 이렇게 콕 집어 말한 이유는 대면관찰을 하라는 것입니다. 몸을 관찰하되 '내 몸이 아프구나.' 하고 관찰하지 말고, 영화 보듯이 강 건너 불구경하듯이 대면해서 관찰하라는 뜻입니다. '푼수가 마음이 괴롭구나,' '복덩이가 마음이 괴롭구나.' 하고 별명을 지어서 거리를 두고 관찰하라는 말이지요. '내 마음이 아프다,' '내 몸이 아프다.' 하면 진짜 내 마음과 내 몸이 아픈 게 되지요.

　　몸과 마음은 내 것이 아닙니다. 내 것이면 내가 원하는 대로 되어야 합니다. 우리가 '내 돈'이라고 말할 때 그 돈은 내가 원할 때 원하는 만큼 원하는 방식으로 쓸 수 있지 않습니까. 그렇다면 '내 마음,' '내 몸'도 내 뜻대로 할 수 있어야 하는데 그렇지 못하잖아요. 만약 내 몸도 원하는 대로 된다면 누구나 좀 더 잘 생기고 싶고, 좀 더 젊고 싶겠지요. 아마도 평생 미모와 젊음을 유지하고 싶을 것입니다. 마음도 늘 즐겁기를 원하지만 실제로 원한다고 해서 그렇게 되지는 않습니다. 그렇기 때문에 몸과 마음이 '내 것'이라는 생각에서 벗어나야 하는 것입니다. 그런 마음을 쉬어야 합니다. 내 뜻대로 되지 않는 것을 '내 것'으로 여기며 살면 괴로울 수밖에 없습니다. 애초부터 '내 것이 아니다.'라고 여기면 어떻게 될까요. 괴로울 이유가 없습니다. 늙어도 병들어도 죽어도 괴로운 일이 아닙니다. 내 몸이 아니라 달마, 짱구, 복덩이의 몸이고 마음이니까요.

아누룻다도 병이 들었을 때 대면관찰을 했습니다. 그렇게 하면 통증은 느끼지만 마음은 괴롭지 않습니다. 이것을 경전에서는 '두 번째 화살을 맞지 않는다.'고 표현합니다. '달마가 무릎이 아프구나.' 하고 몸의 아픔은 느끼지만 '무릎이 또 아프네. 언제까지 아파야 하나, 차라리 죽는 게 낫지.' 하는 마음의 고통은 받지 않는다는 말이지요.

아주 중요한 사실입니다. 사람들은 외부 자극으로 인해 통증을 느끼거나 몸이 아파 괴로울 때면 거기에서 그치지 않습니다. 자살이라는 극단적인 선택을 하는 이유도 자꾸 그 괴로움을 물고 늘어지며 걱정하고 근심하면서 스스로 불안을 키우기 때문입니다. 이 게송에 나온 네 가지, 즉 몸 느낌 마음 법에 대한 대면관찰은 늙음과 병듦 그리고 죽음에서 벗어날 수 있는 가장 확실한 수행법입니다.

게송 중에 '세상의 탐욕과 근심을 제거하면서 열심히 노력하고 분명히 알아차리며 관찰을 확립하고'라는 구절이 있습니다. 대면관찰은 해 보지 않은 것이기 때문에 열심히 노력해서 해 봐야 한다는 이야기입니다. 자꾸 노력해야 분명히 알아차리고 점점 굳세집니다. 그래야 세상에 대한 탐욕과 근심이 줄고 관찰력이 커집니다. 이 말이 다 대면관찰의 단계를 이르는 말입니다.

제가 대면관찰 수행법을 노래로 만들었습니다. 여러분 모두 잘 아는 노래인데요. '노세 노세 젊어서 노세'로 시작하는 노래 가사를 대면관찰에 관한 것으로 바꾼 것입니다. 음을 잘 모르는 분은 원곡 '노래 가락 차차차'를 한번 들어 보세요. 노래는 외우기 쉬우니까 자꾸 불러서 외우고 실천해 보십시오.

가세 가세 건너서 가세
애착하면 못 가나니
몸과 마음 진짜 아니요
관찰자가 진짜 나라네
얼시구 절시구 차차차
지화자 좋구나 차차차
대면관찰 행복 충만
아니 가지는 못하리라
차차차 차차차

아나타삔디까 장자가
오억사천 냥의 돈으로
제따와나 사원을 기증하다

이 세상에서 공덕을 지으려고
1년 동안 공물을 바치고 제사를 올리더라도
수행자에게 공양 올리는 것의 1/4에도 미치지 못한다.
-『법구경』 108

▽

　　　부처님을 따르는 사람들이 많아지면서 비가 많이 오는 우
기에 한곳에 머물며 수행할 수 있는 정사(精舍)가 여러 곳 세워졌
는데 대표적인 정사가 두 곳입니다. 그 중에서 가장 먼저 세워진
정사가 웰루와나 사원, 즉 죽림정사(竹林精舍)입니다. 죽림정사는
마가다 국 왕사성 부근에 있는데 빔비사라 왕이 지어서 부처님께
공양 올린 곳입니다. 코살라 국 사위성 인근에는 제따와나 사원,

즉 기원정사(祇園精舍)가 세워졌고 부처님은 이곳에서 가장 많은 안거를 보내셨는데 무려 19안거나 보내셨습니다.

이 기원정사는 아나타삔디까 장자의 노력으로 세워졌습니다. 우리에게는 급고독(給孤獨) 장자라고 많이 알려져 있지요. 이 장자의 원래 이름은 수닷따이지만 가난한 사람들에게 보시를 많이 베풀었기 때문에 아나타삔디까, 즉 '외로운 이들에게 음식을 베푸는 자'라는 별칭으로도 불렸습니다.

아나타삔디까 장자는 사업차 왕사성에 왔다가 부처님의 법문을 듣고 수다원과를 얻었지요. 사위성의 사람들도 부처님 법문을 들을 수 있도록 장자는 부처님과 스님들을 자신이 사는 사위성으로 초청했습니다.

장자는 사위성 근처에 부처님과 스님들이 머물 곳을 찾다가 제따 왕자의 동산을 보게 되었지요. 그 동산은 마을에서 너무 멀지도 않고 너무 가깝지도 않으면서 사람들이 오가기에 편리하고, 낮에는 번잡하지 않고 밤에는 시끄럽지 않으며, 인적이 드물어 수행하기에 아주 좋았습니다.

장자는 제따 왕자를 찾아가 동산을 팔라고 했지만 왕자는 억만금을 준다 해도 팔지 않겠다고 했습니다. 왕자를 설득하기 위해서 장자는 마차 가득 금화를 싣고 가서 동산에 촘촘히 깔기 시작했지요. 무려 일억 팔천 냥에 달하는 금화였습니다. 하지만 채 다 깔기도 전에 그 심상치 않은 모습을 본 왕자가 이유를 물었고 장자는 부처님과 스님들이 머물며 수행할 곳을 지으려고 한다는 사실을 말했습니다. 그러자 왕자는 금화가 깔리지 않은 곳은 자신이 보시하겠다고 하며, 동산의 값으로 받은 금화로는 동산 입구에 방이 달린 정문을 짓고 목재를 보시했습니다. 아나타삔디까 장자는 부처님과 스님들이 머물 건물을 짓고, 우물을 파고 목욕탕을 만들고 연못도 조성했습니다. 이렇게 건물 짓는 데 일억 팔천 냥이 들었고, 필요한 물품을 사는 데 또 일억 팔천 냥이 들었습니다. 장자는 모두 합해 오억 사천 냥이나 되는 큰돈을 들여 사원을 지어 부처님께 바쳤습니다. 이 사원은 제따 왕자와 아나타삔디까 장자 두 사람의 보시 공덕을 기려서 제따와나 아나타삔디까 아라마, 즉 기수급고독원이라고 불렸는데 간단히 줄여 제따와나 사원, 즉 기원정사라고도 불렸습니다.

　아나타삔디까 장자는 기원정사를 지어 보시하는 한편, 날마다 자신의 집으로 500명의 스님들을 모셔와 공양을 올렸습니다. 그래서 부처님으로부터 보시제일이라는 칭호를 받았지요. 장자는 단지 부처님과 스님들께만 공양 올리고 보시를 많이 한 것은 아니었습니다. 자신의 주변에서 만나는 가난한 사람들과 병든 사람들을 위해서도 많은 보시를 했지요. 그래서 '외로운 이들에게 음식을 베푸는 자'라는 뜻의 아나타삔디까라고 불리게 된 것입니다.

　배고픈 이에게 밥을 주고 병든 이에게 약을 주고 목마른 이에게 물을 주는 것은 사람의 기본적인 생존과 관계된 일입니다. 일단 배고픔을 면하고 몸이 건강해지고 난 다음에는 무엇을 해야 할까요? 사람이 배우지 않는다면 우리 속에 있는 돼지와 무엇이 다르겠습니까? 생존이 확보된 다음에는 배워야 하지요.

배움에는 두 가지가 있습니다. 문자를 배우고 셈을 배우며 기술을 배우는 지식이 있고, 나는 어떤 존재인지, 행복은 무엇인지, 어떻게 하면 고통에서 벗어날 수 있는지를 배우는 참 지혜가 있습니다.

보시에도 종류가 있다는 말을 많이 들었을 것입니다. 재물을 보시하는 재시(財施)가 있고, 진리를 알려주는 법시(法施)가 있고, 위험에 처한 사람을 위험과 공포에서 구해주는 무외시(無畏施)가 있습니다. 이 세 가지 보시 중에 으뜸은 법시(法施)입니다. 가장 공덕이 큰 보시도 역시 법시(法施)이지요. 내가 가진 것이 적고 지닌 힘이 약해서 할 수 있는 보시가 적다고 슬퍼할 필요는 전혀 없습니다. 고통에서 벗어나 영원한 자유, 영원한 행복을 얻게 해주는 부처님 가르침을 널리 전하는 법시가 있습니다. 가진 재물이 적고, 지위가 낮아도 얼마든지 할 수 있는 보시이지요.

법문을 듣는 조건으로
돈을 받은 깔라가
수다원과를 얻다

제국의 황제가 되는 것보다
천상에 신으로 태어나는 것보다
우주의 지배자가 되는 것보다
수다원과를 얻는 것이 더욱 값지다.
-『법구경』178

▽

깔라는 아나타삔디까 장자의 아들입니다. 아나타삔디까 장자는 아들도 자신처럼 수다원과를 얻기를 바랐습니다. 부모는 좋은 걸 먹으면 자식에게도 먹이고 싶어 하지요. 스님인 저는 좋은 걸 보면 여러분에게 알려주고 나눠주고 싶어집니다. 그래서 저는 "그대가 전법을 하지 않거나 게을리 한다면 그건 아직 그대가 법의 맛을 보지 못한 결정적 증거다." 하고 말합니다. 어디 가서 맛있는 음식만 먹어도 '그 식당 한번 가보라.'고 전해 주는데 전법을 아직 하지 않는다는 것은 아직 '법의 맛'을 보지 못했기 때문입니다. 생사해탈법을 알면 도저히 가만히 있을 수 없습니다.

하지만 깔라는 아버지의 말을 잘 듣지 않았습니다. 부처님 법문을 들어 보라고 해도 듣지 않았지요. 그래서 아버지가 꾀를 냈습니다. "기원정사에 가서 부처님 법문을 듣고 오면 용돈 백만 원을 줄게." 이 말에 깔라는 기원정사를 가긴 갔는데, 법문은 제대로 듣지 않고 딴짓만 하다 옵니다. 그러자 아버지가 더 큰 제안을 합니다. "부처님 게송을 배워 와라. 그 게송을 나에게 읊어 주면 천만 원을 주마." 그제야 깔라는 부처님께 가서 게송을 가르쳐 달라고 청하지요. 부처님은 이미 이 부자(父子)의 일을 알고 계셨습니다. 그래서 깔라에게 게송을 가르쳐 주되 그것을 외주지 못하도록 했어요. 깔라는 게송을 외우기 위해 계속 게송을 되뇌다가 게송의 의미를 깨닫고 수다원과를 얻게 됐습니다. 외우는 게 중요한 게 아니라 그 의미를 터득하는 게 중요한 것이지요.

다음 날, 깔라는 부처님을 모시고 자기 집으로 갑니다. 아나타삔디까가 깔라에게 게송을 외웠으니 약속대로 돈을 주겠다고 하자, 깔라는 돈을 거절합니다. 정신적 가치관이 바뀌었기 때문입니다. 이것이야말로 진정한 업그레이드입니다. 인생이 한 차원 업그레이드된 것입니다. 그때 부처님이 부자에게 이 게송을 읊으며 깔라가 수다원과를 얻었음을 인증해 줍니다.

제가 좋아하는 게송 중 하나인데요. 가치관의 중요성을 잘 알려 줍니다. 가치관이 그 사람을 만듭니다. 가치관에 따라 자신이 무엇을 해야 할지 정하기 때문입니다. 그래서 가치관을 전환시키는 게 가장 중요한 것입니다.

게송 중 '천상에서 신으로 태어나는 것보다'라는 구절은 불교와 다른 종교의 차이를 드러냅니다. 다른 종교에서는 '신이 된다'는 말을 결코 하지 않습니다. 대개 '우리는 신의 종'이라고 하지요. '신이 된다'는 건 불경스러운 말이라고 여깁니다. 있을 수 없는 일인 것이지요. 그러나 불교는 다릅니다. 사람도 수다원과를 얻으면 신과 동등한 입장이 됩니다.

제국의 황제나 신, 우주의 지배자가 되는 것보다 수다원과 얻는 것이 훨씬 값진 이유는 무엇일까요? 해탈의 기약이 생기기 때문입니다. 수다원과를 얻으면 인간세계와 천상을 일곱 번 왕래한 뒤 아라한과를 얻습니다. 그래서 수다원과를 '칠왕래(七往來)'로 부르기도 합니다. 생사해탈, 즉 삶과 죽음의 문제를 해결하는 것입니다. 황제나 신이 되더라도 생사해탈을 하리라는 기약이 없으니 당연히 수다원과를 얻는 것이 훨씬 더 값진 것이지요.

저희 행불선원의 리셋 수행 제3단계의 게송이 있습니다.

당신이 주인공입니다.

"심기일전(心機一轉) 행복 충만"
"나는 내가 창조합니다."
"지금 이 모습도 나의 작품일 뿐!"

내 삶의 주인이 되자는 말인 동시에 내 가치관이 나를 만든다는 말이기도 합니다. 여러분이 인생을 바꾸고 싶다면 가치관을 바꿔야 합니다. 어떤 게 더 중요하고 어떤 게 덜 중요한지를 잘 정립해야 인생이 바뀝니다. 진정 삶을 변화시키려면 내 삶의 방향을 결정하는 가치관을 바꿔야 합니다.

034

꼬살라 국왕의 궁중
제사장 악기닷따를
교화하시다

우환이 닥쳐 두려움이 몰려오면
어리석은 이들은
산, 숲, 나무, 사당, 신에게서
귀의처를 구한다.

이런 곳은
안전하거나 거룩한 귀의처가 아니다.
그것에 귀의한들
모든 괴로움에서 벗어나는 것도 아니다.

붓다와 붓다의 가르침,
그 가르침에 따라 수행하는 이들에게 귀의하면
올바른 지혜로

네 가지 진리[四聖諦]를 볼 수 있다.

괴로움,
괴로움이 생기는 원인,
괴로움의 소멸,
괴로움의 소멸로 인도하는 여덟 가지 바른 길[八正道]을.

이것이 완전한 귀의처
가장 뛰어난 귀의처이다.
이것에 귀의할 때
모든 괴로움에서 벗어난다.
-『법구경』188~192

▽

　부처님은 전법을 위해 빠세나디 왕이 다스리는 꼬살라 왕국으로 갑니다. 그곳에서 궁중 제사장인 악기닷따와 논쟁을 벌입니다. 꼬살라 왕국은 바라문교를 믿었는데, 궁중 제사장은 바라문교의 최고 지도자인 셈이지요. 악기닷따는 최고 지도자들 중에서도 논쟁을 가장 잘하는 인물입니다. 하지만 부처님과의 논쟁에서는 지고 맙니다. 당연한 결과지요. 논쟁에서 패한 악기닷따는 나중에 출가해서 스님이 됩니다. 불교는 당시 신흥 종교였습니다. 잘 알려지지 않은 종교의 교주가 당시 교세가 상당한 종교의 최고 지도자와 논쟁에서 이기고, 심지어 그를 교화시켰으니 엄청난 사건이 벌어진 것이지요.

이 게송은 부처님이 논쟁에서 지고 출가한 악기닷따에게 읊어 준 것입니다. 붓다와 붓다의 가르침, 그 가르침에 따라 수행하는 이들은 '삼보(三寶)'를 뜻합니다. 오래된 돌이나 나무 혹은 사당이나 존재를 알 수도 없는 신이 아니라 이 불(佛)·법(法)·승(僧)의 삼보에 귀의할 때만, 즉 이 삼보를 믿고 따를 때만 모든 괴로움에서 벗어날 수 있습니다. 무릇 불자가 되려면 누구나 먼저 삼귀의를 해야 하고, 재를 열기 전에도 먼저 삼귀의례를 행하지요. 삼귀의 계문은 여러 가지인데 우리나라에서는 '귀의불양족존(歸依佛兩足尊)·귀의법이욕존(歸依法離欲尊)·귀의승중중존(歸依僧衆中尊)'입니다. 사찰에서 아침저녁으로 올리는 예불의 내용도 크게 보면 이 삼귀의를 보다 구체적이며 세밀하게 의식화한 것입니다.

네 가지 진리는 사성제(四聖諦)입니다. 먼저 고제(苦諦), 즉 괴로움은 여덟 가지로 나눌 수 있습니다. 생로병사 네 가지에 사랑하는 이와 헤어지는 고통인 애별리고, 싫은 것과 만나야 하는 고통인 원증회고, 원하는 것을 얻지 못하는 구부득고, 오온의 무더기로 인한 괴로움인 오음성고, 이렇게 네 가지를 더해 팔고(八苦)라고 합니다. 집제(集諦), 즉 괴로움의 원인은 '내가 있다.'는 생각입니다. 최초의 원인은 무명(無明)이지요. 멸제(滅諦)는 괴로움의 소멸에 관한 진리입니다. 도제(道諦)는 괴로움의 소멸로 인도하는 길입니다. 그 길이 바로 팔정도(八正道)입니다. 이 게송을 듣고 악기닷따는 진정한 불자가 됩니다.

035

왕위를 버리고 출가한
마하깝삔나 장로

우리는 진실로 삼보를 위해 출가합니다.
이 진실의 맹세에 의한 초월적인 힘으로
이 물이 땅으로 되어지이다.
- 『담마빠다 아타까타』

부처님께서는
공양을 받을 만한 분〔應供〕이시며
바르게 깨달은 분〔正遍知〕이시며
지혜와 실천을 구족하신 분〔明行足〕이시며
피안으로 잘 가신 분〔善逝〕이시며
세상을 잘 아는 분〔世間解〕이시며
가장 높은 분〔無上士〕이시며
사람을 잘 길들이는 분〔調御丈夫〕이시며
신과 인간의 스승〔天人師〕이시며

깨달으신 분〔佛〕이시며
세상에서 가장 존귀한 분〔世尊〕이시다.
– 『담마빠다 아타까타』 '붓다에 대한 명상'

법은 붓다에 의해
잘 설해졌고
스스로 보아 알 수 있고
시간이 걸리지 않고
와서 보라는 것이고
향상으로 인도하고
지혜로운 자들이 스스로
알 수 있는 것이다.
– 『담마빠다 아타까타』 '담마에 대한 명상'

붓다의 제자들인 승가는
도를 잘 닦고
바르게 도를 닦고
참되게 도를 닦고
합당하게 도를 닦으니
곧 네 쌍의 인간들이요
여덟 단계에 있는 사람들이다.

이러한 부처님의 제자들인 승가는

공양 받아 마땅하고
선사 받아 마땅하고
보시 받아 마땅하고
합장 받아 마땅하며
세상의 위없는 복전이다.
– 『담마빠다 아타까타』 '승가에 대한 명상'

법을 맛본 이는
고요한 마음으로
항상 행복하게 살리라.
부처님의 가르침 안에서
맑은 마음으로
항상 기뻐하며 살리라.
– 『법구경』 79

▽

　이 게송은 마하깝삔나 장로에 관한 이야기입니다. 그는 출
가 전에 한 나라의 왕이었습니다. 어느 날 그가 신하 오백 명과 외
출을 나갔다가 상단을 만났습니다. 그들은 외국에서 온 상인들
이었지요. 텔레비전이나 라디오, 인터넷이 없던 옛날에는 상단
이 뉴스를 전해주는 존재였지요. 왕이 그들에게 특별한 소식이
없는지 묻자 그들은 "붓다께서 출현하셨다."고 전합니다. 또 다

른 뉴스는 없는지 묻자 "담마가 출현했습니다." "승가가 출현했습니다." 하고 이야기했습니다. 세상에 태어나서 붓다라는 말을 듣기도 힘든데 담마와 승가까지, 삼보가 출현했다니! 왕은 곧 그 자리에서 출가의 뜻을 밝힙니다. 신하들도 함께 출가하겠다고 하지요. 왕은 상단에게 고마움을 표시하며 그들에게 궁궐에 자신의 소식을 전해 달라고 부탁합니다. 그러면서 편지를 써서 줄 테니 상금으로 삼천만 냥을 받으라고 하지요. 상단이 궁에 가서 왕비에게 편지를 전하며 삼천만 냥을 달라고 하자 왕비가 그 까닭을 묻습니다. 그래서 "붓다의 소식 천만 냥, 담마의 소식 천만 냥, 승가의 소식 천만 냥, 합이 삼천만 냥입니다." 하고 답합니다. 그러자 왕비는 붓다와 담마, 승가에 각 삼천만 냥씩을 더 얹어서 줍니다. 그러고는 왕비도 왕을 따라서 출가를 하지요.

마하갑뻰나 왕과 신하들이 부처님께 출가하러 가는 도중에 큰 강을 만납니다. 그들에게는 강을 건널 배가 없었습니다. 그때 첫 번째 게송을 외웠습니다. "우리는 진실로 삼보를 위해 출가합니다. 이 진실의 맹세에 의한 초월적인 힘으로 이 물이 땅으로 되어지이다." 하고 게송을 외니 물이 갈라져 땅이 드러났고 왕과 신하들은 무사히 강을 건널 수 있었지요.

삼보에 귀의하면 초월적인 힘이 생깁니다. 강물도 땅으로 만드는데 무슨 일인들 못하겠습니까. 강을 건너기 전에 붓다에 대한 명상을 낭송하고, 그다음 강에서는 담마에 대한 명상, 그다음 강에서는 승가에 대한 명상을 합니다. 이를 '삼보에 대한 명상'이라고 합니다.

다른 종교에서는 '모세의 기적'이라고 하며 물을 한 번 가른 것을 대단한 일로 여깁니다. 그런데 불교에서는 그런 일은 기적으로 쳐주지도 않습니다. 인도의 한 스님은 갠지스 강을 매일 아침 가르고 다녔습니다. 『아함경』에 이 일화가 나옵니다. 갠지스 강이 우기에는 물이 아주 많아져 강폭이 매우 넓어집니다. 그런데 스님은 강 건너 마을로 탁발을 갈 때마다 강을 갈라서 걸어갔습니다. 갠지스 강에는 강의 신이 살았는데, 스님은 강을 오가면서 장난으로 신에게 꿀밤을 먹입니다. 인도에서는 갠지스 강을 최고의 강으로 여깁니다. 이곳에서 목욕 한 번만 해도 업장이 소멸된다고 여길 정도이지요. 그러니 갠지스 강의 신 역시 강의 신들 중 최고의 신이지요. 하지만 스님에게 꿀밤을 맞는 신세로 전락한 것입니다. 이 스님은 아라한과를 얻었기 때문에 수다원과 수준의 신들도 꼼짝하지 못하는 것입니다. 하루는 갠지스 강의 신이 분을 참지 못하고 부처님께 가서 하소연을 합니다. 부처님은 그 스님을 불러서 사실인지를 묻고 앞으로 그러지 말라고 타이르지요.

만약 누군가가 여러분에게 '부처님은 어떤 분인가?' 하고 물으면 「붓다에 대한 명상」 게송을 외웠다가 대답해주면 됩니다. '공양을 받을 만한 분'은 다른 말로는 '응공(應供)'이라고 합니다. 부처님 열 가지 명호, 즉 여래십호(如來十號) 가운데 하나지요. 부처님께 공양 올리면 반드시 과보를 받습니다. 그야말로 최소 투자로 최대 효과 누리는 경제 법칙입니다.

'바르게 깨달은 분'은 '정변지(正遍知)'라고 합니다. '지혜와 실천을 구족하신 분'은 '명행족(明行足)'이라고 하지요. 우리는 보통 알기만 하고 실천을 못하는 경우가 많습니다. 하지만 부처님은 지혜를 갖추고 계시며 또한 실천도 하시는 분입니다. 구족(具足)이란 모두 갖추었다는 뜻이지요. '피안으로 잘 가신 분'은 다른 말로 '선서(善逝)'라고 합니다. 부처님이야말로 애착과 미련이 없는 분입니다. 그래서 저 세상으로, 열반의 세계로 잘 가신 분입니다. 열반, 즉 닙바나를 여러 말로 번역할 수 있는데 저는 '완전 연소'라고 번역합니다. 완전히 다 타서 찌꺼기가 전혀 남지 않는 상태이지요.

　　우리 중생은 불완전 연소를 하니까 미련이나 여한이 남고 그 때문에 다시 몸을 받아 윤회하는 겁니다. 윤회에서 벗어나려면 여한이 없어야 하지요. 여한이 있으면 살아서도 과거에 애착하고 미래를 걱정합니다. 그렇다 보니 바로 지금 여기를 제대로 살 수 없는 것입니다. 죽음에 임해서도 남은 사람들이나 재산에 애착이 남아서 세상을 떠돕니다. 그런 영가를 중음신이라고 하지요. 제가 예전에 어떤 장례식장에 갔는데, 호상이었습니다. 오래 사시다가 돌아가셨고, 자식들도 다 잘 살았습니다. 제가 돌아가신 분에게 '호상이니 곧바로 천상세계로 가시면 되겠습니다.' 하니까 '사십구재는 받아먹고 가야지요.' 하더군요. 그래서 사람이란 존재는 별거 아닌 거에도 집착하는구나 하고 생각했습니다. 몸뚱이나 가족, 재물에 대한 애착 때문입니다.

　　'세상을 잘 아는 분'은 '세간해(世間解)'라고 합니다. 부처님은 법계뿐만 아니라 속계도 잘 아는 분입니다. 그래야 중생을 제도할 수 있기 때문입니다. 중생에게는 눈높이 교육이 필요하기 때문입니다. 유치원 아이들에게는 유치원 선생님이 가장 훌륭한 스승입니다. 유치원생에게는 율동과 노래로 가르쳐야 잘 알아듣지요. 대학생 가르치듯 진지하게 말로만 설명하면 따라오지 못하지요. 그래서 부처님께서는 세간사에 대해서도 통달하신 겁니다. 부처님도 처음부터 부처님이 된 게 아니라 세간 활동도 하고 결혼도 하고 자식도 낳아 보고 궁중 생활도 해 본 분이었습니다. 바깥세상에서 사람들이 늙고 병들고 죽는 모습도 관찰하고 스물아홉 살에 출가했습니다. 일설에는 서른다섯에 출가했다는 말도 있는데 통상 스물아홉에 출가했다고 합니다. 그래서 세간사에 대해서도 잘 아시지요.

'가장 높은 분'은 다른 표현으로 '무상사(無上士)'라고 합니다. 부처님은 인간과 신들의 세계를 통틀어서 가장 높은 분입니다. 그래서 무상(無上), 즉 부처님보다 더 높은 이는 없지요. '사람을 잘 길들이는 분'은 다른 말로 '조어장부(調御丈夫)'라고도 합니다. 장부들을 잘 조절하고 제어한다는 뜻입니다. 부처님은 자신에게 순응하는 사람은 물론 욕하고 성질내는 사람들도 잘 거느리는 분입니다. 부처님께 시비를 따지러 온 사람들은 모두 부처님의 제자가 되었습니다.

'신과 인간의 스승'은 '천인사(天人師)'라고도 하지요. 이건 정말 중요한 이야기입니다. 어릴 때 아이들이 "하나님이 더 높아요? 부처님이 더 높아요?" 하는 질문을 많이 합니다. 불교에서 신은 부처님의 제자뻘입니다. 그래서 부처님을 신과 인간의 스승이라고 하는 것입니다. 경전에 보면 인간뿐만 아니라 많은 신이 부처님께 와서 경배하고 가르침을 듣고 환희심을 내서 부처님과 불법을 옹호하겠다는 서원을 세웁니다. 그분들을 바로 신중림이라고 해요. 신 신(神) 자에 무리 중(衆) 자를 씁니다. 이러한 신들은 호법선신이지요. 이들은 신중단에 모십니다. 불교는 신의 존재를 인정합니다. 다만 신들도 부처님의 제자라고 봅니다. 그러니 이렇게 알면 됩니다. '부처님과 우리와는 스승과 제자의 관계이다. 부처님과 신 역시 스승과 제자의 관계이다. 그렇다면 신과 우리는 도반이다. 그러니 굳이 신을 주인으로 모시며 주종 관계로 지낼 필요가 없다.'

'깨달으신 분'이라고 했는데, 무엇을 깨달으신 걸까요? 바로 십이연기법입니다. 모든 현상에는 원인이 있다는 것을 발견하신 것입니다. 늙고 죽음의 원인은 태어남에 있고, 태어남은 존재의 열망이 있기 때문이고…. 이렇게 쭉 거슬러 가보면 근본 원인은 무명, 즉 무아법에 밝지 못하기 때문입니다. 무아법 밝아지려면 몸에 대해 몸을 보고, 느낌에 대해 느낌을 보고, 마음에 대해 마음을 보고, 법에 대해 법을 보는 대년관찰을 해야 합니다. '세상에서 가장 존귀한 분'은 다른 말로 '세존(世尊),' '바가와뚜(존귀한 분)'라고도 합니다. 이렇게 「붓다에 대한 명상」을 하고 강을 건넙니다. 그다음 강을 만났을 때는 「담마에 대한 명상」을 했습니다.

「담마에 대한 명상」을 하나하나 살펴보지요. 법(法)은 빨리어로는 '담마(dhamma)'라고 하고, 산스크리트로는 '다르마(dharma)'라고 합니다. '달마 대사'라고 할 때 달마(達磨)가 바로 담마의 소리를 옮긴 말입니다. 이 법을 '스스로 보아 알 수 있고'라고 했습니다. 부처님이 워낙 상세하게 잘 설해 놓았기 때문에 누구나 보고 알 수 있습니다. 불교가 어렵다고 하는 분이 많은데 알고 보면 참 쉽습니다. 문제를 하나 내겠습니다. 다음 네 가지 보기 중 불교의 가르침은 무엇일까요?

① 콩 심은 데 콩 나고 팥 심은 데 팥 난다.
② 콩을 심건 팥을 심건 무엇이 날지는 신에게 달려 있다.
③ 콩을 심건 팥을 심건 무엇이 날지는 이미 결정되어 있다.
④ 콩을 심건 팥을 심건 무엇이 날지는 아무도 알 수 없다.

정답은? ①번이지요. 참 쉽지요. 스스로 보아 알 수 있는 것입니다. 불교라고 하면 인과법이지요. 논리는 조금도 어려운 게 없습니다. 실행이 어려운 것이지요. 실행은 각자의 몫입니다. 깨달음을 얻는 것도 어렵지 않습니다. 부처님 재세 시에는 게송 하나만 듣고도 수다원과를 얻은 이들이 많았습니다. 그래서 저는 선(禪)을 좋아합니다. 깨달음을 얻으려면 오랜 세월 동안 뼈를 깎는 노력을 해야 한다고 이야기하지 않기 때문입니다. 언하대오(言下大悟), 말 한마디에 크게 깨친다는 것입니다. 이 책에서 소개하는 108게송 중 하나만 제대로 알고 이해해도 수다원과를 얻을 수 있습니다. 게송 하나만 잘 들어도 과위를 증득할 수 있다는 생각으로 수행해야 합니다. '스님들도 얻기 어려운 깨달음을 내가 어떻게 얻겠어?' 하고 생각해서는 안 됩니다. 절대 눕지 않고 수행한다는 장좌불와나 하루 한 끼만 먹는다는 일종식은 수행을 장려하기 위한 말이에요. 술 먹고 놀다가 게송 하나 듣고 깨달음을 얻은 이도 있습니다. 그런 사람은 과거생에 전법을 열심히 해서 이 생에서 게송만 듣고도 깨달음을 얻는 것입니다. 너무 어렵다는 상을 내서도 안 되고 너무 쉽다는 상을 내서도 안 되고 다만 꾸준히 하면 됩니다.

군복무를 할 때 저는 최전방에서 근무했습니다. 그때는 가끔 무장공비들이 넘어왔어요. 군에서 훈령이 내려와서 제가 병사들 가르치기도 했지요. 처음에는 '이북에서 넘어온 군인들은 훈련을 얼마나 열심히 하는지, 하루에 백 리를 뛸 수 있다. 다 근육질이다. 그러니 너희도 열심히 해야 한다.'고 교육했습니다. 막상 공비들이 나타났다는 경보가 울려서 출동했을 때, 우리 병사들이 다 숨더라고요. '내가 상대할 수 있는 사람들이 아니다.'라고 생각했기 때문입니다. 그래서 국방부에서 새로운 교육 지침을 내렸습니다. 골자는 '북한 군인들은 어려서부터 잘 먹지 못해서 키도 작고 별 볼일도 없다.'는 것이었습니다.

제가 옛날 군대 애기는 갑자기 왜 했을까요? 부처님도 시도했다가 그만둔 '고행' 같은 것을 여러분은 하지 말라는 것입니다. 큰스님들이 그렇게 수행한 건 존경스러운 일이지만 여러분이 그렇게 할 수는 없습니다. '그렇게 치열하게 수행하지 않아서 나는 깨달음 얻을 수 없어.'라고 생각하면 절대 깨달음을 얻을 수 없습니다. '나는 게송 하나만으로도 깨달을 수 있다.'는 믿음, 자기 확신을 가져야 합니다.

불교에서는 '일단 믿어라.' 하고 이야기하지 않습니다. '와서 보라.'고 말합니다. 아주 합리적이지요. '너희의 몸과 마음을 직접 보아라. 그러면 몸과 마음이 변화하는 걸 알 수 있다.'는 것입니다. 시시각각 변하는 것을 '나'라고 집착하면 끝이 허망하다는 것을 스스로 알게 하는 것입니다. 그렇다면 '변하지 않는 건 뭘까?' 생각하게 되겠지요. 몸을 관찰하고 마음을 관찰하는 관찰자는 변하지 않습니다. 여여부동합니다. 이것이 진짜 나인 것입니다. 그러면 몸과 마음이 병들고 늙고 죽어도 그다지 흔들리지 않습니다. 왜? 관찰자는 계속 있으니까요.

'향상으로 인도하고'는 수행의 단계가 있음을 뜻합니다. 수다원, 사다함, 아나함, 아라한, 보살, 부처님, 이렇게 향상으로 인도해야 합니다. 맨날 눈높이 학습만 하면 향상할 수 없습니다. 사람의 근기를 올려 주어야 합니다. 지금 한국불교에는 전부 초등학생만 있다고 해도 과언이 아닙니다. 초등학교 육 년 다녔으면 중학교, 고등학교, 대학교로 올라가야지요. 절에 일 년 다닌 사람과 십 년 다닌 사람이 똑같으면 안 됩니다. 다른 종교는 향상하고 싶어도 향상할 수가 없습니다. 신은 주인이고 나는 신의 종이기 때문입니다. 하지만 불교에서는 여러분이 인생의 주인입니다. 얼마든지 향상할 수 있습니다. 세상에는 두 종류의 종교가 있습니다. 하나는 신을 섬기는 종교이고, 다른 하나는 신이 섬기는 종교입니다. 글자 하나가 다른 것이지만 그 차이는 어마어마합니다. 불교는 여러분을 향상으로 인도해서 신의 스승인 붓다가 될 수 있도록 합니다. 엄청나지요. 그러니 여러분도 절에 다니거나 평소 수행하면서 스스로 향상해야 합니다.

그리고 법은 '지혜로운 자들이 스스로 알 수 있는 것이다.' 라고 합니다. 부처님이 말씀하신 인과법(십이연기법), 사성제, 팔정도는 하나도 어려울 것이 없습니다. 한국불교가 어렵다고 하는 이유는, 세월이 흐르면서 가르침이 계속 중첩되다 보니 원래의 모습을 잊어서 그런 것입니다. 제가 부처님의 일생과 가르침을 108개의 게송으로 정리한 것도 불교의 본래 모습을 여러분에게 전하기 위해서입니다. 초기불교, 즉 부처님의 근본 가르침으로 중심을 세우면 그다음에는 조금도 어렵지 않습니다.

이제 「승가에 대한 명상」을 살펴보지요. '바르게 도를 닦고, 참되게 도를 닦고, 합당하게 도를 닦'는다는 것은 바로 팔정도를 의미합니다. 진리 중의 진리가 사성제라면, 도 중의 도는 바로 팔정도입니다. 팔정도는 바른 생각(正思), 바른 말(正語), 바른 행위(正業), 바른 생계(正命), 바른 노력(正精進), 바른 관찰(正念), 바른 선정(正定), 바른 견해(正見)입니다.

'곧 네 쌍의 인간들이요, 여덟 단계에 있는 사람들이다.'는 말은 한자로 '사쌍팔배(四雙八輩)라고 합니다. 수다원을 향해 가는 수다원향과 수다원과를 얻은 수다원과, 사다함향과 사다함과, 아나함향과 아나함과, 아라한향과 아라한과, 이렇게 네 쌍으로 된 여덟 무리를 가리킵니다.

'공양 받아 마땅하고 선사 받아 마땅하고 보시 받아 마땅하고'는 음식과 옷(가사), 주거(절)를 보시 받아 마땅하다, 의식주를 보시 받아 마땅하다는 말입니다. 부처님 재세 시에는 재가자들이 스님들에게 의식주를 제공하고 사찰을 유지했습니다. 스님들은 법을 전해 주고 수행을 했지요.

마지막으로 승가는 '합장 받아 마땅하며 세상의 위없는 복전'이라고 했습니다. 합장은 손바닥을 모은다고 해서 합할 합(合) 자에 손바닥 장(掌) 자를 씁니다. 공경의 표현이자 그대와 내가 둘이 아니라는 불이(不二) 사상이 포함되어 있습니다. 맞대는 왼손과 오른손이 둘이 아니라는 뜻입니다. 지금은 덜할 텐데, 이십 년 전만 해도 인도의 화장실은 매우 더러웠습니다. 화장실에 가면 깡통이 하나 놓여 있습니다. 바로 뒷물용 물통입니다. 인도인들은 밥을 손으로 먹기 때문에 뒤 닦는 손과 밥 먹는 손을 철저히 구분합니다. 밥은 오른손으로, 뒷물은 왼손으로 하는 식이지요. 그런 오른손과 왼손을 맞댄다는 것은 청정함과 더러움을 구별하지 않는다는 뜻입니다. 여러분과 내가 둘이 아니요, 부처님과 내가 둘이 아니라는 것입니다. 불이 사상은 불교 사상의 핵심이기도 합니다. 중도설과도 같은 것입니다. 여러분과 저도 뿌리는 하나인데 가지만 달라진 것이지요.

복전(福田)은 복을 심는 밭을 뜻합니다. 밭도 여러 종류가 있습니다. 기름진 밭도 있는 반면 자갈밭도 있지요. 삼보야말로 가장 기름진 밭입니다. 최고의 복전이지요. 불교에서는 '최고'라는 표현보다 '위없는'이라는 표현을 잘 씁니다. '최상'이라는 표현과도 비슷한 것입니다.

마지막 게송은 『법구경』의 게송입니다. 마하갑뻰나 장로가 출가하여 아라한이 된 뒤 감격에 겨워 행복하다는 말을 계속

합니다. 이를 오해한 다른 비구들이 부처님께 가서 그가 과거 왕이었던 시절의 행복을 되새기고 있다고 말합니다. 그러자 부처님이 그 오해를 풀어주기 위해 그는 열반의 기쁨에 감격하고 있다고 하시며 설한 게송입니다.

스님들이나 재가불자나 법을 맛본 이는 표정이 밝습니다. 법을 맛보면 밝아지지 않을 수가 없습니다. 법을 맛봤다면서 기뻐하거나 행복해하지 않으면 그건 거짓말입니다. 그리고 입이 간지러워서 전법을 안 할 수가 없습니다. 어디 놀러갔다가 뭔가를 먹었는데 너무 맛있으면 어떻게 합니까? 가만히 있습니까? 집에 와서 수다를 떱니다. 가까운 이들에게 꼭 권하지요. 간혹 직접 데리고 가기도 합니다. 법도 마찬가지입니다. 음식의 맛보다 훨씬 좋은 법의 맛, '관찰자 입장에서 세상을 살다 보면 재앙이 줄고 소원을 성취하는구나.' 하는 맛을 보게 되면 입 다물고 가만히 있을 수가 없습니다.

아나타삔디까 장자에게 「웰라마경」을 설하시다

장자여,

웰라마 바라문이 올바른 견해를 가진 사람에게 공양을 올렸다면

그 과보가 훨씬 더 컸을 것이다.

웰라마 바라문이 올바른 견해를 가진 사람 백 명보다

한 명의 수다원에게 공양 올렸다면

그 과보가 훨씬 더 컸을 것이다.

웰라마 바라문이 수다원 백 명보다

한 명의 사다함에게 공양 올렸다면

그 과보가 훨씬 더 컸을 것이다.

웰라마 바라문이 백 명의 사다함보다

한 명의 아나함에게 공양 올렸다면

그 과보가 훨씬 더 컸을 것이다.

웰라마 바라문이 백 명의 아나함보다

한 명의 아라한에게 공양 올렸다면

그 과보가 훨씬 더 컸을 것이다.

웰라마 바라문이 백 명의 아라한보다

한 명의 벽지불에게 공양 올렸다면

그 과보가 훨씬 더 컸을 것이다.

웰라마 바라문이 백 명의 벽지불보다

한 분의 부처님에게 공양 올렸다면

그 과보가 훨씬 더 컸을 것이다.

웰라마 바라문이 부처님이 계시는 승단에 공양 올렸다면

그 과보가 훨씬 더 컸을 것이다.

웰라마 바라문이 네 방향에서 오는 스님들을 위해 사원을 지었다면

그 과보가 훨씬 더 컸을 것이다.

웰라마 바라문이 기쁜 마음으로 불법승 삼보에 귀의했다면

그 과보가 훨씬 더 컸을 것이다.

웰라마 바라문이 살생하지 않고,

주지 않는 것을 가지지 않고,

삿된 음행을 하지 않고,

거짓말 하지 않고,

술을 마시지 않고,

자애심을 계발하고,

손가락을 튕길 순간만큼이라도

무상의 인식을 계발했다면

그 과보가 훨씬 더 컸을 것이다.

– 『앙굿따라 니까야』 「웰라마경」

▽

　'웰라마'는 부처님이 과거생에 바라문으로 살 때의 이름입니다. 경전에 보면 여러분이 죽어 보지 않은 땅이 없다고 합니다. 그만큼 수없이 많이 윤회를 했다는 뜻입니다. 웰라마는 부처님의 수없이 많은 전생 중 하나입니다.

　웰라마는 베풀기를 좋아했습니다. 그러나 그 당시에는 삼보(三寶)가 존재하지 않았습니다. 부처님이 자신이 과거생에 웰라마 바라문으로 있을 때 공양 올릴 만한 사람을 찾았지만 찾기 어려웠다면서 아나타삔디까(급고독) 장자에게 「웰라마경」을 설하셨습니다. 아나타삔디까는 부처님과 제자들을 위해서 제따와나 사원(기원정사)을 보시한 인물입니다. 또 매일 부처님과 제자들 천 명을 모셔서 공양을 올렸습니다. 집에 손님이 열 명만 와도 안절부절 못하는데 매일 천 명씩 공양을 올렸다니 참 대단하지요. 그렇게 하다 보니 재산이 점점 줄어 거친 음식을 공양으로 올리게 됐습니다. 결국 옥수수 죽을 부처님께 올리며 죄송한 마음을 드러내니, 부처님은 상관없다고 말씀하시며 이 경을 설하신 것입니다.

　이 게송을 보면 수행의 계위, 즉 깨달음의 차원이 순서대로 나옵니다. 올바른 견해를 가진 사람, 수다원, 사다함, 아나함, 아라한…. 깨달음의 차원이 더 높은 사람에게 공양을 올리면 과보가 훨씬 더 크다는 말입니다. 그 사람과 연을 맺게 되는 것이니까요. 붓다와 연을 맺게 되면 붓다가 될 확률이 높아지는 것입니다. 웰라마는 큰 보시를 했지만 당시에는 삼보가 없었기 때문에 그 보시를 청정하게 하지 못했다고 합니다. 하지만 '올바른 견해를 가진 사람에게 공양을 올렸다면 그 과보가 훨씬 더 컸을 것'이 라는 말입니다.

수행의 계위는 앞에서 설명한 바 있습니다. 수다원(칠왕래)은 천상과 인간세계를 일곱 번 왕래하는 사이 깨달음을 얻습니다. 사다함(일왕래)은 천상에 갔다가 한 번 지상에 와서 깨달음 얻지요. 아나함(불왕거)은 천상에 가서 거기서 해탈합니다. 아라한(불생)은 금생에서 깨달음을 얻기에 더 이상 윤회하지 않습니다. 벽지불은 빨리어로 '빠쩨까붓다(pacceka-buddha)'라고 합니다. '홀로 깨친 이'라는 뜻에서 독각(獨覺), '연기법을 깨친 이'라는 의미에서 연각(緣覺)이라고도 합니다. 우리나라 사찰에 가면 삼성각이 있습니다. 바로 독각(獨覺)과 산신(山神) 그리고 칠성(七星) 세 분을 모신 곳입니다.

벽지불과 부처님은 어떤 차이가 있을까요? 벽지불도 붓다는 붓다인데 홀로 깨친 분이기에 인연을 지은 바가 별로 없습니다. 그래서 제도할 수 있는 중생이 얼마 안 됩니다. 반면 부처님은 보살도를 닦으면서 수없이 많은 연을 지었습니다. 그래서 많은 중생을 제도할 수 있는 것입니다.

의식주, 그중에서도 스님들이 머무는 공간을 짓는 것 역시 큰 공덕이 된다는 말입니다. 그리고 삼보에 귀의하는 삼귀의례는 합장하고 다음과 같이 말하는 것입니다.

저는 진실로 삼보에 귀의합니다.
이 진실의 맹세에 의한 초월적인 힘으로

재앙은 소멸하고 소원은 성취하여지리라.

삼보를 공경하여 행복하여지이다.

진실에 맹세하면 초월적 힘, 즉 초능력이 생깁니다. 여러
분이 이미 가진 것을 알고 체험하게 되는 것입니다.

이 계송의 마지막 부분, 즉 "살생하지 않고, 주지 않는 것
을 가지지 않고, 삿된 음행을 하지 않고, 거짓말 하지 않고, 술을
마시지 않고"라는 부분은 오계(五戒)를 말합니다. 오계는 불자라
면 누구나 다 지켜야 하는 다섯 가지 계율입니다. 불교에서는 불
살생계를 첫 번째로 내세우지만 '개차법(開遮法, 중도법)'이라고 해
서 때로는 허용하기도 합니다. 만일 군인이 '나는 불자니까' 하면
서 전쟁에서 적군과 싸우지 않으면 안 되기 때문입니다. 불살생
이 기본 계율이지만 때로는 즉 필요할 때는 사람도 죽일 수 있는
것입니다. 물론 지혜롭게 판단할 줄 알아야 합니다. 우리나라에
는 삼국시대에 불교가 처음 들어왔습니다. 그때는 나라 간의 전
쟁이 많았습니다. 고구려와 백제 그리고 신라 사이에 전쟁이 잦
았습니다. 그때 불교가 불살생만을 강조했다면 사람들이 불교를
받아들였을까요? 당시 신라에 들어온 불교가 만든 계율이 바로
'살생유택(殺生有擇)'입니다. 화랑도에게 세속오계, 즉 세속에서
지켜야 할 다섯 계율을 주었는데, 살생유택은 살생을 하더라도
가려서 하라는 것이었습니다. 저는 이것이 우리나라에 불교가 정
착할 수 있었던 가장 중요한 사건이라고 생각합니다. 이 덕분에
사람들의 마음이 편안해졌습니다. 불교를 얼마든지 믿고 실천할

수 있게 된 것입니다.

　　오계 중에서도 마지막 "술을 마시지 않고," 즉 불음주는 중요한 계율입니다. 평소 앞의 네 가지 계율을 잘 지키던 사람도 술을 마시면 이 네 가지를 어기기가 쉽습니다. 옛날 인도에서 어떤 남자가 낮에 술을 마시고 취했습니다. 그런데 갑자기 옆집에서 닭이 담장을 넘어 왔어요. 술김에 그 닭을 잡아먹었습니다. 옆집 아낙이 닭을 찾으러 오자 보지 못했다고 거짓말을 했지요. 그런데 술에 취하니까 옆집 아낙이 예뻐 보이는 겁니다. 그래서 그 여인을 범했습니다. 살생과 투도, 망어, 사음, 음주를 모두 저지른 것입니다. 요즘에는 오계를 주면 거사님들이 '지키지 못할 것 같다.' 면서 받지 않으려고 하기 때문에 '술을 절제하라.'고 이야기합니다.

　　게송 중 "자애심을 계발하고"는 중생에 대해 따뜻한 마음을 가지라는 것입니다. 관세음보살의 마음으로 중생을 보는 것입니다. "손가락을 튕길 순간만큼이라도 무상의 인식을 계발했다면 그 과보가 훨씬 더 컸을 것이다."는 말은 오계를 지키고 자애심을 계발하고 무상을 인식하는 것의 과보가 앞서 깨달은 이들과 삼보에 공양을 올리는 것보다 크다는 것입니다. 왜일까요? 오계를 지키고 자애심을 계발하고 무상을 인식하는 것은 스스로 붓다가 되어 간다는 것입니다. 그래서 이것이 가장 과보가 큰 것입니다. 여러분이 진짜 해야 할 일은 바로 이것입니다. 물론 앞의 것들도 무시해서는 절대 안 되지요.

웨살리의 삼대 재앙을 「보배경」으로 소멸시키다

여기 모인 모든 존재들
지상이나 하늘이나 어디에 있든지
기쁜 마음으로 정중하게 가르침을 경청하기를!

실로 모든 이들은 이 경을 경청하여
밤낮으로 제물을 바치는
인간들에게 자비를 베풀고
게으름 없이 그들을 보호하기를!

이 세상과 저 세상의 어떤 재물이든
천상의 뛰어난 보배라도
여래와 견줄 수는 없으니
부처님이야말로 훌륭한 보배
이 진실에 의해 행복하기를!

사꺄족 성자께서 삼매에 들어 성취하신
번뇌의 소멸, 집착 없음, 불사, 최상승법
이 가르침과 견줄 것 아무것도 없으니
이 가르침이야말로 훌륭한 보배
이 진실에 의해 행복하기를!

훌륭하신 부처님께서 칭찬하시는 청정한 삼매
즉시 결과를 가져오는 것
그 삼매와 견줄 것 아무것도 없으니
이 가르침이야말로 훌륭한 보배
이 진실에 의해 행복하기를!

사람들에 의해 칭찬받으시는
네 쌍으로 여덟이 되는 성자들
선서의 제자로서 공양 받을 만하여
그들에게 보시하면 큰 복덕 받으니
승단이야말로 훌륭한 보배
이 진실에 의해 행복하기를!

확고한 마음으로 욕심 없이
고따마의 가르침에 열심인 이들
불사에 뛰어들어 목적을 성취하여
지복을 얻어 적멸을 즐기나니

승단이야말로 훌륭한 보배
이 진실에 의해 행복하기를!

마치 인드라의 기둥이 땅 위에 서 있으면
사방에서 부는 바람에 흔들리지 않듯이
성스러운 진리를 분명히 보는 이도
이와 같다고 내가 말하니
승단이야말로 훌륭한 보배
이 진실에 의해 행복하기를!

심오한 지혜를 지닌 부처님께서 잘 설하신
성스런 진리를 분명히 이해하는 이들
아무리 게을리 수행할지라도
여덟 번째의 윤회를 받지 않으니
승단이야말로 훌륭한 보배
이 진실에 의해 행복하기를!

또한 통찰지를 얻는 순간에
유신견, 의심, 계금취의
세 가지 법을 모두 소멸하고
사악처에서 벗어나 여섯 가지 큰 잘못을 짓지 않으니
승단이야말로 훌륭한 보배
이 진실에 의해 행복하기를!

경구에 말하기를
진리를 본 사람은
몸과 말과 뜻으로 어떠한 잘못을 저질렀어도
사소한 허물조차 감추지 못하니
승단이야말로 훌륭한 보배
이 진실에 의해 행복하기를!

여름의 첫 더위가 찾아오면
숲속의 나뭇가지에 꽃이 피듯이
닙바나에 이르는 위없는 법으로
이와 같은 최상의 이익을 가르치셨나니
부처님이야말로 훌륭한 보배
이 진실에 의해 행복하기를!

으뜸이시며, 으뜸을 아시며
으뜸을 주시고, 으뜸을 가져오시는 분이
위없는 법을 설하셨나니
가르침이야말로 훌륭한 보배
이 진실에 의해 행복하기를!

과거는 소멸하고 다음 생은 없으니
마음은 다음 생에 집착하지 않고
번뇌의 종자를 파괴하고 그 성장을 원치 않는

현자들은 등불처럼 열반에 드니
승단이야말로 훌륭한 보배
이 진실에 의해 행복하기를!

이곳에 모인 모든 존재들
지상이나 하늘 어디에 있든지
천신과 인간의 존경을 받는
부처님을 공경하여 행복하여지이다.

이곳에 모인 모든 존재들
지상이나 하늘 어디에 있든지
천신과 인간의 존경을 받는
이 가르침을 공경하여 행복하여지이다.

이곳에 모인 모든 존재들
지상이나 하늘 어디에 있든지
천신과 인간의 존경을 받는
승가를 공경하여 행복하여지이다.
  - 『쿳다까 니까야』「보배경」

▽

　부처님 재세 시에 인도에 '웨살리'라는 나라가 있었습니다. 웨살리에 몇 년간 가뭄이 들었어요. 곡식이 자라지 않으니 굶어 죽는 이가 많았습니다. 거리마다 방치된 시체들이 많아서 전염병까지 창궐했지요. 그러자 잡귀들도 많이 출몰했습니다. 기근과 전염병 그리고 잡귀의 출몰. 이것이 삼대 재앙입니다. 웨살리국에서 '이 재난을 어떻게 극복할 것인가'에 대해 회의를 열었습니다. 그 결과, 갠지스 강 건너에 계신 부처님을 모셔오기로 합니다. '부처님은 복덕과 지혜를 갖춘 성자이시니 부처님이 우리나라에 오시면 재앙이 소멸될 것이다.' 하고 기대한 것입니다.

　웨살리에서는 사신을 보내 부처님을 초빙합니다. 그래서 부처님이 배를 타고 갠지스 강을 건너 웨살리 국에 발을 내딛자마자 하늘에서 검은 구름이 몰려왔습니다. 그 뒤로 일주일간 웨살리 국에 비가 내렸습니다. 덕분에 가뭄이 완전히 해갈되고 거리 곳곳의 더러운 것이 물에 쓸려 내려갔습니다. 당시 성 안 사람들은 전염병 때문에 힘든 시간을 보내고 있었습니다. 부처님은 그들을 위해 아난다 존자와 세사들에게 그릇에 물을 담아 「보배경」을 암송하면서 거리에 그 물을 뿌리라고 지시했습니다. 아난다 존자는 부처님이 시키는 대로 「보배경」을 암송하면서 나뭇가지로 물을 묻혀 공중에 뿌렸습니다. 그 물이 사람들의 몸에 닿자 병이 나았습니다. 청정 약수로 변했기 때문입니다. 여러분도 생수를 떠 놓고 「보배경」을 세 번 읽은 뒤 '이 경전 독송의 공덕으로 이 물이 약수로 변해서 건강이 되찾아지이다.' 하고 축원하면 그

물이 성수가 됩니다. 그 물을 아픈 사람에게 주면 약수가 됩니다. 이는 과학적으로도 입증된 사실입니다. 평범한 물을 두고 경전을 외운 뒤 분자구조 현미경으로 그 물의 구조를 살펴본 실험이 있었습니다. 경전을 외운 뒤 물의 구조가 육각수로 바뀌어 있었습니다. 건강에 좋은 물로 바뀐 것입니다. 성수, 약수를 만드는 경전이 바로「보배경」입니다.

　"여기 모인 모든 존재들 지상이나 하늘이나 어디에 있든지."라고 하며 경전이 시작합니다. 아난다 존자가「보배경」을 암송하면서 거리에 물을 뿌리자 신들도 이 경전 들으려고 내려왔습니다. 신들도 경전을 들으면 환희심이 나기 때문이지요. 그래서 신중단을 향해『반야심경』과「화엄경 약찬게」를 독송하는 것입니다. 신들도 환희심이 나야 무언가를 베풀지요. 신들이 강림하자 잡귀들이 다 사라졌습니다. 그 결과 가뭄에 이어 전염병 그리고 잡귀까지 삼대 재앙이 모두 소멸됐습니다. "기쁜 마음으로 정중하게 가르침을 경청하기를!"이라는 말은「보배경」을 외울 것이니 모든 신들은 잘 들어라, 하는 말입니다. 신중님을 옹호성중, 화엄성중이라고 합니다. "실로 모든 이들은 이 경을 경청하여 밤낮으로 제물을 바치는 인간들에게 자비를 베풀고 게으름 없이 그들을 보호하기를!" 하는 부분까지는 신들에게 하는 이야기입니다. 지금 하는 이야기를 잘 듣고 자비를 베풀고 보호하라는 뜻이지요.

　"이 세상과 저 세상의 어떤 재물이든 천상의 뛰어난 보배라도 여래와 견줄 수는 없으니 부처님이야말로 훌륭한 보배, 이 진실에 의해 행복하기를!"이라고 하는 구절부터가「보배경」본문입니다. 그 앞은 서문이지요. '저 세상'은 천상세계입니다. 부처님이 진정한 최상의 보배라는 사실을 아는 것도 대단한 것입니다. 보배 중 최고라는 다이아몬드보다도 붓다 반지, 담마(부처님 가르침) 목걸이, 상가(승가) 귀걸이가 더 값진 것입니다. 진정한 보배로 자신을 치장해야 합니다. 금이나 다이아몬드, 루비 같은 보석들은 윤회를 가중시킵니다. 윤회에 더 탐착하게 만듭니다. 삼보야말로 진정한 보배, 최고의 보배입니다. 윤회에서 해탈하게 만들기 때문입니다. 무아법에 통달하면 번뇌를 소멸시킬 수 있습니다. '이 몸이 나다.' '이 마음이 나다.'라는 집착도 사라집니다. 관찰자가 진짜 나입니다. 관찰자는 죽지 않습니다. 부처님은 이 최상승법, 최고의 법을 성취하신 것입니다.

「보배경」은 불법승 삼보에 대한 노래입니다. 시 형식으로 된 노래이지요. 불교 초창기에는 경전이 없었습니다. 말로, 게송(노래)으로 전해졌지요. 부처님 열반 후 제자들이 모였을 때 아난다 존자가 자신이 들은 설법을 암송한 것입니다. 부처님 열반 후 처음 몇백 년 동안은 제자들이 모두 모여 함께 암송해서 전했습니다. 그 후 그 내용이 글로 기록되어 지금까시 선해진 것이지요. 암송을 하려면 아무래도 문어체보다는 구어체, 시구, 노래 형식이 더 좋지요. 이 책에서 소개하는 108게송이 알고 보면 다 노래입니다. 게송의 송이 노래 송(頌) 자입니다.

"성스러운 진리를 분명히 이해하는 이들은 아무리 게을리 수행할지라도 여덟 번째의 윤회를 받지 않으니"라고 했습니다. 이 구절을 읽으면 마음이 편해집니다. 왜냐하면 수다원과만 얻어도 일곱 생 안에 해탈하기 때문입니다. 그래서 수다원과를 칠왕 래라고도 합니다.

　"또한 통찰지를 얻는 순간에 유신견, 의심, 계금취의 세 가지 법을 모두 소멸하고 사악처에서 벗어나 여섯 가지 큰 잘못을 짓지 않으니"라며 승가에 대해 설하고 있습니다. 여기에서 '유신견(有身見)'이란 고정된 실체로서의 몸이 있다고 하는 견해입니다. 몸은 변합니다. 변하는 이것을 '내 것이다.'라고 하면 끝이 허망하지요. 생로병사를 겪는 것이 몸입니다. 누구나 언제 어느 날 갑자기 이 세상을 떠나갈 수 있습니다. '의심(疑心)'은 삼보와 인과법을 의심하는 것입니다. '계금취(戒禁取)'는 계율로 금하는 걸 취하는 것입니다. 중도법, 사성제, 팔정도에 입각해 수행해야 한다는 뜻입니다.

　계금취 중 하나가 미신을 믿는 것입니다. 부처님 법을 믿을수록 미신에서 벗어나야 하는데 미신적 경향이 많은 사람들이 간혹 있지요. 스님들에게 명당을 묻는 분들이 있는데, 제가 늘 그럽니다. "명당은 불교방송 잘 나오는 데가 명당입니다." 간혹 "절은 어느 쪽을 향해서 해야 하나요?" 하고 묻는 분도 있습니다. 자신이 다니는 절이나 존경하는 스님이 계신 쪽으로 절을 하면 됩니다.

　불교를 알면 알수록 걸리는 게 적어져야 제대로 믿는 것입니다. 부처님이 여러분에게 원하는 건 한 가지밖에 없습니다. 바로 오계를 잘 지키는 것입니다. 날짜나 방위, 이런 것들에 걸리면 안 됩니다. 내가 오계를 잘 지키는데 동쪽으로 가든 서쪽으로 가든 어떻습니까. 행복과 불행의 기준이 오계가 되어야지 다른 것이 되면 안 됩니다. 날짜나 방위는 방편입니다. 때로는 방편이 필요할 때도 있지만, 필요가 다하면 버려야 합니다. 절에서는 관음재일 지장재일 미타재일 약사재일 등 각종 재일을 다 음력으로 따집니다. 양력을 기준으로 쓰는데 음력에 따라 양력 날짜가 자꾸 바뀌니까 사람들이 어려워합니다. 저는 이런 문화를 바꿔야 합니다. 사회가 바뀌면 절의 문화도 바뀌어야 한다고 생각합니다. 첫째 주 일요일은 관음재일, 둘째 주 일요일은 지장재일, 이렇게 하면 됩니다. 그래야 직장 다니는 사람들도 절에 마음 편히 오지요. 음력으로 따지면 매달 날짜가 바뀌니까 직장에 다니는 사람은 절에 오고 싶어도 올 수가 없습니다. 지방 사찰의 법회에 가 보면 대부분 노인들입니다. 노인들이 오는 게 문제라는 이야기가 아닙니다. 사부대중이 고루 올 수 있어야 한다는 말입니다. 기도와 법회를 음력으로 하면 젊은 사람들이 오기 어렵습니다. 법회 일자나 재일, 그런 것들부터 현대화해야 한다고 생각합니다.

'사악처(四惡處)'란 지옥, 아귀, 축생, 수라를 뜻합니다. '여섯 가지 큰 잘못'은 오역죄(五逆罪)에 외도의 스승을 섬기는 것을 더한 것입니다. 오역죄란 어머니를 죽이는 것, 아버지를 죽이는 것, 아라한을 죽이는 것, 부처님 몸에 피를 내는 것, 대중을 분열시키는 것입니다. 다른 잘못은 참회하면 용서받지만 이 여섯 가지 잘못은 매우 큰 잘못이라서 쉽게 용서받을 수 없습니다.

"과거는 소멸하고 다음 생은 없으니"라고 했습니다. 무아법에 통달하면 다음 생이 없습니다. 불생(不生), 즉 다시 태어나지 않습니다. 그래서 아라한을 불생이라고도 합니다. 불교에서 중생은 영생입니다. 죽어도 죽지 않습니다. 몸만 죽지 반드시 다시 태어납니다. 그다음 단계가 불생, 태어나지 않는 게 두 번째 경지입니다. 태어나면 반드시 노병사가 따르기 때문이지요. 천상에 태어나도 마찬가지입니다. 그리고 변화합니다. 변하지 않으면 재미가 없어요. 제일 좋아하는 음식이 밥이라고 해도 매일 밥만 먹으면 좋을까요. 저는 출가 전에는 국수를 별로 안 먹었어요. 국수를 먹더라도 나중에 밥을 먹는 사람이었습니다. 출가하고 나니까 국수가 맛있더군요. 맨날 그 나물에 그 밥을 먹다가 일주일에 한 번 국수를 먹으니까 별식인 거예요. 그래서 스님들이 대부분 국수를 좋아하게 됩니다. '그 나물에 그 밥'이라는 말이 절에서 나온 말입니다. 아무리 좋은 것도 매일 먹으면 물립니다. 변화하는 것 자체가 행복을 느낄 수 있는 요인입니다.

제 전공이 웰다잉이었습니다. '잘 죽는 법' 때문에 출가했습니다. 저는 제 주변 사람이 죽는 걸 보고 '나도 죽는구나. 사람이 죽으면 어떻게 되나, 사후 세계가 있나.' 하는 문제를 고민하다가 불교를 공부하게 됐습니다. 그런데 불교를 공부하고 보니까 안 죽어서 문제입니다. 애착이 남아서 못 죽습니다. 그래서 윤회를 하는 겁니다. 천상에 가는 것도 애착이 남아 있어서입니다. 몸에 대한 애착이 적은 반면 마음에 애착이 많은 사람이 천상에 갑니다. 몸과 마음에 대한 애착이 반반인 사람이 인간으로 옵니다. 몸에 대한 애착이 더 많은 사람은 축생으로 태어납니다. 여러분이 어떻게 마음 쓰고 사느냐에 따라 그대로 받습니다. 중생은 영생(永生), 아라한은 불생(不生), 보살은 원생(願生)입니다.

아라한과를 얻으면 다시 태어나지 않는다고 했습니다. 그렇다면 중생은 누가 가르칠까요? 아라한과를 성취한 사람들이 다 죽고 없으면 세상은 누가 교화할까요? 보살이 있어야 하는 이유가 여기에 있습니다. 『법화경』과 같은 대승경전에 보면 아라한과에 이를 때까지는 아라한과를 목적지로 알고 오지만, 알고 보면 아라한과는 중간 목적지라고 합니다. 아라한과를 얻으면 모든 게 끝난다고 하는 이야기는 방편인 것입니다. 아라한과를 얻으면, 바로 그 자리에서 원(願)을 일으켜서 보살도를 닦아야 합니다. 이걸 가르친 경전, 즉 '삼승(三乘)은 방편이요, 일승(一乘)이 진실이다.'라고 이른 경전이 바로 『법화경』입니다. 대승경전에서는 한결같이 원생을 강조합니다. '보현보살(普賢菩薩) 십대원(十大願)'이라는 말을 들어본 적이 있지요? 대승경전에서는 보살이라는 칭호를 매우 중요하게 여깁니다. 아라한과를 얻고 나서 그냥 죽는 게 아니라 '응무소주이생기심(應無所住而生其心)', 즉 '머무름 없이 마음을 일으켜' 보살도를 닦아야 합니다. 전법하고 중생을 제도해야 하는 것입니다.

「보배경」은 '삼보에 대한 명상'을 쉽게 풀어 쓴 것입니다. 삼보에 대한 명상을 읽어보고 마음에 새겨봅시다.

저는 진실로 삼보에 귀의합니다.
이 진실의 맹세에 의한 초월적인 힘으로
재앙은 소멸하고 소원은 성취하여지이다.
삼보를 공경하여 행복하여지이다.

038

목신들에게 쫓겨난
비구들에게 「자애경」을
설하시다

완전한 평정 상태를 언뜻 맛보고서
더욱 더 향상을 이루고자 애쓰는 사람은
유능하고 정직하고 고결하고 말이 점잖으며
온유하고 거만하지 않아야 한다.

만족할 줄 알아서 남들이 공양하기 쉬워야 하며
분주하지 않고 생활이 간소하며
감관은 고요하고 사려 깊을 지니
사람들에게 뻔뻔스러워서도 알랑대서도 안 되리.
또한 현자의 질책을 살 어떤 행동도 삼가야 할지라.

그런 다음에 이와 같은 생각을 기를지니
모두가 탈 없이 잘 지내기를,

모든 중생이 행복하기를!

살아 있는 생명이면 어떤 것이건 하나 예외 없이
약한 것이건 강한 것이건
길건 크건 중간치건
짧건 미세하건 거칠 건
눈에 보이는 것이건 보이지 않는 것이건
멀리 살 건 가까이 살 건
태어났건 태어나려 하고 있건
모든 중생이 행복하기를!

누구도 자기 동반을,
그것이 어디에 있든 간에
속이거나 헐뜯는 일이 없도록 하라.
누구도 남들이 잘못되기를 바라지 말라.
원한에서든 증오에서든.

어머니가 자기 아들을, 하나뿐인 자식을
목숨 바쳐 위험에서 구해내듯
만 중생을 향한 일체 포용의 생각을
자기 것으로 지켜내라.

전 우주를, 그 높은 곳, 그 깊은 곳, 그 넓은 곳

끝까지 모두를 감싸는 사랑의 마음을 키워라.
미움도 적의도 넘어선 잔잔한 그 사랑을!

걷고 있거나 서 있거나 앉아 있거나 누워 있거나
깨어 있는 한 자애의 마음을 놓치지 않도록 전심전력하라.
세상에서 말하는 거룩한 경지가 바로 그것이다.

그릇된 생각에 얽매이지 않고
계행과 지혜를 갖추어
감각적 욕망을 제거하면
다시는 모태에 들지 않으리.
-『숫타니파타』「자애경」

▽

　　앞서 소개한 36번 게송 「웰라마경」과 37번 게송 「보배경」 그리고 지금 소개하는 「자애경」은 아주 중요한 경전들입니다. 짤막짤막하지만 아주 근본이 되는 가르침을 담고 있습니다. 여러분이 이 게송들을 낭송만 해도 신들이 기뻐하고 불보살의 가피를 받게 됩니다. 「자애경」은 신들이 특히 좋아하는 경전입니다.

　　부처님 재세 시 제자들이 부처님 법문을 듣고 수행을 하려고 한 마을의 숲에 들어갔습니다. 이번 여름 석 달은 그 숲에서 지내야겠다고 생각한 것입니다. 그 숲에는 목신(木神)들이 살고 있었습니다. 목신들은 나무 위에서 지내고 있었는데, 스님들이 나무 아래에서 수행을 하니 내려올 수밖에 없었어요. 그런데 여름에는 비가 많이 내리니까 땅이 질척해졌지요. 그래서 생활하기가 너무 불편한 겁니다. 목신들은 스님들을 쫓아내기로 합니다. 무서운 모습으로 변해서 스님들을 위협하지요. 그러나 스님들은 겁을 먹지 않았습니다. 머리 없는 귀신을 보면 '머리가 없으니 머리가 안 아파서 좋겠다.'면서 통 겁을 먹지 않는 겁니다. 궁리 끝에 목신들은 곡소리를 냅니다. 스님들은 그 소리는 견디지 못하고 숲을 떠났습니다. 되돌아온 스님들에게 부처님께서 아직 하안거 기간인데 왜 벌써 오냐고 묻자, 목신들이 수행을 방해한 일을 이야기합니다. 부처님은 "너희들이 무기가 없어서 쫓겨났구나. 내가 너희에게 무기를 주겠다."면서 「자애경」을 설해 줍니다. 비구들은 「자애경」을 암송하며 그 숲으로 다시 갔습니다. 목신들은 멀리서 비구들이 오는 모습을 보고 '또 쫓아내리라' 마음먹습니다. 그런데 비구들이 가까이 올수록 무슨 소리가 들리는 겁니다. 비구들이 「자애경」을 암송하는 소리였지요. 목신들이 듣고 보니 마음이 편안해지고 자애심이 솟아나는 거예요. 그래시 발우를 받아들고 스님들의 수행을 돕는 호법선신으로 바뀝니다. 수행을 방해하는 악신을 호법선신으로 바꾼 경이 바로 「자애경」입니다.

현대인에게 필요한 게 바로 자애심입니다. 몇 십 년 전만 해도 한국인들은 대체로 참을성 있고 남들에게 친절하고 자애로웠습니다. 그러나 경제가 발전하면서 경쟁이 치열해지다 보니 점점 자애심이 부족해지고 화를 잘 내게 됐습니다. 요즘에는 분노

조절 장애를 겪는 사람도 많습니다. 분노를 조절하려면 첫 번째 대면관찰에서 '아, 달마가 분노하고 있구나.'라고 말합니다. 그럼 좀 누그러집니다. 그다음에 「자애경」 같은 경전을 독송하면서 자애심을 계발해야 합니다. 분노를 누그러뜨리는 것이 첫 단계이고, 자애심을 계발하는 것이 그다음 단계입니다. 분노가 많은 사람이라면 아침에 일어나서 세 번 정도 「자애경」을 읽는 것이 좋습니다.

그리고 평소 탐욕이 많은 사람은 부정관(不淨觀)을 하면 좋습니다. 우리 몸이 더러운 것임을 깨닫는 것입니다. 아무리 아름다운 여인을 만나도 겉모습이 아니라 그 안의 더러운 것들, 이를테면 눈꼽이라든지 콧물, 코딱지 등을 보는 것입니다.

"완전한 평정 상태를 언뜻 맛보고서 더욱 더 향상을 이루고자 애쓰는 사람"이라고 했습니다. 대면관찰을 하다 보면 처음에는 희열이 찾아옵니다. 객관화해서 볼 수 있게 되니까 기쁜 것이지요. 고통에서 한 발자국 떨어질 수 있는 방법을 배웠기 때문입니다. 대면관찰을 통해 희열을 느끼는 단계가 초선정입니다. 꾸준히 닦다 보면 억지로 닦으려고 하지 않아도 자연스럽게 닦아지기 시작합니다. 그러면서 희열과 행복을 느낍니다. 희열이 거친 기쁨이라면 행복은 잔잔한 기쁨입니다. 이 단계가 2선정입니다. 계속 꾸준히 닦다 보면 3선정에 듭니다. 희열은 사라지고 행복만 느끼는 단계입니다. 마지막 경지가 4선정인데 궁극의 경지, 행복과 희열조차 없어진 경지입니다. 오직 평정만 남습니다. 마치 고요한 바다처럼 말입니다. 우리가 행복을 느낀다는 것은 좋은 것입니다. 그러나 그러한 상태는 아직 불행을 느낄 여지도 있다는 것입니다. 행복조차 초월해야 진정한 행복이 됩니다. 그것이 바로 평정 상태입니다. 무아법에 통달한 상태, 무아의 맛입니다. "행복해."라고 말할 때는 아직 내가 있는 것입니다. 진정한 무아는 행복감마저 쉰, 평정 상태입니다. 그것이 바로 이 게송에서 말하는 '완전한 평정 상태'입니다. 여러분도 참선하다 보면 몸이 사라지는 느낌, 마음의 분별이 쉬는 느낌이 옵니다. 내가 완전히 쉬는 느낌이지요. 그것이 바로 완전한 평정 상태를 '언뜻' 맛본다는 것입니다. 언뜻 맛보기는 쉽지만 그걸 지속적으로 맛보기는 힘듭니다.

　　"누구도 남들이 잘못되기를 바라지 마라. 원한에서든 증오에서든."이라는 구절은 매우 중요한 대목입니다. 설령 내 원수일지라도 잘못되기를 바라지 말아야 합니다. 오히려 잘되기를 바라야 합니다. '벼락 맞아라!' 대신 '돈벼락 맞아라!' 하고 말해야 합니다. 부메랑 효과라고 내가 한 말이 나에게 되돌아오기 때문입니다. 부처님도 과거생에 도반을 헐뜯은 적이 있습니다. 부처님이 과거생에 수행자로 산에 살 때, 가까운 곳에 다른 수행자가 살고 있었습니다. 사람들이 그를 더 많이 찾아가자 한번은 신도들에게 "저놈은 말 먹이나 먹을 놈인데 왜 사람들이 찾아가는지 모르겠다."고 했습니다. 그 과보로 부처님이 되고 나서 석 달간 말먹이인 보리(겉보리)를 먹었습니다. 아라한들이 그 모습을 보고 대신 탁발하겠다고 하자 "이것은 내가 감수할 일"이라고 하셨습니다. 왜냐하면 부처님은 당신이 과거생에 무엇을 했는지 알고 있기 때문입니다.

"어머니가 자기 아들을, 하나뿐인 자식을 목숨 바쳐 위험에서 구해내듯 만 중생을 향한 일체 포용의 생각을 자기 것으로 지켜내라."고 했습니다. 이렇게 하는 분이 바로 관세음보살입니다. 관세음보살을 찾아 전국 명찰을 돌아다니던 사람이 있었습니다. 그러다가 한 선지식을 만났는데, 이런 말을 하는 겁니다. "집으로 가거라. 맨발로 뛰쳐나오는 여인이 있을 것이다. 그 사람이 살아 있는 관세음보살이다." 선지식의 말을 듣고 집으로 가니 어머니가 맨발로 뛰쳐나와 그를 반겼다고 합니다.

"미움도 적의도 넘어선 잔잔한 그 사랑"은 진정한 사랑, 자비심을 말합니다. 자(慈)는 내 말을 잘 듣는 사람을 사랑하는 것이고, 비(悲)는 내 말을 듣지 않고 불교를 믿지 않는 사람이 가여워서 사랑하는 것입니다.

"다시는 모태에 들지 않으리."라는 말은 곧 윤회에서 벗어난다는 뜻입니다. 불생의 경지에 이르는 것입니다. 윤회에 다시 들지 않으려면 자애삼매를 연습해야 합니다. 「자애경」을 읽고 자애로운 마음을 자꾸 연습해야 합니다. 그러면 본인이 먼저 건강해지고 행복해집니다. 증오의 말을 쏟아내면 그 말이 본인에게 되돌아오듯이 사랑의 말을 쏟아내면 곧 나에게 돌아옵니다.

물을 대상으로 이러한 언어 실험을 한 결과가 있습니다. 물을 두 컵에 나누어 담은 뒤 한 컵에는 '나쁜 놈'이라고 써서 붙이고, 다른 컵에는 '좋은 놈'이라고 써서 붙인 뒤 여러 날이 지난 뒤에 살펴봤습니다. '나쁜 놈'이라고 써 놓은 물은 썩어 있었고,

'좋은 놈'이라고 써 놓은 물은 육각수로 변했습니다. 밥에도 비슷한 실험을 한 적이 있습니다. 밥을 두 그릇에 나눠 담은 뒤 한 그릇에는 '감사합니다'라고 써서 붙이고 다른 그릇에는 '꼴도 보기도 싫다'고 써서 붙였습니다. 시간이 흐른 뒤 살펴보니 나쁜 말을 써 붙인 밥은 시커멓게 곰팡이가 났습니다. 그러나 좋은 말을 써 붙인 밥은 누룩곰팡이가가 생겼습니다. 발효를 한 것입니다.

매일 거울을 보면서 이렇게 말하는 연습을 보세요.

"마하는 큼이요,
반야는 밝음이요,
바라밀은 충만함이다."

"마하반야바라밀이 나요,
내가 마하반야밀이다."

"나는 본래 크고 밝고 충만하다."

장례식에서 「행복경」을
낭송한 랄루다이 비구

많은 천신과 인간들이 최상의 행복을 소망하며
행복에 관해 생각하니, 행복에 대해 설해 주소서.

어리석은 이와 사귀지 않고 현자와 가까이 하고
존경할 만한 이를 존경하는 이것이 최상의 행복!
분수에 맞는 장소에 살고 일찍 공덕을 쌓고
스스로 바른 서원을 세우는 이것이 최상의 행복!

많이 배우고 기술을 익히며 계율을 잘 익히고
의미 있는 대화를 나누는 이것이 최상의 행복!
부모를 섬기고 처자식을 돌보고
평화로운 직업을 갖는 이것이 최상의 행복!

보시하고 청정하게 살고 친지를 보호하고

비난받지 않는 일을 하는 이것이 최상의 행복!
악을 싫어하여 멀리하고 술 마시는 것을 절제하고
가르침에 게으르지 않는 이것이 최상의 행복!

존경하고 겸손하고 만족하고 감사하며
적당한 때 법문을 듣는 이것이 최상의 행복!
인내하고 온화하고 비구와 함께 하며
적당한 때 법문을 듣는 이것이 최상의 행복!

감각을 단속하고 청정히 살고 사성제를 숙고하며
열반을 실현하는 이것이 최상의 행복!
세상사에 부딪혀도 마음 흔들리지 않고
슬픔에서 벗어나고 오염원을 제거하고
두려움에서 해탈하는 이것이 최상의 행복!

이와 같이 행하는 이는 어느 곳에 있든 실패하지 않고
어느 곳에 가도 평안하리니 이것이 최상의 행복!
-『쿳다까 니까야』「담장밖경」

▽

　　　장례식장에서는 보통 「담장밖경」을 낭송합니다. 그런데
랄루다이 비구가 잔칫집에서 낭송하는 「행복경」을 실수로 낭송한 것입니다.

　"많은 천신과 인간들이 최상의 행복을 소망하며 행복에 관해 생각하니, 행복에 대해 설해 주소서."라는 것은 삭까천왕(제석천왕)의 청입니다. 삭까천왕이 신들과 최상의 행복에 대해 논의하다가 부처님께 여쭈러 온 것이지요. 그러자 부처님이 서른일곱 가지 행복에 대해 자세히 설해 주십니다.

　"어리석은 이와 사귀지 않고 현자와 가까이 하고 존경할 만한 이를 존경하는 이것이 최상의 행복!"이라는 구절은 관계 속의 행복을 말합니다. 존경할 만한 사람이 없는 것은 불행한 일입니다. 우리나라는 근대에 역사가 격변하면서 서로 깎아내리는 일이 많아 인물을 키우는 풍토가 없었지요. 그 점이 참 아쉽습니다.

　"분수에 맞는 장소에 살고 일찍 공덕을 쌓고 스스로 바른 서원을 세우는 이것이 최상의 행복!"이라고 했습니다. 서원이 없으면 업생(業生)을 살게 됩니다. 자신이 지은 업에 끌려다니면서 사는 게 업생이지요. 서원을 세워야 그 서원을 이루기 위한 원생(願生)을 살 수 있습니다. 그래서 저는 행불행자의 서원을 이렇게 세웠습니다.

　부처님 감사합니다.
　법륜을 굴리겠습니다.
　행불하겠습니다.
　바로 지금 여기에서 몸과 마음을 관찰하겠습니다.
　아는 만큼 전하고 가진 만큼 베풀겠습니다.

마지막 두 구절은 법륜을 굴리고 행불(行佛)하는 방법을 말합니다. 지금 여기에서 몸과 마음을 관찰하는 것은 나를 위해 가장 좋은 덕목이요, 아는 만큼 전하고 가진 만큼 베푸는 것은 남을 위한 덕목입니다. 전할수록 알게 되고, 베푼 만큼 갖게 됩니다. 서원을 세운다는 것은 인생의 목표를 세운다는 의미입니다. 세세생생의 목표를 세우는 일, 얼마나 행복한 일입니까. 재물욕, 성욕, 식욕, 명예욕, 수면욕의 다섯 가지 욕망〔五慾〕을 채우다 가는 사람이 태반입니다. 그러나 서원을 세운다는 것은 오욕에서 방향을 전환해 원생을 사는 첫 단계를 의미합니다.

　　"많이 배우고 기술을 익히며 계율을 잘 익히고 의미 있는 대화를 나누는 이것이 최상의 행복!"이라는 구절에서 '의미 있는 대화'란 법담(法談)'을 말합니다. 우리가 하는 이야기는 파동을 만들어냅니다. 이야기의 종류에 따라 파동이 달라져서 그 파동에 적합한 기운이 모여 듭니다. 그러니 잡담이나 남을 험담하는 말보다는 늘 의미 있는 대화를 나누는 것이 중요합니다.

　　"부모를 섬기고 처자식을 돌보고 평화로운 직업을 갖는 이것이 최상의 행복!"이라고 했습니다. 재가자라면 오계, 즉 살생 투도 사음 망어 음주를 하지 않는 직업을 가져야 합니다. 그것이 '평화로운 직업'입니다. 오계를 어기는 평화롭지 못한 일을 직업으로 삼으면 악업이 많이 쌓입니다. 선업을 지으면 살기에도 모자란 세상을 악업을 쌓으면서 살면 어느 때에 윤회에서 벗어나겠습니까.

　　재가자의 삶을 살면서 '평화로운 직업'을 가지는 것으로 만족해서는 안 됩니다. 보시하고 계를 지키고, 가족과 친지를 보호하며, 법을 잘 지켜서 비난 받을 일을 하지 않는 것도 중요합니다. 그리고 "악을 싫어하여 멀리"하라는 것은 단지 악한 일만 하지 않으면 된다는 말은 아닙니다. 악을 행하지 않는 것은 당연한 일이고, 선한 일을 행하기 위해 노력해야 합니다. 또한 "술 마시는 것을 절제"하며 살아야 합니다. 거사님들에게는 참 다행한 말씀이지요. 술을 아예 마시지 말라는 게 아니라 절제해서 마시라고 하니까요. 그런데 사실 술을 절제해서 마시는 게 어려운 일입니다. 차라리 술을 안 마시는 게 더 쉽지요. 하지만 일을 하다보면 술자리를 피할 수 없을 때가 종종 있습니다. 그럴 때는 실수하지 않도록, 정신을 잃지 않도록 조심하면서 술을 절제해서 마셔야 합니다.

"존경하고 겸손하고 만족하고 감사하며 적당한 때 법문을 듣는 이것이 최상의 행복!"이라고 했습니다. 진리를 설하는 법문을 들어야 자기 마음, 가치관을 바꿀 수 있습니다. 당장 실행에 옮기지는 못해도 일단 자기 마음에 대해, 세상 이치에 대해 바르게 알게 됩니다. 알게 되면 언젠가는 실행할 수 있습니다. 사람들이 저에게 "어느 절 다녀야 할까요?" 하고 물으면 저는 "가까운 절에 다니십시오. 대신 법회 하는 절에 다니세요." 하고 답해 줍니다. 요즘은 생활이 매우 복잡하고 변화하는 속도도 빠릅니다. 이런 시대를 살면서 법을 잊지 않으려면 법회에 꾸준히 참석해서 법문을 들어야 합니다. 그래야 부처님 법을 늘 기억하며 살 수 있습니다.

"세상사에 부딪혀도 마음 흔들리지 않고 슬픔에서 벗어나고 오염원을 제거하고 두려움에서 해탈하는 이것이 최상의 행복!"이라고 했습니다. 세상사가 내 뜻대로 되기를 바라는 건 한계가 있습니다. 세상사는 결코 내 뜻대로 되지 않습니다. 천상세계에서도 마찬가지입니다. 하물며 사바세계에서는 더 안 되지요. 사바세계는 고통을 감내해야 하는 곳입니다. 고통을 수행의 계기로 삼기 위해서 이 땅에 태어난 겁니다. 그런데 행복만 바라면 여기 온 의미가 없는 것이지요. 좋은 일이건 나쁜 일이건 내 수행의 계기로 삼는 것이 중요합니다. 나쁜 일이 있어도 '달마가 슬퍼하는구나.' 하고 말하며 관찰하는 계기로 삼아야 합니다.

장자에게 네 가지 얻기
어려운 것을 얻는 방법을
알려 주시다

장자여, 재물을 얻고, 명성을 얻고, 수명이 길어지며,

죽은 뒤 천상세계에 태어나는 네 가지 법이 있으니,

이것은 원하고 좋아하고 마음에 들지만

세상에서 얻기 어려운 것이다.

이를 얻기 위해서는 네 가지 조건이 있다.

무엇이 넷인가? 믿음을 구족하고, 계를 구족하고,

보시에 대해 관대함을 구족하고,

통찰지를 구족하는 것이다.

- 『앙굿따라 니까야』

▽

어떤 장자가 부처님께 여쭈었습니다. "부처님, 어떻게 사는 것이 잘 사는 것입니까? 또 어떻게 하는 것이 잘 죽는 것입니까?" 이 질문에 대한 부처님의 답이 이 게송입니다. 부자가 되고, 명성을 드날리며 오래 사는 것. 죽어서는 천상세계에 태어나는 것. 사람이라면 누구나 다 원하는 것입니다. 이를 위해 부처님은 네 가지를 해야 한다고 말씀합니다.

첫째 조건인 '믿음을 구족하라는 것'은 삼보에 귀의하고 인과법을 믿으라는 것입니다. 둘째, '계를 구족하라'는 것은 살생 투도 사음 망어 음주를 하지 말라는 것입니다. 오계를 지키라는 말이지요. 건강하게 오래 살고 싶다면 생명을 죽이는 대신 생명을 살리는 일을 해야 합니다. 남의 생명을 죽이는 것은 곧 내 생명을 죽이는 것이고, 남의 생명을 살리는 것은 곧 내 생명을 살리는 것입니다. 내가 행한 것이 그대로 내게 돌아오기 때문입니다. 또한 남이 주지 않은 것을 가지는 대신 보시를 해야 합니다. 삿된 음행을 하는 대신 올바른 수행을 닦아야 합니다. 요즘은 삿된 음행을 저지르기가 참 쉬운 때입니다. 아무도 모를 테니 잠깐이라면 괜찮겠지 생각하고 알게 모르게 삿된 길로 빠지기 쉽습니다. 그렇기 때문에 과거보다 현대인들이 지키기 위해 노력해야 하는 계목입니다. 그리고 거짓말 대신 진실한 말을 해야 합니다. 거짓을 자주 말하는 사람은 남들에게 믿음을 얻지 못합니다. 믿음을 얻지 못하는 사람이 하는 일이 제대로 풀릴 리 없다는 걸 잘 알고 있을 겁니다. 마지막으로 음주를 조심해야 합니다. 앞에서도 몇 차례 이야기했지만, 단순히 술을 마시는 행위 자체가 문제인 것은 아닙니다. 술을 마시면 제정신을 차리지 못하고 이성으로 자신의 행동을 다스리지 못해, 살생과 투도, 사음, 망어의 다른 계를 어기게 되기 때문입니다.

셋째, '보시에 대해 관대함을 구족하고'는 보시를 넉넉히 하라는 말입니다. 장사의 성공 비결을 말하는 44번째 게송에도 보시에 대한 말씀이 나옵니다. 장사가 생각보다 잘 되는 경우나 그렇지 못한 경우도 바로 이 보시와 관련이 있습니다. 마지막으로 '통찰지를 구족하는 것'은 대면관찰을 하라는 뜻입니다.

믿음과 지계, 복 닦기(보시)와 도 닦기(대면관찰), 이 네 가지가 바로 얻기 어려운 것을 얻는 비결인 것입니다.

041

네 가지 유형의 부부에
대해 설하시다

장자들이여, 네 가지 함께 삶이 있다. 무엇이 넷인가?

저열한 자가 저열한 여자와 함께 삶,

저열한 자가 여신과 함께 삶,

신이 저열한 여자와 함께 삶,

신이 여신과 함께 삶이다.

둘 다 계행이 나쁘고 인색하고 비방을 일삼는

그러한 남편과 아내는 함께 사는 저열한 쌍이다.

남편은 계행이 나쁘고 인색하고 비방을 하지만

아내는 계행 구족하고 수행자의 말뜻을 알고 인색함을 건너면

여신이 저열한 남편과 함께 사는 것이다.

남편은 계행 구족하고 수행자의 말뜻을 알고 인색함 건넜지만

아내가 계행이 나쁘고 인색하고 비방을 하면

저열한 여인이 신인 남편과 함께 사는 것이다.

둘 다 믿음 있고 수행자의 말뜻을 알고 제어하고

법다운 삶을 사는 그러한 남편과 아내는 서로서로
사랑스러운 말을 나누니 그들에게 여러 가지 이익이 있고
편안함이 생겨난다.
-『앙굿따라 니까야』

▽

　　부처님은 도를 닦는 법에 대해서도 많이 말씀하셨지만 생
활 속에서 가족이나 친구, 이웃 간의 관계를 잘 꾸려 나가는 법에
대해서도 많이 설하셨습니다. 부처님을 부르는 열 가지 이름 중
'세간해(世間解)'라는 것이 있습니다. 세상일에 밝다는 뜻입니다.
부처님은 세상 사람들의 삶에 대해서도 잘 알고 계셨습니다. 부
처님 말씀을 '생활 법문'이라고도 하는데, 세간에 대해 확실히 이
해하고 계셨기 때문에 가능한 것입니다.
　　이 게송에서는 네 종류의 부부에 대해 이야기합니다. 최근
우리나라에서 성인을 대상으로 설문조사를 했습니다. 질문은 '죽
어서 다음 생이 있다면 지금의 배우자와 함께 살고 싶은가?'라는
것이었습니다. 조사 결과 남성은 전체 남성 응답자 중 70퍼센트
가 '그렇다'고 답한 반면, 여성은 전체 여성 응답자 중 30퍼센트만
'그렇다'고 답했습니다. 이러한 조사 결과를 보면 아직 우리나라
에서는 여성들이 결혼 생활에서 더 손해보고, 참고 사는 것 같습
니다. 여성들은 지금의 남편이 마음에 들지 않지만 금생에는 같
이 살아도 내생까지 같이 살고 싶지는 않은 겁니다.

게송에서는 "계행이 나쁘고 인색하고 비방을 일삼는" 이를 저열하다고 합니다. 계행이 나쁘다는 것은 오계를 지키지 않는다는 말이지요. 서로 간의 믿음을 기본으로 하는 부부 사이에 기본적으로 지켜야 할 것을 지키지 않으니 당연히 저열하다고 합니다. 인색한 것은 절약하는 것과는 다릅니다. 절약하는 것은 아낄 때는 아끼지만 쓸 때는 쓰는 것입니다. 인색한 것은 때를 가리지 못하고 주머니를 꽁꽁 싸매는 것입니다. 인색한 사람이 보시를 제대로 할 리도 없지요. 설령 마음이 우러나서 보시를 하더라도 처음 냈던 마음은 잊어버리고 재물이 아까워 벌벌 떨면서 조금 보시하고 맙니다. 비방을 일삼는 이와는 한자리에 있는 것조차 괴롭습니다. 여러분은 만약 내가 어떤 실수를 했을 때 다음에는 잘 하면 된다고 너그럽게 받아주면서 다독여주는 사람과 함께 있고 싶은가요? 아니면 그것도 제대로 못 하냐며 야단치고 비난하는 사람과 함께 있고 싶은가요? 당연히 앞의 사람과 함께 있고 싶을 겁니다. 같은 일에도 다르게 반응할 수 있는 것이 사람입니다. 기왕이면 비난하기보다는 다독여주는 사람을 더 좋아하는 것은 인지상정입니다. 당연히 지켜야 할 바를 지키지 않고, 보시도 제대로 하지 않으며 인색하고, 조그마한 잘못이 있으면 비난부터 하는 이라면 참으로 저열하다고 하지 않을 수 없습니다.

"계행 구족하고 수행자의 말뜻을 알고 인색함을 건넌" 이는 신 혹은 여신이라고 게송에서 말합니다. 이런 남편이나 아내를 신이라고 한 까닭은 무엇일까요? 금생에 계행을 구족하고 수행하고 보시하면 다음 생에 천상에 태어나기 때문입니다. 지금은 신이 되는 연습을 하는 셈이지요. 신으로 태어날 수 있는 인(因)을 짓고 있는 것입니다.

　"둘 다 믿음 있고 수행자의 말뜻을 알고 제어하고 법다운 삶을 사는 그러한 남편과 아내는 서로서로 사랑스러운 말을 나누니 그들에게 여러 가지 이익이 있고 편안함이 생겨난다."며 게송이 마무리됩니다. 주변에서 보면 부부가 함께 절에 다니며 법문도 같이 듣고, 봉사도 같이 하는 분들이 있습니다. 그런 분들이 바로 신과 여신이 함께 사는 경우입니다. 금생에 같이 산다고 내생에 꼭 다시 만나는 건 아닙니다. 각자 어떻게 살았느냐에 따라 내생에 갈 길이 달라집니다. 그러니 '혹시라도 내생에 또 만나면 어쩌나.' 하는 걱정은 하지 않아도 됩니다. 보시와 지계, 통찰지를 닦고 복 닦기와 도 닦기를 한 사람과 그렇지 못한 사람은 갈 길이 달라집니다.

042

부부 금슬을 설하시다

장자들과 부인들이여,
만일 그대들이 지금 여기서도 서로 보기를
원할 뿐 아니라 내세에서도 서로 보기를 원한다면,
그대들 둘은 동등한 믿음과 동등한 계행과
동등한 베풂과 동등한 통찰지를 지녀야 한다.
그러면 그대들은 지금 여기서도 서로 보게 될 것이고,
다음 생에서도 서로 보게 될 것이다.
– 『앙굿따라 니까야』

▽

    부처님이 어느 마을에 갔을 때 일입니다. 그 마을의 한 할
아버지가 부처님을 보더니 "아들아, 왜 이제야 왔느냐."면서 반겼
습니다. 부처님은 할아버지의 말을 부정하지 않고 그를 따라갔습
니다. 할아버지 집에 가니 부인인 할머니도 부처님을 아들 대하

듯 반기며 공양을 올렸습니다. 그 모습을 보고 제자들이 이상하게 여기며 그 연유를 부처님께 물었습니다. 부처님은 다음과 같이 말씀하셨습니다.

"이 부부는 과거 오백 생 동안 나의 부모였다. 그 습이 아직 남아서 지금도 나를 보고 아들로 생각하는 것이다."

그 할아버지와 할머니는 금슬이 좋아서 오백 생 동안 계속 부부로 만난 것입니다. 그 부부가 "내생에도 우리가 부부로 만나려면 어떻게 해야 합니까?"라고 물었습니다. 그러자 부처님이 "그대들 둘은 동등한 믿음과 동등한 계행과 동등한 베풂과 동등한 통찰지를 가져야 한다. 그러면 그대들은 지금 여기서도 서로서로 보게 될 것이고, 내생에서도 서로서로 보게 될 것이다."라고 하셨지요.

'믿음'이란 삼보와 인과법을 믿는 것을 말합니다. '계행'이란 오계를 지키는 것입니다. '베풂'은 보시를 하라는 것입니다. '통찰지를 가져야 한다.'는 말은 대면관찰을 통해 지혜를 갖춰야 함을 뜻합니다. 결국 부부가 복과 도를 동등하게, 즉 '함께' 닦으면 여기에서도 보고 내생에서도 본다는 이야기입니다.

흔히 억겁의 인연이 있어야 부부로 만난다고들 합니다. 기왕 부부로 만나서 생을 함께 할 것이면 좋은 인연으로 만나 서로에게 도움이 되어야 합니다. 부부로 함께 살면서 불법을 깊이 믿고 계를 지키면서 보시를 통해 공덕을 쌓고 통찰지를 지녀 수행을 한다면 부부가 함께 윤회고를 벗어나게 될 것입니다.

043

부모를 공경하라 이르시다

부모는 범천이요, 최초의 스승이다.
그분들은 공양을 받을 만하니
자식들에게 연민을 가지기 때문이다.
그러므로 현명한 자는
음식과 마실 것, 의복과 침상을 갖춰 드리며
문질러 드리고 목욕시켜 드리고 발 씻겨 드리며
부모에게 귀의하고 존경해야 하리라.
이렇게 부모를 잘 봉양하는 사람들은
이 세상에서 현자들의 찬탄을 받고
다음 세상에는 천상에서 기쁨을 누리리라.
-『앙굿따라 니까야』

▽

　부처님께서는 '부모야말로 신 중의 신'이라고 말씀하시며 부모님을 공양하라고 하셨습니다. 그런데 현실에서는 존재하는지 알 수도 없는 신을 믿느라 부모님에게 소홀한 분이 많지요. 우리를 낳은 건 신이 아니고 부모님입니다. 어릴 적에 먹이고 재워 주고 키워 준 것도 신이 아니라 부모이지요. 신을 믿느라 부모를 찬밥 취급하는 것은 주객이 전도된 것입니다.

　부모님의 음식과 의복, 잠자리를 챙기는 것은 기본적인 일이면서 쉬운 일입니다. 하지만 부모님의 몸을 문질러드리고 목욕시켜드리고 발 씻겨드리는 일은 간단한 것이 아닙니다. 특히 부모님이 건강하실 때에 씻겨드리는 일은 아주 드물지요. 어버이날에 부모님께 사랑한다고 말씀드리고 발을 한번 씻겨드려 보세요. 좋은 옷과 맛난 음식으로 공양하는 것과 전혀 다른 느낌을 받을 겁니다. 내 마음도 기쁘지만 분명 부모님도 크게 감동받으실 겁니다.

　선현들 말씀이 자식들에게 잘하는 건 복이 안 된다고 합니다. 반면 부모에게 잘하는 건 복이 된다고 하지요. 자식에게 잘하는 건 본능입니다. 짐승도 제 새끼를 귀여워합니다. 그러나 부모에게 잘하는 건 근원으로 거슬러 올라가는 것입니다. 부모와의 관계를 이야기할 때 저는 늘 나무를 비유로 듭니다. 내가 나무줄기라면 부모는 뿌리입니다. 자식은 열매이고요. 열매가 튼튼하게 잘 맺기를 원하면 뿌리에다 양분을 주어야 합니다. 그런데 요즘 부모들은 뿌리에는 양분을 안 주고 열매에만 온통 신경을 쓰니까

오히려 열매가 제대로 숙성하지 못하고 떨어집니다. 자식에 대한 애정도 적당해야 합니다. 부모는 나 몰라라 하면서 아이들에게만 잘하면, 나중에 자식들도 본인과 똑같이 합니다. 아이들은 부모가 하는 행동을 보고 배웁니다. 그러니 내 부모님에게 효도하고 잘 해드리면 내 자식도 그것을 보고 배웁니다. 내가 늙었을 때 자식이 그와 똑같이 행동하게 될 것입니다.

저는 늘 젊은 사람들에게 강연할 때 "아이들이 잘 되기를 원한다면 부모님께 잘하라."고 이야기합니다. 그다음에는 "음덕을 쌓으라."고 말합니다. 양덕이 드러내 놓고 복을 닦는 것이라면, 음덕은 남모르게 복을 닦는 것입니다. 양덕으로 닦은 복은 내가 받습니다. 그러나 남몰래 쌓은 복은 자식들이 받습니다. 불교에서 말하는 무주상보시(無住相布施)가 대표적인 음덕입니다. 자식들 잘 되기를 바라면 부모에게 잘하고 음덕을 쌓아야 합니다. 음과 양을 함께 닦으면 나도 좋고 자식들도 좋을 것입니다.

044

사리뿟따에게
장사의 성공 비결을
말씀하시다

세존이시여,
어떤 원인과 조건 때문에 어떤 사람은 장사를 함에
열심히 노력하지만 실패하게 됩니까?
또 어떤 사람은 의도한 만큼 잘 되지 않습니까?
또 어떤 사람은 의도한 만큼 잘 됩니까?
또 어떤 사람은 의도한 것 이상으로 잘 됩니까?

사리뿟따여,
여기 어떤 사람이 사문이나 바라문에게 가서,
'존자시여, 원하는 필수품을 말씀하십시오'라며
공양하겠다고 약속한다.
그러나 그는 약속한 필수품을 보시하지 않는다.
만일 그가 그곳에서 죽어서 다시 이곳에 온다면

202

비록 그가 무슨 장사든 아무리 열심히 하더라도
그 장사는 실패하고 만다….
…필수품을 의도한 만큼 보시하지 않는다면
그가 무슨 장사든 아무리 열심히 하더라도
그 장사는 의도한 만큼 잘 되지 않는다.
…필수품을 의도한 만큼 보시하면
무슨 장사든 열심히 하면 의도한 만큼 잘 된다.
…필수품을 의도한 것 이상으로 보시하면
무슨 장사든 열심히 하면 의도한 것 이상으로 잘 된다.
- 『앙굿따라 니까야』

▽

　　요즘은 창업을 해서 자기 사업을 하는 사람들이 많습니다. 거창하게 말해서 사업이라고 하지만 간단히 말하면 장사라고 할 수 있습니다. 옛날이든 지금이든 장사는 참 쉽지 않은 일입니다. 남의 밑에서 월급 받고 일할 때보다 더 열심히 일해야 합니다. 새벽부터 늦은 밤까지 어떻게 하면 장사가 잘 될까 고민하고 손님들에게 허리 굽히는 것도 마다하지 않지요. 그렇게 열심히 해도 열에 일곱은 성공하기 힘든 게 장사입니다. 그런데 세상일에 능통하신 부처님이 장사에 성공하는 비결에 대해서도 말씀하셨습니다. 장사 성공의 비결을 한마디로 표현하면 어떻게 될까요? 바로 콩 심은 데 콩 나고 팥 심은 데 팥 나는 이치와 같습니다. 전에도 말씀드렸습니다만, 인과의 이치에는 한 치의 오차도 없습니다. 다만 시간의 차가 있을 뿐이지요. 사리뿟따가 장사나 사업을 하는 사람이 자신이 의도한 만큼 잘 되는 이유와 그렇지 않은 이유를 묻자 부처님이 이 게송을 말씀하셨습니다.

필수품을 공양하기로 약속하고는 지키지 않은 사람이 있다고 칩시다. 그런 사람은 자기 마음속에 그 일이 남아 있습니다. 약속을 지키지 않았으니까요. 아무리 스스로에게 변명을 하면서 합리화시키려고 애를 써도 약속을 지키지 않았다는 사실에는 변함이 없습니다. 그래서 무슨 장사든 열심히 하더라도 성공하지 못하고 실패로 돌아갑니다. 약속해 놓고 실행하지 않았으니 하고자 하는 게 성취가 안 되는 겁니다.

지은 대로, 뿌린 대로 거둡니다. 이것이 세상 이치입니다. 그리고 부처님이 말씀하신 인과법의 이치입니다. 뭐든 자기 마음속으로 연습한 대로 현실로 이루어집니다. 불교에서는 마음이 먼저고 현실은 나중으로 봅니다. 대부분 우리는 현실이 눈앞에 보이니까 현실이 먼저고 마음이 그다음인 줄 압니다. 그런데 사실은 정반대입니다.

마음은 도외시하고 눈앞의 현실에만 끄달리면 바로 진도망상(顚倒妄想)입니다. 원인과 결과가 거꾸로 된 생각이지요. 그러니 우리는 마음에서 그리는 대로 현실이 이루어진다는 것을 알아야 합니다. 이것을 심상사성(心想事成)이라고 합니다. 보시는 마음으로 베푸는 연습을 하는 것입니다. 이것은 넉넉한 마음을 연습하는 일입니다. 베풀다 보면 '내가 넉넉하구나.' 하는 자기 확신이 생깁니다. 그래서 더욱 넉넉해집니다. 반대로 구걸하는 것은 '내가 결핍되어 있구나.' 하는 마음을 연습하는 겁니다. 그래서 점점 더 부족해지고 결핍됩니다. 구걸하는 사람은 계속 구걸하게 되는 이유가 여기에 있습니다.

045

말리까 왕비가
세존께 말씀드리다

세존이시여, 참으로 저는 다른 생에서
화를 잘 내고 흥분을 잘 하였나 봅니다.
조금만 비난받아도 상대를 모욕하고 화냈나 봅니다.
그러했기 때문에 이번 생에 저는
용모가 볼품없고 보기에 흉한가 봅니다.
세존이시여, 참으로 저는 다른 생에서
사문이나 바라문에게 음식과 마실 것,
옷과 거처를 보시하였나 봅니다.
그러했기 때문에 이번 생에 저는
재산이 많고 재물이 많나 봅니다.
세존이시여, 참으로 저는 다른 생에서
질투심을 내지 않았나 봅니다.
남들이 이득과 존경과 명성을 얻는 것을
질투하지도 시샘하지도 않았나 봅니다.

그러했기 때문에 이번 생에 저는
영향력이 많나 봅니다.
-『앙굿따라 니까야』

▽

　말리까 왕비는 불교계의 신데렐라입니다. 왜냐하면 본래 말리까는 귀족의 정원을 가꾸는 하녀였는데 왕비가 되었기 때문입니다. 그런 그녀가 왕비가 된 사연은 이렇습니다.
　정원으로 일하러 가던 어느 날 아침, 말리까는 길에서 수행자를 만났습니다. 그녀는 점심으로 준비한 음식을 그 수행자에게 드립니다. '예전에 수행자를 만났을 때는 먹을 것이 없었고, 먹을 것이 있을 때는 수행자를 만나지 못했는데 오늘은 마침 먹을 것도 있고 수행자도 만났으니 이걸 올려야겠구나.' 하고 생각한 것입니다. 더구나 그 수행자의 용모가 범상치 않아서 신심이 절로 났습니다. 그 뒤 정원에 도착했는데 기분이 참 좋은 겁니다. '내가 정말 보람 있는 일을 했어. 큰 복을 시은 것 같아.' 하는 생각에 평소보다 기쁜 마음으로 정원을 가꿨습니다. 그때 마침 무척 지쳐 보이는 남자가 그 정원에 들어왔습니다. 그녀는 그에게 마실 물도 주고 발 씻을 물도 떠다 주었습니다. 그런데 알고 보니 그 남자가 그 나라의 왕 빠세나디였습니다. 왕은 사냥을 나왔다가 길을 잃고 헤매던 중 그 정원으로 들어왔던 것입니다. 지치고 힘든 왕은 자신에게 친절을 베푼 그녀에게 마음이 갔습니다. 그

래서 기운을 차린 후 빠세나디 왕은 그 정원의 주인을 불러 그녀
와 함께 궁에 들어가 살겠다고 이야기합니다. 이렇게 해서 말리
까는 정원을 자꾸는 하녀에서 하루아침에 왕비가 됩니다. 그것도
첫 번째 왕비가 되었지요.

말리까 왕비는 얼굴은 그렇게 예쁘지 않았지만 지혜가 출
중했다고 합니다. 그래서 왕이 나랏일을 볼 때 조언을 많이 했다
고 합니다. 말리까는 왕비가 된 후 '내가 무슨 복으로 왕비가 됐을
까?' 하고 고민하다 왕을 처음 만났던 날 아침에 자신이 공양을
올렸던 수행자를 찾아가 묻습니다. 알고 보니 그 수행자가 부처
님이었던 것입니다. 그 후 그녀는 부처님께 자주 공양을 올리고
법문도 청해 듣습니다. 하루는 부처님께 이런 질문을 했습니다.
"똑같은 인간으로 태어나는데 어떤 사람은 예쁘고 어떤 이는 못
생겼나요? 왜 어떤 이는 부유하고 어떤 이는 가난한가요? 왜 어
떤 이는 고귀한 가문에 태어나고 어떤 이는 천박한 가문에 태어
나는가요?" 부처님의 답변은 간단명료했습니다. "그것은 모두 과
거생에 지어 놓은 결과다."

부처님 말씀에 따르면 과거에 보시하기 좋아하고 인색하
지 않았던 사람은 부자로 태어납니다. 그 반대로 보시를 싫어하
고 인색했던 사람은 가난하게 태어납니다. 넉넉한 마음을 연습하
면 넉넉해지고 결핍된 마음을 연습하면 가난해집니다. 마음이 그
리는 대로 현실이 이루어지기 때문입니다. 과거생에 남들이 공덕
짓고 잘 되는 걸 시기질투하면 천박한 가문에 태어납니다. 천박
한 마음을 연습했기 때문이지요. 남들이 공덕 짓는 것을 함께 기

뻐하면 고귀한 가문에 태어납니다. 남들이 짓는 공덕을 찬탄하고 함께 기뻐하는 것은 돈이 없어도 지을 수 있는 공덕입니다. 그런데 사람들 심리가 남들이 공덕 짓고 잘되는 모습을 보면 시기하고 질투합니다. 그러면 천박한 가문에 태어납니다. 천박한 마음을 연습했기 때문입니다.

미모는 그 사람의 성품과 관련이 있다고 부처님이 말씀하십니다. 성품이 온화한 사람은 그 온화한 성품대로 아름다운 용모를 갖고 태어나지만, 화를 잘 내는 등 성품이 거친 사람은 그 거친 성품대로 거친 용모로 태어납니다. 그리고 남에게 좋은 말, 법다운 말을 많이 하고 경전 독송을 즐겨하면 고운 목소리를 지니게 됩니다. 거친 음성을 가진 사람은 남에게 거친 말을 많이 하고 경전 읽기를 즐겨하지 않았기 때문입니다.

'영향력이 많다'는 것은 '고귀하다'는 것과 같은 의미입니다. 영향력이 많은 사람은 한마디만 하면 주변에서 다 알아서 합니다. 무슨 말을 하든 잘 먹히고, 주변 사람들이 존중해 주지요. 고귀한 사람도 어디에서나 그런 대접을 받습니다.

성을 내지 않고 보시하고 남을 질투하지 않는 것. 이 세 가지를 닦으면 앞으로 점점 좋은 방향으로 변하게 됩니다. 금생에 복을 받을 수도 있고 내생에 받을 수도 있습니다. 언제 복을 받을지 시간의 차이는 있더라도 반드시 복을 받게 됩니다. 복을 받고 못 받고를 떠나서 지금 이 자리에서 스스로 복과 덕을 닦으면 자신의 몸과 마음이 평안해지고 긍정적으로 변화합니다.

046

남의 여인을 넘본
빠세나디 왕을 교화하시다

잠 못 드는 이에게 밤은 길고
지친 나그네에게 길은 멀다.
바른 진리를 모르는 어리석은 이에게
윤회는 참으로 길기만 하다.
－『법구경』 60

▽

어느 날 빠세나디 왕이 멀리 길을 나섰다가 길에서 한 여
인을 보고 반하고 맙니다. 신하를 시켜 여인에 대해 알아보니 이
미 남편이 있는 유부녀였습니다. 왕이지만 유부녀를 취할 수는
없었지요. 그래서 궁리 끝에 그녀의 남편을 불러 "오늘부터 신하
로 삼겠다."고 합니다. 그러고는 "내일 저녁 성문이 닫힐 때까지
붉은 연꽃과 푸른 연꽃, 흰 연꽃 세 송이를 따서 돌아오너라. 만일

임무를 수행하지 못하면 처형하겠다.”고 말합니다. 그 여인을 취하기 위해 남편에게 도저히 할 수 없는 일을 시킨 것입니다.

“잠 못 드는 이에게 밤은 길고”라는 구절은 내일이면 그 여인을 자신의 것으로 취할 생각에 잠 못 드는 빠세나디 왕의 이야기입니다. 현대에는 불면증 환자가 많습니다. 굳이 불면증이 아니더라도 늦은 저녁에 커피를 마셨다가 잠이 잘 오지 않아서 고생한 경험은 누구에게나 있을 겁니다. 그리고 근심 걱정이 많으면 쉬이 잠이 오지 않아 새벽까지 깨어있게 되기도 하지요. 그런 경험을 해본 사람은 알 겁니다. 낮과 달리 모두 잠든 깊은 밤, 홀로 잠들지 못하고 깨어있는 시간이 얼마나 길고 괴로운지를 아마 잘 알 겁니다.

“지친 나그네에게 길은 멀다.”는 구절은 여인의 남편의 이야기입니다. 여인의 남편은 밤새 고민하다가 새벽같이 연꽃이 피어 있는 호수로 길을 떠납니다. 호수로 가는 길에 수행자를 만나자 자신이 준비해 온 밥을 보시하고, 호수에 도착해서는 호수의 신에게 남은 밥을 다 던지면서 이렇게 기원합니다.

“제가 억울한 일을 당해서 죽게 생겼습니다. 신이 계시다면 제 말을 들어 주세요.”

호수의 신은 그의 말에 감응해 붉은 연꽃과 푸른 연꽃 그리고 흰 연꽃을 그에게 줍니다. 그는 세 가지 색의 연꽃을 받아 들고 성으로 헐레벌떡 돌아갑니다. 그런데 그 길이 너무 힘든 거예요. 지친 나그네에게 길은 먼 법입니다. 밤새 잠도 제대로 못 잔데다가 온종일 걸었고 또 밥도 제대로 먹지 못한 탓이었습니다. 안

간힘을 쓰며 걷고 또 걸은 끝에 성 입구에 도착했습니다. 그런데 성문이 굳게 닫혀 있었지요. 평소 같으면 성문이 아직 닫힐 시간이 아니었습니다. 빠세나디 왕이 혹시라도 그가 임무를 수행하고 돌아올까봐 미리 성문을 닫으라고 지시해 놓은 것이었습니다.

그러나 여인의 남편이 길을 떠난 날 아침, 부처님이 빠세나디 왕을 찾아가 이 게송을 들려줍니다. 이 게송을 듣고 왕은 정신을 차리게 되었고, 여인의 남편은 무사히 왕에게 연꽃 세 송이를 바치고 목숨을 건지게 됩니다.

047

빠세나디 왕에게
다이어트법을 말씀하시다

멍청하게 먹기만 하는 집돼지처럼
이리저리 뒹굴며 자는 어리석은 자는
계속해서 자궁에 들어감을
면치 못하리라.
-『법구경』325

건강이 으뜸가는 이익이요
만족이 으뜸가는 재산이네.
신뢰가 으뜸가는 친척이요
닙바나가 으뜸가는 행복이네.
-『법구경』204

▽

꼬살라 국의 빠세나디 왕은 문제가 많은 인물입니다. 부처님 법문을 들으면서 졸고, 남의 여인을 탐하기도 하고, 또 식탐이 많아서 한 끼에 한 양푼씩 먹었다고 합니다. 그래서 살이 많이 쪄서 배도 불룩 나왔다고 해요. 그런 빠세나디 왕에게 부처님이 이 게송을 일러 줍니다.

"멍청하게 먹기만 하는 집돼지처럼 이리저리 뒹굴며 자는 어리석은 자는 계속해서 자궁에 들어감을 면치 못하리라."는 게송을 일러 줍니다. 여기서 '자궁에 들어간다'는 것은 윤회한다는 뜻입니다. 부처님은 빠세나디 왕의 신하에게 왕이 식사를 할 때마다 이 게송을 읊어 주게 합니다. 그 덕분에 왕이 밥을 조금씩 줄이게 되고 마침내 날씬해집니다. 그래서 예전에는 몸이 무거워 타지 못했던 말도 타게 됩니다. 이 게송은 뚱뚱한 사람들을 위한 공양게인 셈이죠.

예전 몸매를 되찾은 빠세나디 왕은 부처님에게 감사 인사를 올리러 찾아갑니다. 그러자 부처님이 "건강이 으뜸가는 이익이요 만족이 으뜸가는 재산이네. 신뢰가 으뜸가는 친척이요 닙바나가 으뜸가는 행복이네."라고 하며 두 번째 게송을 읊어 주십니다. 참으로 간단한 게송이지만, 우리가 행복해지는 데 필요한 요건을 모두 담고 있습니다.

아무리 많은 재화를 가지고 있고, 높은 자리에 올랐으며 명예까지 드높다 하더라도 내가 건강하지 못하면 돈도 지위도 명예도 아무 쓸모가 없는 것입니다. 그러니 건강이 으뜸가는 이익인 것이지요. 그리고 만족도 마찬가지입니다. 만족할 줄 모르는 이에게는 아무리 많은 재화가 있더라도 여전히 부족할 뿐입니다. 가진 것이 적더라도 지금 가진 것에 만족하는 이는 결핍을 느끼지 않습니다. 소욕지족(所欲知足)이 바로 그것입니다. 또한 신뢰보다 더 가까운 친족은 없습니다. 천륜이라 부르는 부모자식 간이든 억겁의 연이 쌓여야 이룰 수 있다는 부부의 연이든 서로에게 믿음이 없다면 지구 반대편에 사는 사람보다 더 못하게 됩니다. 그렇기 때문에 신뢰가 가장 으뜸가는 친족인 것입니다. 또한 닙바나, 즉 열반이 행복 중의 행복인 것은 두말할 나위가 없지요.

외도의 세 가지 주장을
논파하시다

외도들이 주장하는 세 가지가 있다.
현자들이 그 주장에 대해
집요하게 이유를 물으며 계속 질문하면
그 계보에 이르게 되겠지만
결국 업(業)이 없다고 결론짓게 된다.
무엇이 세 가지인가?
어떤 사문이나 바라문은 이렇게 주장한다.
'사람이 즐거운 느낌이나 괴로운 느낌이나
괴롭지도 즐겁지도 않은 느낌을 경험하는 것은
모두 전생의 행위로 인한 것이다.'
또 어떤 사문이나 바라문은 이렇게 주장한다.
'사람이 즐거운 느낌이나 괴로운 느낌이나
괴롭지도 즐겁지도 않은 느낌을 경험하는 것은
모두 신이 창조했기 때문이다.'

다시 어떤 사문이나 바라문은 이렇게 주장한다.

'사람이 즐거운 느낌이나 괴로운 느낌이나
괴롭지도 즐겁지도 않은 느낌을 경험하는 것에는
아무런 원인도 없고 조건도 없다.'

-『앙굿따라 니까야』

▽

    부처님이 성도 후 가르침을 펼 당시에는 외도(外道, 이교도)가 팽배했습니다. 이 게송은 외도들의 주장을 크게 세 가지로 정리한 것입니다. 이 세 가지에 대해 이야기하면 '업을 짓는 자도 없고, 업조차도 없다'는 결론에 도달하게 되는데, 이것은 옳지 않다는 말씀입니다. 불교에서는 업설(業說)을 이야기합니다. '원인은 결과를 가져온다. 모든 현상에는 원인이 있다. 여래께서는 원인에 대해 설하신다. 원인이 소멸한 결과에 대해서도 여래께서는 설하신다.'는 것이 인과의 법칙이며 이것이 바로 업설입니다. 세 가지 외도의 주장에는 업이 없습니다. 인과법을 무시합니다. 이것은 모두 잘못된 견해라는 말입니다.

    '모든 게 전생의 행위 탓'이라고 주장하는 외도가 있습니다. 이 말을 믿으면 숙명론(宿命論)에 빠집니다. 불교에서도 전생과 후생을 따지지만 불교의 업설과 숙명론은 다른 것입니다. 불교는 바로 지금 여기를 중요시합니다. 전생의 행위로 여기까지 왔지만 지금 어떤 마음으로 어떻게 행하느냐에 따라 내생은 바뀔 수 있다고 봅니다. 내생은 정해진 게 아니라는 뜻입니다. '돌은 그 냥 돌일 뿐 디딤돌로 삼을지 걸림돌이 될지는 내가 결정한다.'는 것입니다.

'모두 신이 창조했기 때문'이라는 견해는 다른 말로 '신의 설(神意說)'이라고 합니다. 신의 의도대로 된다는 것입니다. 모든 것이 신의 뜻이라면 사람을 죽이는 것도, 도둑질을 하는 것도 다 신의 뜻일까요? 물론 아닙니다. '모두 원인도 조건도 없다'는 견해는 '무인론(無因論)' 또는 '우연론(偶然論)'이라고 합니다. 부처님은 이어지는 49번부터 51번까지의 게송을 통해 세 가지 주장을 각각 논파합니다.

049

숙명론을 논파하시다

그대들이 '사람이 즐거운 느낌이나 괴로운 느낌이나
괴롭지도 즐겁지도 않은 느낌을 경험하는 것은
모두 전생의 행위로 인한 것이다'라고
주장하는 것이 사실인가?
…
그렇다면 그대들이 살아 있는 생명을 죽이더라도
전생의 행위로 인한 것이고,
주지 않은 것을 가지더라도 전생의 행위로 인한 것이고,
삿된 음행을 하더라도 전생의 행위로 인한 것이고,
거짓말을 하더라도 전생의 행위로 인한 것이고,
헐뜯는 말을 하더라도 전생의 행위로 인한 것이고,
욕설을 하더라도 전생의 행위로 인한 것이고,
꾸밈말을 하더라도 전생의 행위로 인한 것이고,
탐욕을 부리더라도 전생의 행위로 인한 것이고,
마음이 악의로 가득하더라도 전생의 행위로 인한 것이고,

삿된 견해를 가지더라도 전생의 행위로 인한 것이로구나.
모든 것은 전생의 행위로 인한 것이라고
진심으로 믿는 자들에게는
해야 할 것과 하지 말아야 할 것에 대해 열의와 노력은 없다.
해야 할 것과 하지 말아야 할 것에 대해
진실함과 확고함을 갖지 못하고
마음챙김을 놓아 버리고 감각기관을 보호하지 않기 때문에
그대들은 스스로를 올바른 사문이라고 주장하지 못한다.
- 『앙굿따라 니까야』

▽

　모든 것은 결정되어 있다고 여기는 것이 '숙명론(宿命論)'입니다. 점집에서 점을 보는 것도 숙명론을 믿기 때문이지요. 사람들이 점집에 갈 때는 과거가 아니라 미래를 점치러 갑니다. 지나간 과거는 자신이 이미 잘 알고 있기 때문이지요. 그런데 점쟁이가 자신의 과거를 맞히면 족집게라고 감탄하면서 자신의 미래를 점쳐 달라고 합니다. 참 이상한 일이 아닐 수 없습니다. 미래를 알고 싶어 점집에 가놓고는 점쟁이가 지나간 과거를 맞히는 걸 보고 자신의 미래를 알려달라고 합니다. 과거를 족집게처럼 잘 맞힌다고 미래까지 잘 맞히리라는 보장을 할 수 있나요? 지나간 과거는 흔적이 있어서 잘 맞힐 수 있습니다. 그러나 미래는 변화하는 것이기 때문에 아무리 족집게 점쟁이라도 알 수 없는 것

입니다. 그런데도 점쟁이에게 미래를 물어보는 것은 결국 자신의 미래를 예단하는 것이지요. 물론 점쟁이의 말을 통해 희망을 얻기도 하지만, 점집에 계속 가면 결국 개 목걸이를 차게 됩니다. 점쟁이가 굿하라고 하면 굿하고, 부적 쓰라고 하면 부적 쓰면서 계속 끌려다닙니다. 그래서 부처님은 수행자들은 물론 당신 자신도 남의 미래를 점치는 일을 금했습니다. 딱 한 번 미래를 점치기는 했습니다. 『법화경』 「수기품」에서 '모두 이다음에 부처가 된다.' 고 말씀하신 적이 있으시지요.

모든 것이 이미 다 정해져 있다면 성취하기 위해 노력할 이유도 필요도 없어집니다. 내가 노력하든 안 하든 결과가 달라지지 않을 테니까요. 그리고 열심히 선행을 해야 할 이유도 없겠지요. 선행을 하든 악행을 하든 달라질 것은 없을 테니까요. 그런데 정말 그럴까요? 정말 노력이 아무런 영향을 미치지 않고, 선행이나 악행도 아무런 과보가 없을까요? 우리는 주변에서 노력한 사람이 더 좋은 결과를 얻는 것을 볼 수 있고, 작은 선행이 큰 과보로 돌아오는 것도 봅니다. 그리고 악행이 쌓이면 벌을 받는 모습도 뉴스에 자주 나옵니다. 그러므로 모든 것은 이미 결정되어 있다는 숙명론은 잘못된 견해입니다.

이런 숙명론을 주장하는 외도들은 스스로를 '사문'이라고 주장하지 못한다고 게송은 말합니다. 여기서 사문이란 식심(息心), 즉 마음이 쉰 사람을 가리킵니다. 마음의 헐떡임이 쉰 사람을 사문이라고 합니다.

050

신의설을 논파하시다

그대들이 '사람이 즐거운 느낌이나 괴로운 느낌이나
괴롭지도 즐겁지도 않은 느낌을 경험하는 것은
모두 신이 창조했기 때문이다' 라고
주장하는 것이 사실인가?
…
그렇다면 그대들이 살아 있는 생명을 죽이더라도
신이 창조했기 때문일 것이고,
주지 않은 것을 가지더라도 신이 창조했기 때문일 것이고,
삿된 음행을 하더라도 신이 창조했기 때문일 것이고,
거짓말을 하더라도 신이 창조했기 때문일 것이고,
헐뜯는 말을 하더라도 신이 창조했기 때문일 것이고,
욕설을 하더라도 신이 창조했기 때문일 것이고,
꾸밈말을 하더라도 신이 창조했기 때문일 것이고,
탐욕을 부리더라도 신이 창조했기 때문일 것이고,
마음이 악의로 가득하더라도 신이 창조했기 때문일 것이고,

삿된 견해를 가지더라도 신이 창조했기 때문일 것이로구나.

모든 것은 신이 창조했기 때문이라고

진심으로 믿는 자들에게는

해야 할 것과 하지 말아야 할 것에 대해 열의와 노력은 없다.

해야 할 것과 하지 말아야 할 것에 대해

진실함과 확고함을 갖지 못하고

마음챙김을 놓아 버리고 감각기관을 보호하지 않기 때문에

그대들은 스스로를 올바른 사문이라고 주장하지 못한다.

─『앙굿따라 니까야』

▽

만약 모든 것이 신의 뜻이라면 9·11 테러도 신의 뜻인가요? 애플의 창업자 스티브 잡스는 어릴 적에 교회를 다녔습니다. 목사가 '모든 것은 신의 뜻'이라고 하자 잡스는 잡지 한 권을 가져가서 목사에게 보여줬습니다. 그 잡지에는 아프리카에서 굶어 죽는 아이들에 대한 기사가 실려 있었습니다. 잡스는 "이렇게 아이들이 굶어 죽는 것도 신의 뜻인가요?" 하고 물었습니다. 아마 목사가 명쾌한 답변을 하지 못했나 봅니다. 그 후로 잡스는 교회에 나가지 않았다고 하니까요. 모든 것이 신의 뜻이라면 살생, 도둑질, 사음이 다 신의 뜻입니다. 내 마음은 편하겠지요. 어떤 악한 행위를 하더라도 내가 한 게 아니라 신이 한 것이니까요.

〈밀양〉이라는 한국 영화가 있습니다. 그 영화에 이와 비슷

한 이야기가 나옵니다. 여주인공은 남편이 죽은 후 아이와 함께 지방의 중소 도시인 밀양으로 내려옵니다. 그곳에서 아이가 납치되어 결국 살해됩니다. 범인이 잡혀 감옥에 간 후 그녀는 괴로운 마음에 방황하고 헤매다가 교회에 의지하게 됩니다. 교회에 다니며 마음의 평화를 얻게 되지요. 교회에서는 '원수를 사랑하라'고 가르칩니다. 그래서 그녀는 자기 아들을 죽인 범인을 용서하기 위해 감옥에 면회를 갑니다. 면회장에서 범인을 만났는데, 그의 얼굴이 너무 편안한 겁니다. 그녀가 당신을 용서하러 왔다고 말하자 범인은 "저는 신에게 이미 용서를 받았습니다."라고 말합니다. 그 대목에서 그녀는 의문을 제기합니다. 피해 당사자인 자신이 용서하지 않았는데 신이 용서하다니…. 그 일 후 마음이 바뀌게 됩니다.

이 영화가 유럽 영화제에서 큰 상을 받았습니다. 그 이유는 유럽의 급변하는 종교 문화와도 관련이 있다고 생각합니다. 유럽인들 중에는 최근 맹목적인 신앙, 모든 것이 신의 뜻이라는 생각에 회의적인 이들이 늘고 있습니다. 우리와는 상황이 많이 다르지요. 부처님 역시 '모든 것의 신의 뜻'이라는 견해는 잘못된 믿음, 낡은 믿음이라고 말씀하셨습니다.

051

무인론을 논파하시다

그대들이 '사람이 즐거운 느낌이나 괴로운 느낌이나
괴롭지도 즐겁지도 않은 느낌을 경험하는 것은 모두
원인도 없고 조건도 없다'라고
주장하는 것이 사실인가?
견해를 가진 것이 사실인가?
…
그렇다면 그대들이 살아 있는 생명을 죽이더라도
아무런 원인도 없고 조건도 없을 것이고,
주지 않은 것을 가지더라도 원인도 없고 조건도 없을 것이고,
삿된 음행을 하더라도 원인도 없고 조건도 없을 것이고,
거짓말을 하더라도 원인도 없고 조건도 없을 것이고,
헐뜯는 말을 하더라도 원인도 없고 조건도 없을 것이고,
욕설을 하더라도 원인도 없고 조건도 없을 것이고,
꾸밈말을 하더라도 원인도 없고 조건도 없을 것이고,
탐욕을 부리더라도 원인도 없고 조건도 없을 것이고,

마음이 악의로 가득하더라도
원인도 없고 조건도 없을 것이고,
삿된 견해를 가지더라도
원인도 없고 조건도 없을 것이로구나.
어떤 것에도 원인도 없고 조건도 없다고
진심으로 믿는 자들에게는
해야 할 것과 하지 말아야 할 것에 대해 열의와 노력은 없다.
해야 할 것과 하지 말아야 할 것에 대해
진실함과 확고함을 갖지 못하고
마음챙김을 놓아 버리고 감각기관을 보호하지 않기 때문에
그대들은 스스로를 올바른 사문이라고 주장하지 못한다.
-『앙굿따라 니까야』

▽

　　불교의 핵심 가르침이 바로 인과법, 십이연기법입니다.
'원인도 없고 조건도 없다'는 무인론(無因論)과 완전히 반대되는
것입니다. 십이연기법에 따르면, 늙고 죽음의 원인을 거슬러 찾
아보니 근본 원인은 '무명(無明)'이었습니다. 밝지 못함이지요. 대
승불교에서는 무명 이전의 자리를 가르쳐 줍니다. 무명 이전에는
무엇이었을까요? 바로 명(明)입니다. 밝음입니다. 본래 우리는
명입니다. 본래 명인데, 한 생각 홀연 일으켜 무명이 시작되는 것
입니다. '내가 있다'는 한 생각이 일어나기 때문에 무명인 것입니

다. 무명이 일어나기 전에는 나와 남을 구분하지 않았습니다. 나라는 생각이 없으면 남이라는 생각도 없습니다. '나는 본래 크고 밝고 완전합니다.'

그래서 대승불교에서는 본명(本明), 즉 '본래 밝음'을 회복하기만 하면 된다고 말합니다. 본래 밝음, 무한 긍정, 절대 긍정을 가르칩니다. 다른 종교에서는 인간을 '죄인'으로 봅니다. 이를 원죄설(原罪說)이라고 합니다. 아담과 이브가 사과를 따 먹은 잘못을 지금 나에게도 묻는 것입니다. 반면 불교에서는 '원불설(原佛說)'을 이야기합니다. '인간은 본래 부처'라는 것이지요.

불교는 인간에 대해서 최대의 가능성을 열어 둔 종교입니다. 부처도 될 수 있는데 뭔들 못 되겠습니까. 보살도 신도 인간도 축생도 될 수 있습니다. 바로 내가 선택하는 것이고 내 작품입니다. 그러나 무엇이 되든 원래는 부처입니다. 『화엄경』에서 부처님은 이렇게 말씀하십니다. "기이하고 기이하다. 모든 생명이 여래와 똑같은 지혜와 덕성을 갖추고 있구나. 마치 태양과 달이 떠 있지만 구름에 가려 안 보이듯 번뇌의 구름에 가려 스스로 알지 못하고 써먹지 못할 뿐이구나." 『법화경』에도 유사한 이야기가 나옵니다. 나무불 한 번만 해도 이미 성불했고, 장난으로 불상만 그려도 모두 이미 성불했고, 부처님 앞에서 합장만 해도 이미 성불했다고 말입니다. 그래서 저는 인사할 때 '성불하세요.'라고 하지 않습니다. 우리 모두 이미 부처니까요. 더 좋은 인사는 '행불(行佛)하세요.'입니다. 자기의 몸과 마음을 관찰하고 아는 만큼 전하고 가진 만큼 베푸는 것, 이것이 부처의 행(行)입니다.

행복과 불행은 자신의
마음가짐과 행동에서
오는 것을 밝히시다

행복과 불행은 외부에서 오는 것이 아니다.
옛날 사람들은 아침에 일찍 일어나서
동서남북 상하의 여섯 방위에 절을 해서
재앙이 오지 말기를 비는 풍습이 있었다.
하지만 부처님께서는 진리의 여섯 방위를 향하여
존경을 표하고 현명하게 행동하도록 가르치셨다.

이 여섯 방위의 문을 지키기 위해 가장 먼저
더러움에 물든 네 가지 행동을 씻어내고
네 가지 악한 마음을 멈추며,
재산을 탕진하는 여섯 곳의 입구를 막아야 한다.

더러움에 물든 네 가지 행동은 살생과 도둑질과

삿된 음행과 거짓말이며, 네 가지 악한 마음은
욕심과 성냄과 어리석음과 두려움이다.

재산을 탕진하는 여섯 곳의 입구는
술 마시고 어리석은 짓을 하는 것,
밤새도록 잡담이나 하며 노는 일,
음악이나 구경거리에 탐닉하는 일,
도박에 빠지는 일, 못된 이와 벗하는 일,
그리고 자신의 의무를 태만히 하는 일이다.
-『디가 니까야』「시갈로와다경」

▽

　　부처님은 도 닦는 이야기만 하신 게 아니라 실제 생활에서
어떻게 해야 행복해질 수 있는지 그 방법을 차분하고 아주 자세
하게 말씀하셨습니다. 먼저 "행복과 불행은 외부에서 오는 것이
아니다."라고 하셨습니다. 아주 중요한 말입니다. 제가 고속도로
휴게소에서 본 말 중에 '멀리 있는 행운을 좇지 말고 가까이 있는
행운을 잡아라.'는 것이 있습니다. 우리는 가진 것이 아니라 갖지
못한 것에 초점을 맞추다 보니 자꾸 밖을 보게 됩니다. 내가 이미
가진 것에 초점을 맞추면 내가 이미 충만하다는 걸 알 수 있습니
다. 가족과 건강, 이것만 있어도 굉장히 감사한 일입니다. 원하는
곳에 갈 수 있는 시간과 재물이 있는 것도 정말 감사한 일이지요.

제가 올해 표어를 '감지덕지(感之德之)'라고 지었습니다. '감사합니다. 덕분입니다.'라는 뜻으로 지은 것입니다. 제가 국사 암에 있을 때 오른쪽 발목을 접질러서 인대가 늘어난 적이 있습니다. 한동안 고생이 심했지요. 계단을 오르내리는 일이 많다 보니 나을 만하면 계속 다치는 겁니다. 나중에는 짜증이 나더군요. 그래서 어느 날부터는 마음을 바꿨습니다. '그래도 왼쪽 다리는 성하구나.' 하고 고마운 마음을 가졌습니다. 그랬더니 오른쪽 다리도 금세 낫더군요. 감사한 마음을 지니면 몸과 마음이 느낍니다. 그래서 감사할 일이 자꾸 생겨납니다. 하지만 자꾸 원망하고 짜증내면 그런 부정적인 감정이 되풀이됩니다. 초점이 나쁜 일에 가 있기 때문에 나쁜 일이 자꾸 반복되는 겁니다. 마음의 초점을 좋은 일에 맞추면 저절로 좋아집니다. 그 일을 계기로 저는 사람이 사는 이치를 알게 되었습니다. 어렵고 힘들고 짜증나는 일이 있다고 거기에 초점을 맞추면 거기서 벗어날 수가 없습니다. 그 것이 계속 나를 붙들고 있기 때문입니다. 그것은 애착하는 것과 같습니다. 밀어내는 마음도 애착입니다. 아예 초점을 바꾸어야 합니다. 내가 가진 것, 건강한 것, 좋은 것, 행복한 것에 초점을 맞추면 오히려 좋은 쪽으로 가게 됩니다.

세상 모든 일에는 다 장단점이 있습니다. 장점만 있거나 단점만 있는 일은 없지요. 부처님의 10대 제자 가운데 부루나 존자가 있습니다. 10대 제자는 열 분의 뛰어난 제자를 일컫는 말입니다. 부루나 존자는 설법을 매우 잘 해서 설법제일로 유명한 분이지요. 존자가 포교를 위해 서인도로 가겠다고 하자 부처님이 말렸습니다. 당시 서인도 사람들이 조금 거칠었기 때문입니다. 부처님이 말리시면서 "그 지역 사람들이 매우 거칠고 험한데 괜찮겠는가?" 하고 물었습니다. "아무리 험해도 욕설이야 하겠습니까?" 하고 존자가 답했지요. 부처님이 다시 물었습니다. "만약 욕설을 하면 어찌 하겠는가?" 존자가 답했지요. "욕설을 해도 때리기야 하겠습니까?" 부처님이 다시 물었습니다. "때리면 어찌 하겠는가?" "때려도 몽둥이로 때리겠습니까?" 부처님이 다시 물었습니다. "몽둥이로 때리면 어찌 하겠는가?" "죽이기야 하겠습니까?" 부처님이 다시 물었습니다. "죽이면 어찌 하겠는가?" 그러자 부루나 존자가 답했습니다. "전법을 하다 죽는 것이니 괜찮습니다."

그러자 부처님은 "그런 마음이라면 가도 좋다."며 존자가 서인도로 가는 것을 허락하셨습니다. 우리의 마음가짐, '감지덕지' 하는 마음가짐이 행복으로 가는 좋은 방법입니다. 지금 부족하고 짜증나는 일이 있더라도 거기에 초점 맞추지 말고 그나마 나에게 있는 좋은 것에 감지덕지하는 마음이 중요합니다. 진실로 행복과 불행은 밖에서 오는 것이 아니고 내 마음 안에 있습니다.

부처님이 사시던 당시의 인도에서는 재앙이 오지 않기를 기도하며 동서남북상하 여섯 방위의 신들에게 절을 하는 풍습이 있었습니다. 자신의 행복과 불행이 바깥의 것에 영향 받는다고 생각한 것이지요. 그러나 부처님께서는 참된 진리의 여섯 방향을 향하라고 이르십니다.

진리의 여섯 방향을 향하기 위해 먼저 해야 할 일이 있습니다. 그것은 더러움에 물든 네 가지 행위를 씻어내고, 네 가지 악한 마음을 멈추며, 재산을 탕진하는 여섯 가지 행위를 그만두는 것이지요. 먼저 씻어내야 할 '더러움에 물든 네 가지 행위'는 살생과 도둑질, 삿된 음욕과 거짓말입니다. 계를 지키라는 말씀이지요. 멈추어야 할 '네 가지 악한 마음'은 욕심과 성냄, 어리석음, 두려움입니다. 이 중에서 어리석음이란 인과법을 믿지 않는 것, 자만심을 갖는 것을 뜻합니다. 두려움은 악한 행위를 하는 데서 오는 마음을 뜻하지요.

'재산을 탕진하는 여섯 가지 행위'는 술 마시고 어리석은 짓을 하는 것, 밤새 잡담하며 노는 것, 음악이나 구경거리에 탐닉하는 것, 도박에 빠지는 것, 못된 이와 벗하는 것, 자신의 의미를 게을리하는 것입니다. 술을 마시면 이성적인 제어가 풀려서 평소 못하던 일도 거리낌 없이 하게 됩니다. 그러면서 건강도 나빠지고 재물도 축나지요. 음악 같은 구경거리를 스트레스 해소하려고 잠깐씩 즐기는 것은 괜찮지만 탐닉해서는 안 됩니다. 탐닉은 그것에 빠져버린다는 뜻이지요. 술이든 도박이든 잡기나 구경거리든 지나친 탐닉은 항상 좋지 못한 결과를 가져옵니다.

부처님께서 말씀하신 행복해지는 방법은 모두 당연한 이야기입니다. 뭔가 새로운 비법이 없어서 실망스러운가요? 하늘 아래 새로운 것은 없습니다. 평범한 것이 바로 비범한 것이기도 하지요. 정말 당연한 가르침이지만 이 당연한 것조차 제대로 지키기가 쉽지 않습니다. 그러니 이 당연한 일들만 잘 지켜도 재앙이 오지 않고 행복이 오는 것도 당연한 이야기입니다.

진리의 여섯 방위를
설하시다

진리의 여섯 방위란 무엇인가?
부모 자식 간의 도리를 상징하는 동쪽,
사제 간의 도리를 상징하는 남쪽,
부부의 도리를 상징하는 서쪽,
친구 간의 도리를 상징하는 북쪽,
노사 관계를 상징하는 아래쪽,
가르침을 따르는 불제자의 도리를 상징하는 위쪽이다.

첫째, 부모 자식 간의 도리
먼저 동쪽에 해당하는 부모 자식 간의 도리는 이러하다.
자식은 부모를 공경하고, 부모에 대한 의무를 다해야 한다.
부모를 섬기고, 가업을 돕고,
대 잇기를 소홀히 하지 않으며, 유산을 지키고,
부모가 세상을 떠나면 정성들여 제사를 지내는 일이다.

이에 대하여 부모는 자식에게 다섯 가지 일을 해야 한다.
악한 일을 못하게 하고, 선을 권장하며, 교육을 시키고,
혼인을 시키고, 적당한 때에 가산을 이어받게 하는 일이다.
부모와 자식이 서로 이 다섯 가지를 지키면,
가정은 언제나 평화로워지며 풍파가 일지 않는다.

둘째, 사제 간의 도리
다음에 남쪽에 해당하는 사제의 도리는 이러하다.
제자는 스승에 대하여 자리에서 일어서서 맞이하고,
잘 받들고, 스승의 명을 어기지 않고,
공양하기를 게을리 하지 않으며,
공손하게 가르침을 받는 것이다.

스승도 제자 앞에서 스스로 행동을 바르게 하여
모범이 되어야 한다. 제자를 바르게 인도하고,
자기가 배우고 얻은 지식을 남김없이 바르게 전수하고,
좋은 방법으로 설하고 가르쳐서
제자를 자꾸 내세워 이름을 세상에 드러나게 하고,
무슨 수단을 쓰더라도 제자가 나쁜 길에 들어가지 않게
지키고 보호해 주어야 한다.
이렇게 하면 사제 간의 관계가 원만해진다.

셋째, 부부간의 도리

다음은 서쪽에 해당하는 부부 간의 도리이다.
남편은 아내를 존중하고, 예절을 갖추며, 순결을 지키고,
가정사를 맡기고, 때때로 장신구를 선물해야 한다.
아내는 남편에게 존경심을 품고, 예절을 갖추며, 순결을 지키고,
남편의 수입을 낭비하지 않고, 친지들에게 잘 대해야 한다.
이렇게 본분을 지키면 가정이 화목해지고 다툼은 일어나지 않는다.

넷째, 친구 간의 도리
다음은 북쪽에 해당하는 친구 간의 도리이다.
친구는 상대에게 동정심을 가지고서 부족한 것을 베풀어 주고,
상냥하고 진실한 말로 대화하며,
이익을 나누어 주면서 언제나 상대방을 배려해야 한다.

그리고 친구가 나쁜 곳에 빠지지 않도록 보살피며,
그 재산을 지켜 주고, 곤경에 처했을 때는 도와주고,
불행할 때는 도움의 손길을 내밀고,
필요할 때에는 그 가족을 부양해 주기도 해야 한다.
이렇게 하면 친구 간의 우정은 오래 지켜지고,
행복은 더욱 커진다.

다섯째, 노사 간의 도리
아래쪽에 해당하는 노사 간의 도리는 이러하다.
고용주는 고용인에게 다음의 다섯 가지를 지킨다.

힘에 맞게 일을 시킨다. 급여를 넉넉하게 준다.
병들었을 때는 친절하게 간호한다.
기쁜 일들은 함께 나눈다. 피로할 때 쉬게 해준다.

이에 대하여 고용인은 고용주에게
다섯 가지 마음가짐으로 일을 한다.
아침에는 고용주보다 더 일찍 출근하고,
밤에는 더 늦게 퇴근한다.
정직한 마음으로 매사를 해 나가고,
맡은 일을 애써서 처리한다.

그리고 고용주의 명예가 손상되지 않도록 유념한다.
이렇게 하면 노사 간에 분쟁이 사라지며
항상 평화가 유지된다.

여섯째, 불제자의 도리
위쪽에 해당하는 불제자의 도리는 이러하다.
제 가족이 부처님의 가르침을 믿고 따르게 해야 한다.
그리고 이 가르침을 받는 사람은 스승을 공경하고
세심하게 배려하며, 정중하게 스승을 맞이하고,
그 가르침을 투철하게 듣고 지키며, 공양 올려야 한다.

이에 대하여 부처님의 가르침을 설하는 스승은

가르침을 바르게 이해하고, 잘못된 전달을 배제하며,
선을 권장하고, 복과 도 닦기를 설하여 신도들이
평화로운 경지에 들어가게 해야 한다.
이렇게 하면 귀한 문중의 가풍에 중심이 서게 되어
아름답게 번창할 것이다.
-『디가 니까야』「시갈로와다경」

▽

　　우리가 진정 경배해야 할 것은 허공, 즉 천신이 아니고 진리의 여섯 방위라고 부처님은 말씀하셨습니다. 첫째 부모 자식 간, 둘째 사제 간, 셋째 부부간, 넷째 친구 간, 다섯째 노사 간, 여섯째 불제자의 도리가 그것입니다. 사람이 살아가면서 지켜야 할 도리를 이야기하신 것입니다. 도리를 잘 지키는 사람은 잘되게 돼 있습니다. 자기 도리는 지키지 않으면서 신에 의탁하면 아무 소용이 없다는 뜻입니다. 허공, 즉 하늘의 신에게 기도하는 것보다 지금 옆에 있는 사람에게 잘하라는 말입니다. 진정 잘해야 하는 사람은 바로 지금 나와 함께 있는 사람들입니다. 그게 바로 진리에 따라 사는 삶이라는 이야기입니다.
　　사람들은 자기 앞의 사람을 소중히 여기지 않고 하늘의 신이나 부처님이나 관세음보살을 더 소중히 여기는 경향이 있습니다. 그러나 바로 옆에 있는 사람을 부처님처럼, 관세음보살처럼 여기면서 사는 것, 그것이 정말 잘 사는 것입니다.

부처님은 여섯 방위 중에 첫째로 부모 자식 간의 도리를 말씀하시면서 부모의 도리보다 자식의 도리를 먼저 말씀하셨습니다. 자식은 부모를 공경하고 섬기며 의무를 다하고, 가업을 돕고, 대 잇기를 소홀히 하지 않으며, 유산을 지키고, 부모가 세상을 떠나면 정성들여 제사를 지내라고 하셨습니다. 자식을 낳아 애정과 정성을 듬뿍 들여 기르는 부모는 많습니다. 그러나 사랑과 정성을 받은 만큼 부모님에게 효도하며 도리를 다하는 자식은 많지 않습니다.

요즘 젊은이들을 가리켜 '삼포 세대'라고 하지요. 취업과 연애, 결혼을 포기하는 요즘 젊은 세대를 부르는 말입니다. 하지만 어려움은 늘 있었습니다. 지금도 있지만 과거에도 있었고, 앞으로도 있을 겁니다. 이 세계는 고통을 감내해야 하는 사바세계이기 때문입니다. 사바세계의 사바(娑婆)는 산스크리트 saha의 소리를 옮긴 말인데, saha는 감내한다, 참는다는 뜻입니다. 그래서 사바세계를 뜻으로 옮기면 감인토(堪忍土), 인토(忍土) 혹은 인계(忍界)라고 합니다. 고통을 인내하면서, 참으면서 살지 않으면 안 되는 세계라는 말입니다. 모든 사람이 평등하고 어려움이 없는 세계는 극락입니다. 고통 없이 모두 평등한 세상을 찾는 것보다 복을 지어서 극락에 가는 것이 빠릅니다. 그러나 고통에 나쁜 면만 있는 것은 아닙니다. 고통이 있어야 자기를 돌아보게 됩니다. 우리가 사바세계 태어난 것은 고통을 겪으면서 자기를 관찰하기 위해서입니다. 공부하기는 가장 좋은 세계가 이곳입니다. 극락에 가면 고통이 없으니 내 마음을 돌이켜볼 기회가 없습니다. 도와줄 사람이 없으니 복 닦을 일도 없지요. 사바세계가 복 닦기, 도 닦기에는 최적화된 세계입니다. 축생은 너무 환경이 어려워 복 닦고 도 닦기를 생각하기도 어렵지요. 제 생각에는 우리나라가 복 닦기 도 닦기 참 좋은 나라 같습니다. 국내외 정치 환경이 혼란스럽지만 경제 환경은 괜찮은 편이고, 도움이 필요한 사람도 많기 때문입니다. 그러니 '지금 이 시대 이 땅에 산다는 게 행운입니다. 감사합니다. 덕분입니다.' 이렇게 생각하며 살아야 합니다. 우리의 마음은 안테나입니다. 지금 허공에도 수많은 주파수가 떠다닙니다. 엄청난 파동들이 허공에 깔려 있습니다. 내가 어떤 안테나를 세우느냐에 따라 이 안테나에 적합한 것이 모여드는 겁니다. 원망과 짜증에 집중하면 허공에 있는 원망과 짜증의 기운이 나에게 모여듭니다. 유유상종이라 비슷한 기운이 모여드는 것입니다. 마음이 어두운 사람은 밝은 데를 싫어합니다. 사람이 우울증에 한번 빠지면 헤어나기 어려운 것과 마찬가지입니다. 감사와 긍정, 감지덕지를 생각하면 그런 좋은 기운이 모여들고 감지덕지할 일이 생깁니다. 마음이 그리는 대로 이루어진다는 말은 앞에서 했습니다. 이러한 마음의 힘은 최근 과학에서도 많이 입증되고 있습니다.

자식의 도리 중에는 '유산을 지키는 일'이 있는데, 쉽지 않은 일입니다. 몇 년 전 중국의 한 불교성지에서 엄청난 규모의 정원을 봤습니다. 인공 호수와 정자까지 두루 갖춘 곳으로, 우리나라로 치면 영의정 급의 관료였던 인물이 만들었다고 하더군요. 그가 삼십 년간 자기 재산을 다 쏟아 부어서 만든 것인데, 그걸 아

들이 도박으로 삼 일 만에 날렸다고 하더군요. 유산을 지키는 일
도 쉬운 일이 아닙니다. '제사를 지내는 일'도 마찬가지입니다. 어
느 분이 제가 아는 스님께 돌아가시기 전에 본인의 사십구재를
위해 천만 원을 맡겼습니다. 그분이 돌아가시자 자식 셋이 그 스
님을 찾아왔다고 합니다. 자식들이 회의한 결과 사십구재는 지
내지 않기로 했다며 그 돈을 돌려달라고 했다더군요. 스님은 아
무 말 하지 않고 돌려주었다고 합니다. 이 이야기를 듣고 '자식 농
사 잘못 지으면 사십구재도 못 받아먹는구나.' 하는 생각이 들었
습니다. 돌아가신 분만 안됐다는 생각도 했고요. '제사를 지내라.'
는 말은 부모의 가르침을 기억하고, 감사하는 마음을 잊지 말라
는 뜻입니다. 떨어져 살던 자식들이 제사를 계기로 한자리에 모
여 교류도 하라는 말이지요.

　　부모가 자식에게 해야 하는 일은 악한 일을 못하게 하고
선을 권장하고, 교육을 시키고 혼인을 시키며 적당한 때에 가산
을 이어받게 하는 일입니다. 요즘 대부분의 부모들은 이 다섯 가
지를 다 잘 하는 것 같습니다. 사실 너무 열심히 해서 문제지요.
내리사랑은 있지만 치사랑은 없다는 옛말이 있습니다. 부모는 있
는 것 없는 것, 자기 골수까지 뽑아서 자식에게 주지만 자식이 그
만큼 돌려주지는 않습니다. 그래도 자식이 잘 자라서 사회에서
제 몫을 하는 것만으로도 부모는 행복해합니다.

　　둘째로 스승과 제자 간의 도리를 지켜야 합니다. 육조혜능
스님은 스승의 도리를 지킨 대표적인 분입니다. 스스로 자신의
명성을 내세우지 않았지만 제자들이 큰 인물이 되었기 때문에 당

신의 명성이 높아진 것입니다. 육조혜능 스님은 살아 계셨던 당대에는 번성하지 않았습니다. 삼사 대가 지난 후 제자들이 번성하면서 저절로 명성이 높아진 것이지요.

셋째로 부부 간에 서로 도리를 지켜야 합니다. 특히 요즘은 부부 간의 도리가 정말 절실합니다. 행복하지 않은 가정이 많기 때문입니다. 부부 간의 도리를 지키지 못해서 그렇지요. 남편은 아내를 종 부리듯 해서는 안 됩니다. 종 같은 아내를 좋아하는 남편은 많지만 주인처럼 구는 남편을 좋아하는 아내는 없습니다. 분업화가 잘 이루어져야 기업이 잘 되듯, 가정에서도 분업화가 잘 되어야 합니다. 가정사는 아내에게 일임하는 것이 좋습니다. 부처님은 '때때로 장신구를 선물해야 한다.'는 아주 세세한 말씀까지 하셨습니다. 장신구를 선물하라는 말은 애정과 관심을 표현하라는 뜻이지요. 아내가 원하는 것은 비싸고 화려한 것이 아닙니다. 진실한 마음이 담긴 것을 좋아하고 또 바랍니다.

남편들, 남자들은 존경받는 것을 좋아합니다. 자신을 치켜세워 주는 말과 행동을 아주 좋아합니다. 이런 말도 있지 않습니까. '여자는 자신을 사랑해 주는 사람을 위해서 화장을 하고, 남자는 자기를 인정해 주는 사람을 위해서 목숨을 바친다.'『삼국지』를 보면 장수들이 목숨을 바쳐 싸웁니다. 그게 다 인정받기 위해서입니다. 남자들이 직장에서 열심히 일하는 것도 사실을 인정받기 위해서입니다. 가정에서도 남편의 장점을 존중하고 예의를 갖추는 것이 중요합니다. 어떤 부부는 싸울 때 서로 존댓말을 하기로 약속했다고 합니다. 서로 존댓말을 하다 보면 싸움이 절대 더 커지지는 않지요. 살다 보면 싸우는 건 당연합니다. 뜻이 맞지 않는 것도 당연한 일이지요. 다만 싸움에도 몇 가지 원칙을 정해서 예절을 지키는 것이 중요하지요.

존중, 예절, 순결 지키기. 이것은 남녀가 모두 지켜야 하는 것입니다. 부부 간의 도리에서 남녀가 다른 건 두 가지입니다. 남편의 도리는 '가정사를 맡기는 것'과 '때때로 장신구를 선물하는 것'이고 아내의 도리는 '남편의 수입을 낭비하지 않는 것'과 '친지들에게 잘 대해야 하는 것'입니다.

넷째로 친구 간의 도리가 있습니다. 자녀가 태어나서 어느 정도 자라면 부모는 좋은 친구를 사귀게 해주려고 노력합니다. 자녀도 어릴 때는 부모의 품 안에 있지만 자랄수록 친구와 함께하는 것을 더 좋아합니다. 그리고 사귀는 친구들의 영향을 많이 받지요. 옛날에 친구가 아주 많은 남자가 있었습니다. 어느 날 그는 진정한 친구가 몇이나 될까 궁금해졌어요. 하루는 그걸 알아보기로 합니다. 그는 돼지를 잡아 자루에 넣어 등에 지고는 친구 집으로 찾아갑니다. 그가 진 자루는 마치 시체를 담은 것처럼 보였습니다. 그는 친구에게 "내가 살인을 저질렀다."고 말하며 도움을 청했습니다. 여러 명을 찾아갔지만 저마다 이런저런 핑계를 대며 도와주지 않았습니다. 그런데 한 친구는 달랐습니다. 얼른 자신의 집으로 들어오라며 그를 숨겨 주었습니다. 그제야 그는 친구에게 진실을 밝히고 자루에 넣었던 돼지로 잔치를 벌였다고 합니다. 어려울 때 친구가 진정한 친구라는 이야기지요. 내가 출세해서 잘 나갈 때는 주변에 친구가 많습니다. 그러나 상황이 나빠졌을 때 그 많던 친구들이 언제 보았냐는 듯 등을 돌립니다. 좋을 때나 나쁠 때나 언제나 함께 해주는 친구가 진정한 친구입니다. 그렇다고 내 주변에 그런 친구가 있나 없나 시험하며 찾지는 마십시오. 그런 친구를 찾기보다 내가 그런 친구가 되도록 노력해야 합니다. 내가 바뀌면 주변도 함께 바뀌니까요.

요즘 노사 관계가 화두인데, 부처님은 노사 간의 도리에 대해서도 말씀하셨습니다. 먼저 고용주는 고용인의 힘에 맞는 일을 하게 하고, 급여를 넉넉히 주며, 병들었을 때는 친절하게 간호해주며, 기쁜 일은 함께 나누고, 피로할 때는 쉬게 해주어야 합니다. 이 다섯 가지 사항을 고용주가 먼저 잘 지키면 노사 간의 관계가 좋아질 것입니다. 요즘에는 고용주가 간호를 직접 하지 않고 회사 차원에서 병원비를 지원해 주거나 병가를 주어 쉴 수 있게 합니다. 또 회사에 큰 수익이 생기면 직원들과 함께 나누거나 큰 이벤트를 벌여 함께 축하하기도 합니다.

그리고 고용인이 지켜야 할 다섯 가지 도리에 대해서도 말씀하셨습니다. "아침에는 고용주보다 더 일찍 출근하고, 밤에는 더 늦게 퇴근한다."는 말씀을 요즘 실정에 맞게 이해하자면 '출퇴근 시간을 잘 지킨다.'는 뜻이 될 것입니다. 출퇴근 시간을 지키는 것도 중요하지만 그보다 더 중요한 것은 정직한 마음으로 맡은 일을 열심히 처리하는 것입니다. 사람이 앞과 뒤가 다르면 나중에 큰 문제가 터질 수 있습니다. 실수를 했을 때 꾸중을 들더라도 정직하게 말해야 하는데, 꾸중 들을 일은 숨기고 칭찬받을 이야기만 하면 속으로 곪아 나중에 더 큰 문제가 벌어질 수 있습니다. '고용주의 명예가 손상되지 않도록 하라.'는 것은 뒤에서 욕하지 말라는 것입니다. 노사 관계는 쌍방 관계입니다. 어느 한 쪽의 일방적인 노력만으로는 좋아질 수 없습니다. 서로 노력해야 하는 것입니다.

마지막 여섯째로 불제자가 지켜야 할 도리에 대해 말씀하셨습니다. 먼저 "제 가족이 부처님의 가르침을 믿고 따르게 해야 한다."고 하셨습니다. 불자들은 가족에게 불교를 믿으라고 권하는 경향이 적습니다. '종교에는 자유가 있으니 너는 교회 가라. 나는 절에 갈 테니.' 하는 식입니다. 그렇게 하다 보면 불교가 사라질지 모릅니다. 여러분이 불제자라면, 불제자로써 해야만 하는 의무가 있습니다. 가족에게 부처님 가르침 믿고 따르게 하는 것은 불제자의 의무입니다. 가족이 믿고 따르게 하려면 내가 왜 불교를 믿는지에 대한 확신이 있어야 합니다.

불교에는 다른 종교에 없는 것이 있습니다. 바로 도음(道音)입니다. 단지 복을 바라면서 기도만 하러 다닌다면 다른 종교와 똑같지요. 그렇지만 불교에서 기도는 방편이고 공부가 진짜배기입니다. 성서는 복음(福音)이라고 합니다. 복에 대한 이야기를 설했다고 복음이라고 하지요. 그런데 불교에는 복음도 있고 도음도 있습니다. 복 받는 이야기도 설해 놓았고, 이것을 넘어서는 도 닦는 이야기도 설해져 있지요. 다른 종교에는 복음은 있지만 도음은 있을 수 없습니다. 모든 것이 신의 뜻이기 때문이지요.

이렇게 불교를 바르게 알아야 불교에 대한 확신이 서고 그래야 가족에게 불교를 권할 수 있습니다. 이렇게 확신을 가지려면 본인이 먼저 공부를 해야 합니다. 배우지 않으면 모릅니다. '이 종교를 믿으면 천당에 가지만 다른 종교를 믿으면 지옥에 간다.' 는 것은 저열한 생각입니다. 이분법적인 생각이며 독선입니다. 불교에서는 '불교를 믿지 않아도 진리의 여섯 방위를 향해 존경을 표하고 현명하게 행동하면 죽어서 좋은 데 간다.'고 합니다. 진리의 여섯 방위란 바로 내 주위의 사람들입니다. 입으로는 불자라고 하면서 살생 투도 사음 망어를 다 저지르면 지옥에 갑니다. 행위가 중요한 것이지 말이나 겉모습이 중요한 것이 아닙니다.

불교는 매우 합리적인 종교입니다. 복음과 도음이 다 있는 종교이며, 천당 중의 천당인 극락정토가 있습니다. 도음은 그냥 알아지는 게 아니라 공부를 해야 알 수 있습니다. 사성제와 팔정도 등 부처님 가르침을 배워야 합니다. 물론 기도를 하지 말라는 것이 아닙니다. 기도와 공부를 함께 해야 한다는 것입니다. 복 닦기와 도 닦기를 함께 하는 방법은 저도 늘 고민하고 있습니다.

그리고 부처님의 가르침을 설하는 스승이 해야 할 도리가 있습니다. 제가 보통 때는 신도들에게 절 받는 것을 매우 꺼립니다. 실제로 절을 하지 못하게 합니다. 그러나 법문을 할 때는 절을 받습니다. 그때 신도들이 하는 절은 저를 보고 하는 것이 아니라 제가 전하는 불법(佛法), 즉 부처님 가르침에 존경을 표하는 것이기 때문입니다. 부처님은 '법이 있는 곳에 내가 있다.'고 말씀하셨습니다. '법을 보는 이가 여래를 보고, 여래를 보는 이가 법을 본다.'는 말씀도 하셨습니다. 불교에서는 부처님 가르침, 즉 법을 아주 소중히 여깁니다. 그러니 부처님의 생애와 가르침이 담긴 108

게송을 모은 이 책은 불법의 핵심을 담은 것입니다.

　　스승의 도리 가운데 하나가 "복과 도 닦기를 설"하는 것이라고 했습니다. 내가 처한 상황을 바꾸고 싶으면 복을 닦아야 합니다. 복을 닦는 데 가장 좋은 방법이 바로 보시입니다. '무재칠시(無財七施)'라고 하여 재물이 없어도 베풀 수 있는 보시가 일곱 가지나 됩니다. 웃는 얼굴로 다니기, 자리 양보하기, 긍정적인 말로 다른 사람 격려하기 등이 다 보시입니다. 제가 〈당신이 주인공입니다〉라는 라디오 방송을 하면서 "자살하려고 했는데 스님 말씀 듣고 열심히 살게 됐다," "우울증을 앓았는데 방송을 들으며 벗어났다."는 이야기를 많이 들었습니다. 이렇게 말로 하는 보시도 많습니다. 물론 신(身)·구(口)·의(意) 삼업으로 보시하는 것이 가장 좋습니다. 현실에서 큰 어려움은 없는데 마음이 불안하고 초조하거나 근심 걱정이 많다면 도를 닦으면 됩니다. 그 첫 번째 방법은 대면관찰입니다.

　　제가 일 년 정도 생방송으로 사람들의 질문에 답을 하는 방송을 진행한 적이 있습니다. 사람들에게 수많은 질문을 받았습니다. 가족 문제, 직장 문제, 돈 문제 등등 저는 어떤 질문을 받아도 답할 자신이 있었습니다. 왜냐하면 답은 늘 두 가지로 정해져 있기 때문입니다. 바로 복 닦기와 도 닦기입니다. 다른 방법은 모두 일시적인 위안일 뿐입니다. 마치 술을 마시면 잠시 근심 걱정을 잊어버리지만 술에서 깨면 문제는 여전한 것처럼 말입니다. 술에 취하는 것이나 마약에 취하는 것이나 신에게 취하는 것이나 다 마찬가지입니다. 만약 지금 부부 사이가 나쁘다면 자신의 복이 부족한 것으로 여기고 지금부터라도 복을 닦아야 합니다. 그런데 복 닦을 생각은 안 하고 자꾸 배우자만 탓하면 악순환이 계속됩니다. 일을 하는 데 장애가 많다면 '내가 복이 부족해서 그렇구나. 지금부터라도 복을 많이 닦아야겠구나.' 생각하고 복을 닦아야 합니다. 그렇게 하다 보면 상황이 나아지거나 아예 다른 상황을 맞이하게 됩니다. 반드시 그렇게 됩니다.

김대성이란 인물은 신라 시대 사람으로 경주에 불국사와 석굴암을 지었습니다. 그는 전생에 부잣집에서 종살이를 하던 사람의 자식이었는데, 이름이 김대성이었습니다. 종의 자식이었으니 재산이 얼마나 있었겠습니까. 몸도 자유롭지 못했고요. 하루는 그가 탁발 나온 스님을 쫓아다니며 구경을 했습니다. 스님은 그에게 "절에 공양미를 보시하면 큰 복이 됩니다." 하고 말해 주었습니다. 그는 어머니에게 "우리도 복을 짓자."며 십 년간 종살이를 한 대가로 받은 밭을 보시했습니다. 가진 것을 전부 보시한 셈이지요. 그런데 그가 보시하고 삼 일 만에 죽었습니다. 그러고 나서 경주에서 가장 부잣집의 자식으로 태어난 것입니다. 그런데 태어났을 당시 아기의 손바닥에 '대성'이란 글자가 새겨져 있었다고 합니다. 그래서 전생과 같은 이름을 갖게 된 것이지요. 그는 장성하여 불국사와 석굴암을 짓습니다. 종의 자식으로는 잘될 가능성이 없으니까, 상황을 바꾸기 어려우니까 아예 다른 환경으로 간 것입니다. 불교에서는 죽음이 재앙이 아닙니다. 살아 있을 때 복 닦기와 도 닦기를 잘한 사람에게는 죽음이 축복입니다.

성도 후 7년 째, 쌍신변의 기적을
보이시고 도리천에 오르시다

보시는 가려서 해야 하네.
그렇게 하면 많은 복덕을 가져오네.
가려서 보시한 사람은 천상에 태어나네.

가려서 한 보시는 여래가 칭찬하네.
공양 올릴 가치가 있는 사람에게 보시하면
기름진 밭에 뿌린 씨앗처럼 많은 복덕을 가져오네.
- 『담마빠다 아타까타』

잡초가 밭을 망치듯
탐욕이 사람을 망친다.
탐욕이 없는 사람에게 보시하면
큰 이로움을 얻으리라.
- 『법구경』 356

▽

　　부처님이 성도하시고 나서 7년째 되었을 때의 일입니다. 부처님을 따르는 제자들이 많아지자 외도들이 시기하고 질투하며 여러 가지로 괴롭히는 일이 많았습니다. 외도들은 자신들이 더 뛰어나다면서 신통을 겨루게 해달라고 왕에게 청했습니다. 당시의 사람들은 신통력이 뛰어난 성자만 믿으려는 경향이 있었기 때문입니다. 그러자 꼬살라의 빠세나디 왕이 부처님께 신통력을 보이셔서 저 외도들을 조복시켜주시길 청했습니다. 부처님은 넓고 평평한 곳에 앉으셔서 신도가 양지로 쓰시라고 올린 망고나무 가지를 씹으시다가 등 뒤로 던져 버리셨지요. 그러자 그 가느다란 양지가 즉시 큰 망고나무로 변해서 무성한 그늘을 드리웠습니다. 둘째 날에는 꽃이 피었고 셋째 날에는 맛있는 망고가 가득 열려 수많은 사람들이 배불리 먹었습니다. 넷째 날에는 앉으신 자리 앞에 물을 조금 뿌리자 맑은 연못이 생겨났는데 그 안에 아름다운 연꽃이 피고 온갖 물고기와 새들이 헤엄치고 날아다녔습니다. 11일째에는 한 몸이 여러 몸으로 분신하기도 하고 여러 분신이 한 몸이 되기도 하면서 공중을 날고 물위를 걷고, 몸의 위로 불꽃과 연기가 나고 아래로는 물을 뿜기도 했습니다. 마지막 15일째에는 신도가 바친 꽃을 한 줌 집어 공중에 뿌리니 꽃잎이 변하여 1만 4천 동의 누각이 생기고 각각의 누각 속에 부처님이 좌우로 범천과 제석천을 거느리고 앉아 있었습니다. 이러한 부처님의 신통을 쌍신변의 기적 혹은 천불화현의 기적이라고 합니다. 부처님이 이렇게 날마다 신통력을 보이셨는데 너무나 엄청난 신통이라 어떤 외도도 감히 도전하지 못했지요.

몸에서 물과 불을 동시에 방출하는 쌍신변의 기적과 수많은 부처님의 모습을 보이게 하는 천불화현의 기적을 보이신 부처님은 홀연히 이 세상에서 모습을 감추시고 도리천으로 올라가십니다. 도리천에서 부처님을 낳자마자 돌아가신 어머니 마야 부인과 천신들을 모아놓고 설법을 하셨지요.

그때 도리천에는 '인다까'와 '안꾸라'라는 천신이 있었습니다. 인다까는 부처님 제자인 아라한에게 공양을 올린 공덕으로 천상에 태어났습니다. 안꾸라는 이교도였는데 평생 사람들에게 수없이 베풀며 복을 많이 지어서 천상에 태어났습니다. 부처님이 도리천에 오시자 신들이 자리를 잡고 앉았습니다. 신들 사이에도 좌차(座次), 즉 앉는 차례가 있습니다. 부처님이 자리에 앉으시면 왼쪽에는 사리뿟따가 앉고 오른쪽에는 목갈라나가 앉는 것처럼 말이지요. 천상의 신들도 복덕과 위력에 따라 좌차가 정해지는 것입니다. 도리천에 오신 부처님을 맞이하기 위해 여러 신들이 모이자 인다까는 시간이 지나도 같은 좌차에 머무는데 안꾸라는 계속 좌차가 뒤로 밀리는 겁니다. 다른 신들이 그 모습을 보고 부처님께 "인다까는 아라한에게 공양을 한 번 올렸는데 계속 같은 자리를 유지하고, 안꾸라는 평생 복덕을 지었는데 왜 계속 뒤로 밀려나는지요?" 하고 묻습니다. 그러자 부처님이 이 게송을 읊으신 것입니다.

보시하면 복덕을 받는 것이 맞지만, 보시한 상대에 따라 다르다는 이야기입니다. 밭도 기름진 밭이 있고 자갈밭이 있는 것처럼 말입니다. 아라한은 기름진 밭 중에서도 최고의 밭입니다. 탐욕이 없는 사람 중 최고가 바로 아라한입니다. 탐욕이 많은 사람, 이를테면 사이비 종교의 교주에게 보시하면 그 끝이 좋지 않습니다. 사이비 교주의 작은 신통만 보고 집도 바치고 재산도 바친 사람들은 이로움은커녕 손해를 많이 보지요.

부처님이 도리천에 올라가시기 전에 제자인 삔돌라와 목갈라나가 어느 장터에서 좋은 향나무로 만든 발우를 발견합니다. 삔돌라 존자는 우리나라에서 독성 존자 혹은 나반 존자라고 불리는 분입니다. 그 향나무 발우는 아주 긴 장대 위에 걸려 있었습니다. 장대 아래에는 다음과 같은 공지문이 붙어 있었지요.

"누구든지 이 나무에 절대 손을 대지 말고 발우를 가져갈 수 있으면 가져가시오."

이 마을의 부자가 수행자들마다 자기네 종교가 신통이 제일이라고 하니 과연 어느 종교가 신통력이 가장 센지 알아보려고 설치한 것이었습니다. 삔돌라는 발우가 장대에 걸린 사연을 알게 되자 신통제일인 목갈라나에게 발우를 가지고 내려오라고 합니다. 그러나 목갈라나는 "신통은 그런 사소한 일에 쓰는 게 아니"라며 거절했습니다. 그러자 삔돌라가 허공을 날아 발우 주위를 세 바퀴 돌고는 그 발우를 가지고 내려왔어요. 장터의 많은 사람이 그 모습을 보고 삔돌라를 쫓아왔습니다. 삔돌라가 부처님 계신 곳으로 오니까 사람들이 거기까지 따라왔지요. 사람들은 그에게 다시 한 번 그 신통을 보여 달라고 청합니다. 부처님이 삔돌라에게 왜 신통을 보였는지 묻자 그는 자신이 신통을 보여 주면 사람들이 불교를 믿을 것 같아서 그랬다고 답합니다. 그러자 부처님은 이렇게 말씀하십니다.

"그렇지 않다. 일시적으로 사람들을 끌 수는 있지만, 사람들이 불교를 신통력이나 보여 주는 그런 종교로 생각할 수 있다. 그러니 앞으로는 신도들에게 절대 신통력을 보여 주지 마라. 하지만 너는 이미 보여 준 적이 있으니 죽지 말고 미륵 부처님이 올 때까지 이 세상에 남아서 한 번씩 사람들에게 신통력을 보여 주어라."

이 삔돌라 존자를 모신 전각이 독성각입니다. 이 독성각에서 삔돌라 존자, 즉 나반 존자에게 사람들이 기도하면 신통력을 보여 주는 까닭이 여기에 있습니다. 하지만 불교는 신통력 때문에 믿는 종교가 아닙니다. 부처님이 신통을 보이신 것은 과시하려는 뜻이 아니라 외도들의 삿된 견해를 타파하고 부처님의 가르침이 진실함을 증명하기 위해서였습니다. 신통력은 수행을 하면 부수적으로 생겨나는 것일 뿐이지요. 신통력이 아무리 뛰어나더라도 신통력으로 생사의 문제에서 해탈하지는 못합니다. 우리가 수행하는 이유는 생사문제를 해결하기 위한 것이지 신통을 얻기 위한 것이 아닙니다.

055

아비담마를 설하신 후
천신들을 거느리고
지상으로 내려오시다

나는 예전에 본 적도 들은 적도 없네.
부처님께서 감미롭게 말씀하시며
천신들을 거느리고 천상에서 내려오시는 것을.
– 『담마빠다 아타까타』

삼매와 통찰지를 닦은 현자는
해탈의 기쁨 속에 즐거워한다.
주의 깊게 마음 챙기고 바르게 깨달은 이를
천신들도 지극히 존경한다.
– 『법구경』 181

▽

부처님은 도리천에 올라가셔서 3개월 동안 설법을 하시고 상까사로 내려오셨습니다. 사리뿟다는 상까사에 부처님을 기다리고 있었지요. 부처님이 도리천에서 설법을 하신 후 그곳으로 내려오신다고 미리 말씀하셨기 때문입니다. 부처님이 중앙의 보석 계단을 통해 내려오고, 부처님 왼쪽의 금 계단에서는 범천이 내려오고, 오른쪽의 은 계단에서는 제석천왕이 내려왔습니다. 이 모습을 본 사리뿟따가 읊은 것이 첫 번째 게송입니다.

신들도 부처님을 공경하고 섬기고 공양을 올렸습니다. 그래서 우리가 신중단을 만들어 신들을 모시는 것입니다. 부처님 제자들이기 때문입니다. 우리도 부처님 제자들이지만, 신들은 우리 인간보다 복덕과 신통이 많은 존재입니다. 그래서 단에 모시고 절을 하고 공양을 올리는 것입니다.

부처님은 도리천에서 내려오셔서 사리뿟따와 법에 대해 이야기를 나누십니다. 당시는 사리뿟따가 아직 두각을 나타내지 못할 때입니다. 부처님은 사리뿟따가 지혜제일의 제자임을 보여 주기 위해 다른 신들이 보고 듣는 데서 법담을 나눈 것입니다.

두 번째 게송은 부처님이 읊으신 것입니다. "주의 깊게 마음 챙기고 바르게 깨달은 이"는 바로 사리뿟따를 가리킵니다. 그를 칭찬하신 것이지요. 그야말로 법을 올바르게 전수한 제자임을 공표한 것이지요.

056

하나의 게송에 정통한
에꾸다나 장로

거룩한 마음을 가지고 항상 깨어 있는 이는
지혜의 길을 걸어간다.
이러한 공덕을 구족하여 번뇌가 소멸하고
항상 마음 챙기는 아라한에게
슬픔은 일어나지 않는다.
–『우다나』

말을 유식하게 한다고 법을 지닌 자가 아니다.
법을 적게 들었어도 몸과 마음으로 이해하고
법을 잊지 않고 실천하는 사람
그가 진정 법을 지닌 사람이다.
–『법구경』 259

▽

첫 번째 게송은 사리뿟따가 숲속에서 수행하는 모습을 본 부처님이 감탄하시며 읊으신 게송입니다. 부처님 제자 중에 에꾸다나라는 장로가 있었는데 그는 평생 이 게송만 외웠습니다. 에꾸다나는 큰 숲에서 머물며 수행했습니다. 그가 수행하다가 이 게송을 읊으면 목신(木神)들이 나타나 박수를 치며 "대단하십니다." 하고 경탄했습니다.

어느 날 이 숲에 대강사 스님 두 분이 찾아옵니다. 각각 제자를 오백 명씩 거느린 스님들이기에 에꾸다나는 게송을 청합니다. 그러자 스님들은 "아무도 없는데 무슨 게송을 설해 달라는 말인가?" 하고 묻습니다. 이에 에꾸다나는 게송을 읊으면 나무에 깃든 신들이 박수를 치며 경탄한다고 이야기합니다. 그 이야기를 들은 두 스님은 두 시간 동안 게송을 읊었습니다. 그런데 목신은커녕 개미 한 마리도 나타나지 않았습니다. 스님들은 에꾸다나에게 평소 읊는 게송을 읊어 보라고 합니다. 에꾸다나는 평소처럼 이 게송을 읊었지요. "거룩한 마음을 가지고 항상 깨어 있는 이는 지혜의 길을 걸어간다. 이러한 공덕을 구족하여 번뇌가 소멸하고 항상 마음 챙기는 아라한에게 슬픔은 일어나지 않는다." 하고 말입니다.

아라한은 무아법에 통달한 사람입니다. 내가 사라졌기 때문에 나의 고통과 번뇌와 슬픔이 없는 것입니다. 나의 고통, 나의 번뇌, 나의 슬픔의 원인은 내가 있기 때문입니다. 현상은 있지만 그것은 육체적 고통일 뿐이지 '내'가 고통 받는 것이 아닙니다. 겉으로 드러나는 현상으로는 허리가 아픕니다. 누가 아픈 것입니까? '달마'가 아픈 것입니다. 그럼 나는 무엇을 하고 있습니까? 달마가 허리가 아픈 것을 관찰합니다. 현상을 무시하라는 말이 아닙니다. 현상이 있지만 현상에서 벗어나라는 것입니다. 현상을 다스리라는 것입니다. 아라한과를 성취했다고 해서 육신의 고통이 사라지는 것이 아닙니다. 아라한도 늙고 병들고 죽습니다. 그러나 '내'가 늙고 병들고 죽는 게 아닙니다. '월호'라고 이름 붙여진 육근의 무더기가 늙고 병들고 죽는 것입니다. 육근의 무더기, 즉 달마 혹은 짱구가 늙고 병들고 죽는 것입니다.

　　에꾸다나가 게송을 다 읊기도 전에 목신들이 나타나서 박수를 쳤습니다. 이를 이상하게 여긴 스님들은 부처님께 가서 이 일에 대해 이야기합니다. 그러자 부처님이 두 번째 게송을 설하십니다. 법을 적게 들었어도 몸과 마음으로 뜻을 이해하며 잊지 않고 실천하는 사람이 진정으로 법을 지닌 사람이라고 하셨지요.

　　요즘에는 『금강경』을 통째로 외우는 분들도 있더군요. 어느 분이 저에게 "금강경을 다 외우시나요?" 하고 묻길래 저는 "못 외웁니다." 하고 답했습니다. 저는 외우지 못합니다. 『금강경』의 사구게 '약이색견아(若以色見我) 이음성구아(以音聲求我) 시인행사도(是人行邪道) 불능견여래(不能見如來)' 하나만 외워도 됩니다. 또는 '범소유상(凡所有相) 개시허망(皆是虛妄) 약견제상비상(若見諸相非相) 즉견여래(則見如來)'나 혹은 '일체유위법(一切有爲法) 여몽환포영(如夢幻泡影) 여로역여전(如露亦如電) 응작여시관(應作如是觀)' 만 외워도 됩니다. 경전의 내용을 잘 이해하고 실천하는 게 중요한 것이지, 많이 외운다고 좋은 게 아닙니다.

057

팔정도가 최상의 길

길 중에서 팔정도가 으뜸이요
진리 중에서 사성제가 으뜸이다.
법 중에서 탐욕 없음이 으뜸이요
두 발 가진 중생 중에서는
법안이 열린 자가 으뜸이다.

길은 오직 하나뿐!
견해의 청정으로 가는 데에는 다른 길은 없나니
그대여, 마땅히 이 길을 가라.
그러면 마라를 당황하게 하리라.

이 길을 간다면
괴로움의 끝에 이르리라.
번뇌의 가시를 뽑는 이 길을 깨닫고
나는 그대들에게 보여 주었다.

그대들은 힘써 노력하라.
나 여래는 단지 길을 보여줄 뿐!
누구든지 이 길을 가면
마라의 얽매임에서 벗어나리라.
-『법구경』273~276

▽

시내에서 길을 걷다 보면 "도를 아십니까?" 하고 묻는 분
을 종종 만나게 됩니다. 그럴 때 저는 "압니다. 팔정도입니다." 하
고 답합니다. 도(道)는 길 도(道) 자를 씁니다. 길 중에서는 팔정도
가 으뜸이요, 진리 중에서는 사성제가 으뜸입니다. 사성제는 고
집멸도, 즉 '나의 고통은 내가 있기 때문이다. 내가 없어져야 내
고통이 없어진다.'는 것입니다. 법 중에서는 탐욕 없음이 으뜸입
니다. 탐욕에서 모든 고통이 시작되기 때문입니다. 자신의 탐욕
을 충족하려는 노력보다 탐욕을 줄이려는 노력이 필요합니다.

두 발 가진 중생 중에서는 법안(法眼)이 열린 자가 으뜸입
니다. 법안을 터득한 사람은 '제법무아(諸法無我)'를 터득한 사람
입니다. '모든 법을 분석해 보니 나라는 고정불변의 실체는 없더
라.'는 것이 제법무아입니다. 불교는 분석적인 종교입니다. '나의
고통은 내가 있기 때문인데, 나는 정말 있는 건가?' 하고 존재를
해체해서 분석합니다. 존재는 뜯어 봐야 실체가 드러납니다. 서
시나 양귀비 같은 미인도 얼굴만 따로 보면 예쁠까요? 분석하면

실체가 보입니다. 눈이 아무리 예쁘다고 해도 눈만 따로 떼어 놓고 보면 예쁘지 않습니다. 그래서 옛 수행자들이 우리 몸을 분석해 보니 '5위(位) 75법(法),' 즉 다섯 종류의 일흔다섯 가지 법으로 이루어져 있었습니다. 이것은 『구사론』이라는 부파불교의 논서에 나온 이야기입니다. 이 경전은 어렵지만 법에 대한 분석을 아주 세밀하게 한 경전입니다. 일흔다섯 가지 담마(dhamma), 즉 법으로 이루어져 있는데 그 어디에도 아트만(ātman), 즉 고정된 실체로서의 나는 없다는 것입니다. 그래서 불교에서 '무아(無我)'를 이야기하는 것입니다. 지금 여기에 있는 '내'가 없다는 말이 아니라 고정된 실체로서의 '나'가 없다는 이야기입니다. 우리는 매 순간 변화하는데 대체 어느 순간이 '나'일까요? 5위 75법을 '제법(諸法)'이라고 합니다. 이 모든 법에도 아트만, 즉 고정불변하는 나는 없다는 것, 이것이 바로 제법무아설입니다. 『구사론』의 핵심이 제법무아입니다. 고정불변하는 내가 없으니 바로 지금 여기에 있는 내가 '참나'입니다. 제법무아를 제대로 통찰하는 사람, 그런 사람이 바로 법안이 열린 자입니다.

절에서 하는 화두 공부가 바로 이 무아설을 맛보게 하는 것입니다. 참회는 하심(下心) 공부요, 기도는 일심(一心) 공부요, 참선은 무심(無心) 공부요, 행불은 발심(發心) 공부입니다. 이렇게 공부에도 차원이 있습니다. 다른 종교의 기도는 어떻게든 신에게 구원을 받고자 하는 것인 반면 불교의 기도는 일심 공부입니다. 여러분이 만약 관세음보살님께 기도를 한다면, 관세음보살의 마음과 내가 하나가 되는 것입니다. 무심 공부는 무아를 깨닫는 것입니다. 참선은 분별하는 마음을 쉬고 무아법을 언뜻 맛보게 하는 것입니다. 언뜻 맛보더라도 그걸 경험한 사람과 경험하지 못한 사람은 천지 차이가 납니다. 여러분도 공부를 꾸준히 해서 무아법을 언뜻이라도 맛봐야 합니다. 그러면 그것을 죽어서도 가져갑니다. 공부에 대한 기억은 내생에도 가져갑니다. 금생에 수다원과를 얻으면 내생에 수다원과부터 시작하는 것입니다.

"그대들은 힘써 노력하라. 여래는 단지 길을 보여줄 뿐," 이것이 바로 주인의식입니다. 십 년 전에 중국 황산에 간 적 있습니다. 막상 가서 보니 우리나라 설악산이 훨씬 더 아름답더군요. 내가 직접 가서 보았기 때문에 아는 것입니다. 누가 대신 봐줄 수 있는 것이 아닙니다. 팔정도도 마찬가지입니다. 아무도 대신할 수 없습니다. 대신하면 아무 의미가 없는 것입니다.

팔정도와 사성제는 초기불교든 대승불교든 모든 불교에서 공통적으로 전하는 가르침입니다. 과거의 모든 부처님도 설했고 석가모니 부처님도 설했으며 앞으로 오실 모든 부처님도 설하실 것입니다. 이것을 모르면 불교를 모르는 겁니다. 이 두 가지를 제대로 이해하고 실천하지 않으면 아무리 불교학 앞으로 꿰고 뒤로 꿰고 있어도 부질없는 일입니다. 그런 의미에서 팔정도의 의미를 다시 한 번 짚어보겠습니다.

바른 생각은 콩 심은 데 콩 나고 팥 심은 데 팥 난다는 것을 아는 것입니다. 바른 말은 거짓말을 하지 않고 진실만 말하는 것입니다. 바른 행위는 살생 투도 사음 망어를 하지 않는 것입니다. 바른 생계는 살생 투도 사음 망어를 하는 직업을 갖지 않는 것입니다. 바른 정진은 선한 행위는 꾸준히 늘리고 나쁜 일은 계속 줄여 나가는 것입니다. 바른 관찰은 대면관찰을 하는 것입니다. 몸에 대해 몸을 보고, 느낌에 대해 느낌을 보고, 마음에 대해 마음을 보고, 법에 대해 법을 보는 것입니다. 거울 보듯 영화 보듯 강 건너 불구경하듯 대면해서 관찰하되 닉네임을 붙여서 보는 것입니다. 바른 선정은 대면관찰이 점점 깊어지는 것입니다. 대면관찰을 꾸준히 하면 초선정에 듭니다. 대면관찰이 저절로 되면 희열이 느껴지는 2선정, 대면관찰이 깊어지면 희열조차 사라지는 3선정에 듭니다. 그때는 고요한 행복만 남습니다. 4선정은 행복조차 사라지고 평정 상태(해인삼매. 대원경지)에 이릅니다. 바른 견해는 사성제와 팔정도를 바르게 아는 것입니다.

다른 종교는 지옥 아니면 천당을 이야기합니다. 불교에서는 극락을 이야기하지요. 하지만 극락은 중간 단계일 뿐입니다. 존재하는 한 윤회에서 벗어나지 못한 것입니다. 극락에서 존재하는 한 (물질적 존재가 아니라 정신적 존재이더라도) 아직 윤회에서 벗어나지 못한 것입니다. 존재의 소멸은 허무가 아니라 명(明)입니다. 무명 이전은 명입니다. 그래서 제가 늘 '나는 본래 크고 밝고 충만하다.'고 합니다. 우리는 보통 사람이 죽으면 '돌아가셨다'고 합니다. 어디로 돌아가는 것입니까? 명으로, 크고 밝고 충만한 자리로 돌아가는 겁니다. 그러나 번뇌 망상이 많은 사람은 본래 밝은 자리로 돌아가지 못하고 다시 태어납니다. 『능엄경』에 보면 부처님께 "지옥이니 극락이니 하는 것이 진짜 실제로 있습니까? 아니면 마음속에 존재하는 겁니까?" 하고 묻는 대목이 나옵니다. 부처님은 "마음속에도 있고 실제로도 존재한다."고 답합니다. 마음속으로 연습한 일들이 현실화돼서 나타나는 겁니다. 참선 수행을 하는 선사들은 '그건 다 마음의 현상일 뿐'이라고 합니다. 그렇지만 지금 이 몸은 마음으로 연습해서 받은 것입니다. 마음의 세계도 역시 마음의 세계로서 존재한다고 나와 있습니다. 맞습니다. 사람들은 자꾸 단견(斷見), 즉 '있다'거나 '없다'는 관점으로만 보는데, 이렇게 이야기하면 당장 알아듣기는 쉽지만 실제는 절대 그렇지 않습니다. 지금 인간계가 있다고 말하지만 이것도 알고 보면 실체는 없습니다. 현상이 있을 뿐입니다. 끊임없이 변하기 때문입니다. 지옥과 극락도 실체는 없지만 현상으로서는 존재한다는 말입니다. 이것을 잘못 전달하고 가르치는 분이 의외로 많습니다. 이것을 정확히 알아야 합니다. 마음으로도 존재합니다. 살면서 어떤 마음을 연습하느냐에 따라 익숙한 곳으로 가는 것입니다. 매주 행불선원에 가면 행불선원에 가는 게 익숙한 것처럼 말입니다. 그러나 한 번도 행불선원에 가지 않은 사람은 가기가 쉽지 않습니다.

058

머리가 텅 빈 대강백
뽀띨라

지혜는 수행에서 생기고
수행을 하지 않으면 지혜가 줄어든다.
지혜를 얻거나 잃는 두 길을 잘 알고
지혜를 키우기 위해 힘써 노력하라.
-『법구경』282

▽

　　지식은 알음알이로 키울 수 있지만 지혜, 즉 참다움 밝아
짐은 수행을 해야 한다는 말입니다. 여러분도 수행을 해야 합니
다. 경전을 읽거나 스님들 강의를 듣는 것만으로는 지혜가 생기
지 않습니다. 수행은 어떻게 해야 할까요? 우선 화가 나거나 걱정
근심이 생기는 어떤 상황에 닥치면 대면관찰을 하면 됩니다. 평
소에는 본래 밝음의 자리, 즉 명(明)으로 돌아가는 수행을 해야 합

니다. 바로 마하반야바라밀을 염하는 것입니다. 크게 세 단계로 나눌 수 있습니다. 첫째, 마하반야바라밀을 염합니다. 둘째, 내가 염하는 소리를 듣습니다. 셋째, 듣는 성품을 돌이켜 듣습니다. 저는 이 수행을 '마음리셋' 수행이라고 부릅니다. 우리를 본래 밝은 자리로 돌아가게 해주기 때문입니다. 이 수행은 육조혜능 스님이 『육조단경』에서 일러 주신 것입니다. '마하반야바라밀을 구념심행(口念心行)하라.'고 하셨습니다.

마하반야바라밀을 염(念)하는 것은 지금 마음에 챙기는 것을 염하는 것입니다. 내가 챙기고 있다는 것을 어떻게 아느냐고요? 바로 그 염하는 소리를 듣고 있는지 못 듣고 있는지를 알아보면 됩니다. 듣고 있으면 챙기는 것이고, 못 듣고 있으면 챙기지 않는 것입니다. 내가 내는 소리를 내가 들어야 합니다. 나도 듣지 못하는데 관세음보살이 어떻게 듣겠습니까? 이런 마음으로 염하는 이와 듣는 이가 하나가 되어야 합니다. 그래야 관세음보살도 감응을 합니다.

"왜 굳이 마하반야바라밀을 염해야 하나요?" 하고 묻는 분도 있습니다. 관세음보살을 염해도 됩니다. 그런데 마하반야바라밀을 염하는 것은 참선이 되고, 관세음보살을 염하는 것은 기도가 됩니다. 앞에서 기도는 일심 공부이고 참선은 무심 공부라고 말한 바 있습니다. 불자라면 반드시 무심 공부를 해야 합니다. 다시 한 번 마음공부의 네 단계를 짚어 보자면, 첫째는 하심입니다. 마음을 낮춰야 합니다. 둘째가 일심, 기도로 마음을 하나로 만드는 것입니다. 셋째는 무심으로 무아에 통달해야 합니다. 참선으로 무심을 공부할 수 있습니다. 넷째는 발심입니다. '나도 부처님처럼 보살행을 하리라,' 하고 마음을 내는 것입니다.

　　여러분이 절에 다니는 건 마음공부하고 보시하여 복덕을 짓기 위해서입니다. 이 두 가지가 여러분을 행복으로 이끄는 지렛대입니다. 내가 염하는 소리를 들어야 일심이 됩니다. 마하반야바라밀을 염하는 마지막 단계에서는 '듣는 성품을 돌이켜 듣는다.'고 했습니다. 이것은 '선으로 들어가라.'는 것입니다. '무심으로 들어가라.'는 말과도 같습니다. 이것은 조금 어려울 수 있습니다. 무심 공부는 견성(見性), 즉 자기 성품을 보는 것입니다. 명상이 몸과 마음을 보는 것이라면 참선(무심)은 몸과 마음을 보는 '관찰자,' 즉 성품을 보는 것입니다. 이 점이 명상과 참선의 차이입니다. 우선 첫 번째와 두 번째 단계를 열심히 하면 됩니다. 앉으나서나 오나가나 자나 깨나 마하반야바라밀을 염하는 것입니다.

　　집에서 마하반야바라밀을 염할 때는 벽을 마주하고 장궤합장을 합니다. 무릎을 꿇은 채 허리를 곧추 세우고 합장을 하는 자세입니다. 그리고 마하반야바라밀을 소리 내서 염하고 그 소리를 듣는 데 집중합니다. 그다음에는 가부좌를 한 채 눈은 정면을 응시하거나 아래로 깔고 마음의 눈을 뜬 상태로 (자신이 염하는 소리를 듣는 것을 말합니다) 마하반야바라밀을 염하면서 (이때 입으로 소리를 내도 좋고 마음속으로만 염해도 좋습니다) 그 소리를 듣는 데 집중합니다. 이때 중요한 점은 웃으면서 해야 한다는 것입니다. 왜냐하면 마하반야바라밀이 명, 즉 밝음으로 우리를 돌아가게 해 주니까요. 참선할 때는 입꼬리를 올리고 하십시오. 지금 밝음을 체험해야 깨달음이 오게 됩니다. 바로 지금 여기에서 웃는 자가 궁극적으로 웃습니다. 앉은 그 순간부터 입꼬리를 살짝 올립니다. 그렇게 5분 앉아 있으면 5분간은 부처가 됩니다. 본래 부처를 지금 부처로 기억나게 하는 주문이 마하반야바라밀입니다. 이렇게 마하반야바라밀을 염하고 나면 몸과 마음이 개운해지고 좋습니다. 그래서 자꾸 참선을 하고 싶어집니다.

『법구경』의 이 게송은 뽀틸라에게 부처님이 설하신 것입니다. 원래 뽀틸라는 오백 명의 제자를 거느린 대강백이었습니다. 어느 날 부처님이 "뚜짜 뽀틸라여" 하고 불렀습니요. 뚜짜는 '머리가 텅 빈'이라는 뜻입니다. 뽀틸라는 부처님께 이 말을 듣고 스스로 반성했습니다. '내가 강의는 잘하지만 진정한 수행이 안 됐기 때문에 부처님께서 저러시는 것이다. 내가 수행을 해야겠구나.' 생각하고 수행처로 갑니다. 뽀틸라는 그곳의 장로스님께 가르침을 청했습니다. 그런데 장로스님은 자신보다 아래 스님에게, 그 스님은 또 자신보다 더 아래 스님에게 양보했습니다. 이렇게 계속 가르침을 양보해 결국 뽀틸라는 그곳의 막내인 일곱 살 사미스님에게 가게 됐습니다. 사미스님 옆에 무릎을 꿇자 사미스님은 "제가 하라는 대로 할 수 있겠습니까?" 하고 물었습니다. 뽀틸라가 그렇게 하겠다고 답하자 사미스님은 "수도원 옆에 연못이 있는데, 그 흙탕물 안으로 들어가 보세요."라고 했습니다. 뽀틸라가 실제로 그 흙탕물 안에 들어갔다 나오자 사미스님은 다음과 같은 가르침을 주었습니다.

"여기 흙더미에 개미집이 있습니다. 입구가 여섯 곳인데,

그중 한 군데에 거미 한 마리가 들어갔습니다. 거미를 잡으려면 어떻게 해야 할까요? 다섯 곳은 막고 한 곳만 열어 두면 되겠지요. 열어 둔 곳만 뚫어지게 쳐다보면 거미가 그곳으로 나올 것입니다. 수행도 바로 그렇게 하면 됩니다."

사미스님이 말한 여섯 구멍은 우리가 어떤 대상을 감각하거나 의식하는 여섯 기관인 '육근(六根),' 즉 안(眼)·이(耳)·비(鼻)·설(舌)·신(身)·의(意)를 뜻합니다. 이 중에 다섯 곳을 막았다는 것은 봐도 못 본 척, 냄새 맡아도 못 맡은 척, 맛봐도 안 본 척, 느껴도 안 느낀 척, 인식해도 인식하지 못한 척 신경을 쓰지 않는다는 것입니다. 한 곳만 열어 두라는 말은 바로 '귀만 열어 두라.'는 것입니다. 이근원통법(耳根圓通法), 즉 듣는 것에만 집중하라는 것입니다. 이 말을 들은 뽀틸라는 곧바로 수행에 돌입해 아라한과를 얻었습니다.

『능엄경』에서도 그렇고 초기경전에서도 그렇고, 수행할 때는 한 군데만 초점을 맞춰야 한다고 합니다. 이거 했다 저거 했다 왔다 갔다 하면 수행에 진전이 없습니다. 여러분도 평소 마하반야바라밀을 염하면서 그 소리에만 집중해야 합니다. 그 듣는 성품을 알아야 합니다. 소리를 귀로 듣는 것 같지만 귀로 듣는 게 아닙니다. 강의를 들을 때도 강사의 말에 초점을 맞춘 사람은 그의 말을 듣고 있지만 '집의 가스불은 잠그고 왔나.' 생각하는 사람은 강사의 말을 듣지 못합니다. 거실에 괘종시계가 있다고 칩시다. 거실에 앉아 있다고 해서 그 시계 소리가 스물네 시간 들리지는 것은 아닙니다. 만약 우리가 귀로만 듣는다면 종일 그 소리가 들려야 합니다. 그러나 다른 일을 할 때는 괘종시계 소리가 들리지 않습니다. 이것이 수행의 이치입니다. 운전할 때는 전방 백 미터를 주시하면 됩니다. 비가 오면 앞창 유리에서 와이퍼가 왔다갔다 하면서 빗물을 쓸어내립니다. 만약 와이퍼에 초점을 맞추면 당장 사고가 납니다. 우리가 살면서 벌어지는 일은 이 자동차 와이퍼와 같은 것입니다. 와이퍼에만 초점을 맞추면 마음이 항상 산만합니다. 마음의 초점은 전방 백 미터나 이백 미터에, 즉 마하반야바라밀에 맞추고 현상에서는 좋은 일이든 나쁜 일이든 무심히 지나쳐야 합니다. 현상을 무시해도 안 되지만 너무 휘둘려도 안 됩니다. 그 방법이 마하반야바라밀을 구념심행(口念心行)하는 것입니다. 입으로 염하고 마음으로 실천하는 것이지요. 육근 가운데 귀로 공부하는 게 최상입니다. 관세음보살과 문수보살도 이 방법으로 원통을 얻었습니다. 석가모니 부처님도 이 방법을 강력히 추천했습니다. 평소에는 이 수행을 하다가 극도의 불안이나 걱정 근심이 오면 대면관찰로 그것을 누그러뜨리고 다시 이 수행을 하면 됩니다.

058   머리가 텅 빈 대강백 쁘띨라   269

삭까천왕의 네 가지
질문에 답하시다

모든 보시 가운데에 법보시가 으뜸이요
모든 맛 가운데에 법의 맛이 으뜸이네.
모든 기쁨 가운데에 법의 기쁨 으뜸이요
애착을 제거함이 모든 것의 으뜸이네.
- 『법구경』 354

▽

어느 날 천상세계의 천신들 간에 토론이 벌어졌습니다.
'모든 보시 가운데 어떤 보시가 으뜸인가?', '모든 맛 가운데 어떤
맛이 으뜸인가?' 등을 논했는데 결론이 나지 않았습니다. 천신들
이 사대천왕에게 물었지만 그들도 역시 몰랐지요. 그래서 삭까
천왕(제석천왕)에게 묻자 그도 답을 하지 못했습니다. 삭까천왕은
"이 물음에 대한 답은 인간의 영역도 아니고 신의 영역도 아니다.

부처님의 영역이다."라면서 신들을 이끌고 제따와나 사원(기원정
사)으로 내려와 부처님께 여쭙니다. 이 게송은 그에 대한 부처님
의 답입니다.

　　보시는 크게 세 가지로 나눌 수 있습니다. 재물로 돕는 재
보시(財布施), 두려움을 없애 주는 무외시(無畏施), 부처님 가르침
을 전해 주는 법보시(法布施)가 그것입니다. 부처님 일대기를 통
해 가장 중요한 108게송을 선정해 책을 만들고 무료 강연을 하는
것은 법보시입니다. 법을 전해 듣지 못하면 중생이 윤회에서 벗
어날 수 없기 때문입니다. 극단적으로 말해서 수다원과도 얻기
어렵습니다. 사리뿟따는 부처님 10대 제자 중에서도 지혜제일의
제자인데 "여래의 게송을 만나지 못했다면 수다원과조차 얻기 어
려웠을 것이다."라고 스스로 말했습니다. 처음에는 부처님 말씀
이 낯설 수 있지만 그럴수록 자꾸 들어야 합니다. 부처님 가르침
을 전할 때 중생의 근기에 맞출 필요도 있지만 눈높이를 올려 줄
필요도 있습니다. 근기에 맞추자면 매일 잘 먹고 잘 사는 방법에
대해서만 이야기해야 합니다. 하지만 그러면 윤회에서 벗어날 수
없습니다. 매일 달달한 음식만 먹으면 나중에 비만과 당뇨에 걸
려 고생합니다. 달달한 위로도 필요하지만 사실은 경각심을 주고
안목을 열어 주는 말이 더 중요한 것입니다. 차원을 높여야 합니
다. 우리가 이 세상에 인간의 몸을 받아 온 이유는 정신적 차원을
높이기 위해서입니다. 그런데 자기 수준에 맞는 말만 계속 들으
면 차원을 높일 수가 없습니다. 달달한 말만 좇지 말아야 합니다.
　　원효 스님의 『금강삼매경론』에 보면 '정법(正法)의 맛은 물

맛과 같고 밥맛과 같다.'는 구절이 있습니다. 법의 맛은 담담합니다. 물맛이나 밥맛은 특이한 맛이 없지만 아무리 먹어도 질리지 않습니다. 그래서 정법을 물맛 밥맛과 같다고 하는 것입니다. 담담한 가운데 깊은 맛이 있는 것이지요. 어릴 때는 그걸 잘 모릅니다. 당장은 달콤한 초콜릿이나 자극적인 피자를 좋아하지만 나이 들수록 숙성된 맛, 이를테면 된장찌개나 청국장 같은 것을 좋아하지요.

　　모든 맛 가운데 법의 맛이 으뜸입니다. 입에 확 와 닿는 맛은 아니지만 담담한 맛이 있습니다. 대면관찰의 맛도 그렇습니다. 화가 올라올 때 얼른 그것을 대면해서 관찰하면 화가 누그러집니다. 운전할 때 갑자기 끼어드는 차 때문에 욕이 나오려고 할 때, 얼른 "달마가 화가 올라오는구나." 하고 세 번만 말하면 화가 쏙 내려갑니다. 화는 달마가 내고, 나는 대면관찰을 하는 겁니다. 이 맛을 느껴 본 사람들은 압니다. 버럭 화내고 욕을 할 수도 있는데 그걸 스스로 관찰해서 누그러뜨렸을 때의 맛, 그 기쁨을 자주 맛보면 희열이 느껴집니다. 이것을 법희선열(法喜禪悅)이라고 합니다. 법의 기쁨과 선의 즐거움이라는 뜻입니다. 이것은 억지로 참는 것과는 다른 겁니다. 대면관찰에 숙달되면 아플 때도 내가 아니라 "달마가 아프구나." 죽을 때도 "달마가 죽는구나." 하게 됩니다. 이것이 바로 생사해탈입니다. 이보다 더한 기쁨은 없습니다. 몸과 마음을 만족시키려는 노력도 필요하지만 몸과 마음은 아무리 만족시켜 주어도 결국 변합니다. 늙고 병들고 죽습니다. 이것을 관조할 수 있는 수행법을 배워서 연습하는 게 최고입니다. 몸과 마음을 만족시키려고 달달한 것만 좇다 보면 고통에서 벗어날 수 없습니다. 욕심, 화, 어리석은 언행을 다스릴 수 있는 것, 그것이 모든 기쁨 가운데 으뜸이라는 말입니다.

　애착을 제거한다는 것은 무아법에 통달한다는 것입니다. 앞에서 인도네시아 사람들이 원숭이 잡는 법을 말씀드렸지요. 원숭이는 사람이 파 놓은 구멍 속 먹이를 쥔 손을 펴지 못해서, 즉 애착을 버리지 못해서 너무 쉽게 잡혀갑니다. 원숭이가 이 위기에서 벗어나려면 어떻게 해야 할까요?

① 운명이라고 생각한다. 손이 저절로 빠질 때까지 무작정 기다린다.
② 신에게 기도한다. 제발 내 손이 빠지게 해달라고.
③ 극단적인 방법이지만 손목을 잘라 버린다.
④ 원인을 분석한다. 먹이를 놓고 구멍에서 손을 뺀다.

　답은 당연히 ④번이지요. 사람도 마찬가지입니다. 고통스러운 일을 당할 때, 아무것도 못하고 가만히 있는 사람이 많습니다. 아니면 무작정 신에게 기도를 하기도 하지요. 하지만 집착, 애착을 놓으면 저절로 벗어납니다. 이 말이 바로 그런 말입니다.

　나의 고통은 내가 있기 때문입니다. 이것이 사성제의 첫 번째 진리입니다. 나의 고통이 온전히 소멸하려면 내가 소멸해야 합니다. 그러기 위해서는 대면관찰을 해야 합니다. 죽는다고 끝이 아닙니다. 죽어도 죽지 않습니다. 불교에서 영생(永生)은 기본입니다. 중생은 영생합니다. 무아법에 통달할 때까지 계속 새로 태어납니다. 아라한은 불생(不生)입니다. 다시 태어나지 않습니다. 무아법에 통달했기 때문이지요. 보살은 원생(願生)입니다. 원하는 대로 태어납니다.

출가 전 저의 화두는 '사람이 죽으면 어디로 가지?'였습니다. 이 공부를 하기 위해 출가를 했습니다. 웰빙(well-being)과 웰다잉(well-dying), 즉 잘 산다는 것과 잘 죽는 것을 공부하고 수행해 왔습니다. 우리는 모두 죽습니다. 그런데 사람들은 천년만년 살 것처럼 모으고 쌓아 놓고 살다가 어느 날 죽음에 임박하면 '벌써 내 차례인가?' 하며 당황합니다. 가는 데는 순서가 없습니다. 죽는다고 끝도 아닙니다. 중생은 모두 다시 태어납니다. 금생에 얼마나 복 닦기, 도 닦기를 했느냐에 따라 달라집니다. 살면서 얼마나 복과 도를 닦았는가가 중요하지, 죽는다는 것 자체는 중요한 일이 아닙니다.

부처님께서 이 게송을 읊어 주시자 삭까천왕은 "이렇게 좋은 말씀을 왜 설해 주지 않으셨습니까. 앞으로 우리 신들도 부처님이 법을 설할 때 동참해서 들을 수 있도록 허락해 주십시오." 하고 청합니다. 그러자 부처님이 허락해 주십니다. 이 게송은 천신들도 부처님 법문을 듣는 계기가 된 게송이기도 합니다. 부처님 명호 중 '천인사(天人師)'라는 것이 있습니다. 천신과 인간의 스승이라는 뜻이지요. 이 명호가 바로 이 이야기 이후에 나온 것입니다.

신심제일 박칼리 장로

붓다의 가르침에 기뻐하며
믿고 따르는 비구는
상카라의 소멸, 행복, 평화, 열반을 얻으리라.
- 『법구경』

▽

　　박칼리는 길에서 부처님이 탁발하러 가시는 모습을 보고 반했습니다. 그 모습이 너무 환하고 의젓하고 평화스러웠던 것이지요. 부처님이 중생을 교화하는 방법이 크게 세 가지입니다. 신통과 설법 그리고 위의(威儀)입니다. 위의는 모습과 거동을 뜻합니다. 모습만 보고도 '저분은 뭔가가 있는 분이다.' 하는 느낌이 드는 것입니다. 박칼리는 부처님의 모습을 보고 반해서 출가합니다. 매일 그 모습을 보기 위해서지요. 그래서 항상 부처님 곁을 졸졸 따라다닙니다. 부처님이 법을 설할 때면 법은 안 듣고 모습만 보았습니다. 수행과 법문에는 관심이 없고 그저 부처님을 바라보기만 해도 행복해했습니다. 이런 박칼리를 보며 부처님이 특단의 조치를 내립니다. "나는 이번 하안거를 다른 절에서 보낼 테니 너는 이곳에서 보내거라." 하고 말씀하신 겁니다. 석 달간 부처님을 볼 수 없다는 생각에 막막해진 박칼리는 영취산 바위에 올랐습니다. 죽고 싶은 마음이 들었기 때문이에요. '부처님이 나를 멀리하시는구나. 살아서 무엇하리.' 하고 생각했던 것이지요. 부처님이 이를 아시고 영취산으로 보신(報身)을 보냅니다. 부처님은 살아 계실 때 지금 머무는 곳이 아니라 다른 곳에 몸을 나타내실 수 있었습니다. 이를 보신이라고 하지요. '빛으로 나투신 부처님' 또는 '광명으로 나투신 부처님'이란 말이 바로 이 보신을 뜻합니다. 기도할 때 응답해 주는 부처님이 보신입니다. 보신불을 나타내서 허공에 광명으로 나투신 것입니다. 보신을 보고 박칼리는 신심이 샘솟았습니다. '역시 나를 잊지 않으셨구나.' 하면서 바위에서 뛰어내립니다. 그때 부처님이 빛을 보내서 박칼리를 제따와나 사원 앞마당으로 보냅니다. 그러고는 이 게송을 읊어 주십니다. 이 일로 박칼리는 '신심제일'의 제자가 됩니다.

　　"붓다의 가르침에 기뻐하며 믿고 따르는 비구는 상카라의 소멸, 행복, 평화, 열반을 얻으리라."라고 했습니다. 여기서 상카라(saṃkhara)는 존재를 뜻합니다. '제행무상(諸行無常)'을 말할 때의 '행'과 같은 의미입니다. 이때 행은 조건 지어진 존재, 인과 연으로 인해서 만들어진 존재입니다. 이것을 산스크리트로 '상카라'라고 하는 것입니다. '존재의 소멸, 행복, 평화, 닙바나를 얻으리라.' 하는 말은 무아법을 통달한다는 뜻입니다.

　　존재하는 한 몸은 생로병사(生老病死)하고, 마음은 생주이멸(生住異滅)합니다. 진정한 평화는 존재가 소멸되는 것입니다. 존재의 소멸은 무아를 통달하는 것, 즉 아라한과를 얻는 것입니다. 물질적이든 정신적이든 존재하는 한 변화하고, 변화하기 때문에 고통이 수반됩니다. 모든 고통이 소멸되려면 존재가 소멸되어야 합니다. 관세음보살도 괴롭습니다. 왜? 존재하니까요. 스스로 원을 일으켜 존재하지만 중생에 대한 애달픔으로 힘든 것입니다. 『천수다라니경』에도 '청경존이시여'라고 나오지 않습니까. 관세음보살은 중생의 삼독(三毒)을 대신 마셔 줍니다. 그런데 완전히 마시면 죽기 때문에 목 뒤로 넘기지도 못하고 뱉지도 못한 채 목에 두고 있습니다. 그래서 목이 시퍼렇기 때문에 푸를 청(靑) 자와 목 경(頸) 자를 써서 청경존(靑頸尊)이라고 하는 것입니다. 지장보살은 또 어떻습니까. 지옥문 앞에서 매일 웁니다. 지옥에 중생이 없어야 하는데 지옥을 나가는 사람보다 들어오는 사람이 많기 때문입니다. 지옥중생을 제도하는 것이 지장보살의 서원이기 때문에 날마다 슬픈 것입니다. 지장보살 역시 존재하기 때문에 그런 것입니다.

바랏와자 사 형제의 출가

나모 땃사 바가와또 아라하또 삼막삼붓다사
– 『담마빠다 아타까타』

성냄을 부수어야 편안히 살고
성냄을 부수어야 슬픔이 없네.
뿌리에는 독이 있지만 꼭지는 달짝지근한
성냄을 부수는 것을 성자들은 칭찬하나니
성냄을 부수면 더 이상 슬픔이 없기 때문이네.
– 『담마빠다 아타까타』

바라문이여, 이처럼 그대가 나에게 비난하고
화내고 욕하였지만 나는 받아들이지 않았으니
그것은 도로 그대에게 되돌아갔다.
– 『쌍윳따 니까야』

어리석은 자는 모욕을 퍼부으면서 이겼다고 생각하네.
하지만 인내가 무엇인지 아는 자에게 승리가 돌아가리.
성내는 자에게 다시 성내는 자는
아직 법이 무르익지 않은 자이네.
– 『쌍윳따 니까야』

악이 없고 청정하고 허물이 없는 사람에게
잘못을 저지르면 악의 과보가 자신에게 돌아가네.
바람을 거슬러 먼지를 날리면 자신이 뒤집어쓰듯이.
– 『쌍윳따 니까야』

▽

이 게송은 분노를 다루는 법에 대해 설한 것입니다. 바랏와자는 4형제였는데, 모두 성질이 보통이 아니었습니다. 자주 화를 내고 분노를 표출했습니다. 4형제 중 첫째의 부인이 불자였습니다. 그녀는 무슨 일만 있으면 '나모 땃사 바가와또 아라하또 삼막삼붓다사.'를 외웠습니다. 하루는 남편 친구들이 집에 놀러 왔습니다. 전부 이교도 수행자들이었지요. 부인은 그들에게 음식을 가져다주다가 그만 접시를 떨어뜨리고 맙니다. 그때 그녀 자신도 모르게 또 '나모 땃사 바가와또 아라하또 삼막삼붓다사.'를 외쳤지요. 우리로 치면 '나무아미타불'이 되겠지요. 그 소리를 듣고 남편 친구들이 기분이 상해 모두 떠납니다. 이 일로 남편은 그녀에게 역정을 크게 냈습니다. '도대체 부처가 어떤 사람이길래 당신이 그렇게 좋아하는지 내가 가서 결단을 내겠다.'며 바로 부처님을 찾아갔습니다. 부처님을 만난 그는 "무엇을 부수어야 편안히 살고 무엇을 부수어야 슬픔이 없습니까?" 하고 묻습니다. 그때 부처님이 "성냄을 부수어야 편안히 살고 성냄을 부수어야 슬픔이 없네.…" 하고 게송을 읊어 주셨습니다.

정말 부수어야 할 것은 물건이 아니라 자신의 성질입니다. 보통 성질나면 물건을 부수지 않습니까. 정말 부수어야 할 것은 성냄입니다. 성내는 그 순간에는 속이 시원한 것 같지만 성내고 난 뒤에는 부작용이 상당합니다. 일단 서로 감정이 상합니다. 또 상대에게 상처를 주지요. 그것은 묵은 업이 되어 본인이 계속 가져가야 합니다.

첫째 형은 이 게송을 듣고 감화를 받아 출가해서 스님이 됩니다. 형의 출가 소식에 그 바로 아래 동생이 성질이 나서 또 부처님을 찾아옵니다. 그는 부처님을 만나자마자 막 욕설을 퍼부었습니다. 그런데 부처님이 묵묵히 듣고만 계셨지요. 그가 욕설을 멈추자 부처님이 또 게송을 읊었습니다.

"바라문이여, 이처럼 그대가 나에게 비난하고 화내고 욕하였지만 나는 받아들이지 않았으니 그것은 도로 그대에게 되돌아갔다."

부처님은 이 게송을 읊기 전 그에게 설명을 합니다. "그대가 손님이 온다고 해서 음식을 잔뜩 차렸는데 손님이 안 먹고 가면 그 음식이 누구의 것이냐? 네가 나에게 욕설을 퍼부었는데 나는 안 받아들였다. 그럼 그건 너에게 돌아가는 것이다." 하고 설명하셨지요. 부처님의 설명과 게송에 둘째도 감화를 받아 출가를 합니다. 그 소식을 듣고 이번에는 셋째가 와서 부처님께 모욕적인 말을 퍼부었습니다. 부처님은 가만히 듣고 계시다가 다음 게송을 읊었습니다.

> "어리석은 자는 모욕을 퍼부으면서 이겼다고 생각하네. 하지만 인내가 무엇인지 아는 자에게 승리가 돌아가리. 성내는 자에게 다시 성내는 자는 아직 법이 무르익지 않은 자이네."

이 게송을 듣고 셋째도 출가합니다. 이 게송이 말하는 것이 바로 인욕바라밀입니다. 부처님은 과거생에 바라밀을 수없이 닦은 분입니다. 인욕바라밀도 닦았습니다. 억울함과 모욕을 참을 줄 아는 사람이 진정한 수행자입니다. 남들이 성질낼 만한 상황에 나도 같이 성질내면 똑같은 사람이 됩니다. 그렇게 하지 않으려면 대면관찰을 해야 합니다. 무조건 참으면 병이 되고 터뜨리면 업이 됩니다. 그러니 관찰을 잘 해야 합니다.

얼마 전 지방의 한 절에서 법회를 하는데 어느 여신도가 동영상을 찍느라 계속 움직이더군요. 그분이 하도 움직이니 다른 사람들도 집중을 잘 못하길래 제가 정중히 "그만 찍고 자리로 돌아가시라."고 말했습니다. 그런데 들은 척도 안 하고 계속 동영상을 찍는 겁니다. 결국 제가 앞자리에 앉은 스님에게 그 여신도를 자리에 앉혀 달라고 부탁했지요. 그분이 그 스님 말은 듣더라고요. 그러고 나서 법문을 시작하려는 속에서 부아가 올라오려고 하더라고요. 그래서 얼른 '달마가 부아가 올라오려고 하는구나.' 했습니다. 속으로 두어 번 말하니까 진정이 되더라고요. 평소 화나는 일이 생길 때 대면관찰을 해 보십시오. 그러면 신기하게도 싹 내려갑니다. 분노, 통증, 걱정, 근심이 밀려올 때 이를 관찰하면 그것이 수그러집니다. 관찰자의 입장에 서는 것, 그것이 건너가는 것입니다. 『반야심경』을 보면 '가자. 가자. 건너가자.'고 하지요? 어떻게 건너가나요? 대면관찰로 건너가는 것입니다. 그 연습을 잘하면 죽을 때도 '달마가 죽는구나.' 하게 됩니다. 죽는 건 달마이고 나는 대면관찰을 합니다. 이것이 생사해탈하는 것입니다. 대면관찰은 우리 일상에서 바로 써먹을 수 있는 효과적인 수행법입니다. 화가 날 때나 모욕을 당했다고 생각될 때 부정적인 감정에 별명을 붙여서 관찰해 보세요. 관찰하는 행위 자체가 그러한 감정과 한 발자국 떨어진다는 의미입니다. 일상에서 대면관찰을 꾸준히 연습하면 늙고 병들고 죽을 때도 써먹을 수 있습니다. 그것이 바로 해탈입니다.

셋째 형의 출가 소식을 듣고 막내가 또 부처님을 찾아옵니다. 이 사람은 부처님 앞에 와서 아무 말 없이 서 있었습니다. 그러자 부처님이 이 게송을 읊으십니다.

"악이 없고 청정하고 허물이 없는 사람에게 잘못을 저지르면 악의 과보가 자신에게 돌아가네. 바람을 거슬러 먼지를 날리면 자신이 뒤집어쓰듯이."

막내도 이 게송을 듣고 출가합니다. 바랏와자 4형제는 이렇게 모두 출가해서 스님이 됩니다. 부처님이 성내는 사람들을 대하는 법을 이 게송을 통해 알아보았습니다. 예전에 어른들이 싸우는 아이들을 보면 "똑같은 놈이니까 싸우지." 하고 말하잖아요. 어릴 때는 이 말이 무슨 말인지 이해하지 못했는데 지금은 압니다. 차원이 다르면 싸우지 않습니다. 차원이 같은 사람끼리 싸우는 것입니다.

062

삼법인을 설하시다

모든 존재 변화하니
어디에도 실체 없네.
애착하면 고통이요
사라지면 기쁨일세.

▽

　"모든 존재 변화하니"라는 구절은 '제행무상(諸行無常)'을 뜻합니다. '제행'에서 행은 존재를 뜻합니다. '행'은 여러 뜻으로 번역할 수 있는데, 여기에서는 존재를 뜻합니다. 무상하다는 것은 항상됨이 없다는 것입니다. 몸은 생로병사(生老病死)하고 마음은 생주이멸(生住異滅)하며 우주는 성주괴공(成住壞空)합니다. 예전에는 우주가 변한다는 사실을 몰랐습니다. 과학이 발달하면서 우주에 고정된 실체가 없음이 밝혀졌지요. 빅뱅 이후에 우주는 지금도 팽창하고 있습니다. 계속 팽창하다 어느 때가 되면 또

축소한다고 합니다. 블랙홀로 빠져들었다가 팽창과 수축을 반복하는 겁니다. 다만 그 기간이 너무나도 길기 때문에 우리가 실감을 못할 뿐이지요. 하지만 성품은 여여부동(如如不動)합니다. 성품은 존재가 아닙니다. 존재를 가능하게 해 주는 가능성이 성품입니다.

"어디에도 실체 없네."라는 말은 '제법무아(諸法無我)'를 뜻합니다. 존재를 분석한 것이 법(法)입니다. 법에는 여러 뜻이 있지만 여기에서는 '존재의 구성 요소'를 뜻합니다. 안의비설신의가 다 법입니다. 존재는 여러 요소로 이루어져 있습니다. 불교에서는 존재를 물질적, 정신적 요소로 분석했습니다. 크게 보면 5위 75법으로 구성돼 있다고 합니다. 그런데 거기 어디에도 아트만은 없었습니다. 즉 영원한 나, 변화하지 않는 나는 없다는 것입니다. 이러한 분석 결과, 무아설은 불교의 핵심 사상이 됩니다. 변화하는 나는 있습니다. 지금 이 책을 읽고 있는 여러분은 있습니다. 하지만 지난주의 여러분과 지금의 여러분은 다릅니다. 지금의 여러분과 다음 주의 여러분은 또 다릅니다. 바로 그 이야기입니다. 몸도 마음도 변합니다. '무아(無我)'에서 '아(我)'는 아트만을 가리키는 것입니다. 계속 변화하니까 '어떤 게 진짜 나일까?' 하고 철학자들이 묻습니다. 정말 나는 누구일까요?

나의 행위가 바로 나입니다. 축생행을 하면 축생이 되고 인간다운 행을 하면 인간이 되고 천신 같은 행을 하면 천신이 되고 보살행을 하면 보살이 되고 부처행을 하면 부처가 됩니다. 이것이 행불(行佛) 사상입니다. 불행시불(佛行是佛), 즉 '부처의 행이 곧 부처'입니다. 하루에 수십 번씩 정체성이 바뀔 수 있습니다. 제행무상이기 때문입니다. 제행무상과 제법무아는 긴밀히 연결돼 있습니다. 제가 사람들에게 법을 설할 때는 법사가 됩니다. 방송국에서 라디오 프로그램을 진행할 때는 디제이가 됩니다. '고정된 나'가 없기 때문에 바로 지금 여기에서 내가 하는 행위가 내가 되는 것입니다. 불교는 마음의 종교라고들 하는데, 틀린 말이 아니지만 마음 못지않게 행위도 중요합니다. 마음만 있고 실천하지 않으면 다른 사람들은 모릅니다.

"애착하면 고통이요"는 '일체개고(一切皆苦)'를 뜻합니다. 무아인데 무아를 모르면 일체가 고통입니다. 내가 있다고 생각하면 고통입니다. 앞에서 여덟 가지 고통에 대해 이야기한 적 있습니다. 생로병사, 사랑하는 이와 헤어지는 고통, 싫어하는 이를 만나는 고통, 원하는 것을 얻지 못하는 고통, 오온으로 인한 고통이 몰려오면 대면관찰을 하면 됩니다. 대면관찰은 무아법을 연습하는 것입니다.

"사라지면 기쁨일세."는 '열반적정(涅槃寂靜)'을 뜻합니다. 열반은 닙바나, 완전 연소입니다. 몸도 사라지고 마음도 사라진 상태, 진정한 무아의 상태이지요. 열반을 여러 가지로 번역하는데 저는 '완전 연소'로 번역합니다. 우리가 윤회하는 이유는 완전 연소를 하지 못하기 때문입니다. 몸이 죽음을 맞이하면 분별심도 사라져야 하는데 몸은 없어져도 분별심은 남아 있기 때문에 그에 적합한 몸을 다시 받는 것입니다. 그래서 윤회하게 됩니다. 완전 연소하면 적정, 고요, 평정 상태에 이릅니다. 이것이 불교의 핵심입니다. 일단 태어났다는 것은 고통을 받을 준비가 됐다는 것입니다. 그걸 알면서도 태어나는 이가 보살입니다. 중생은 분별심이 남아 있어서 영생, 즉 계속 다시 태어나지만 보살은 원생, 즉 원하는 바대로 태어납니다.

삼법인(三法印)은 제행무상과 제법무아를 기본으로 일체개고를 더하거나 열반적정을 더한 것입니다. 네 가지를 통틀어 사법인(四法印)이라고도 합니다. 삼법인은 불교의 핵심 사상입니다. 여기에 부합하면 불교이고, 부합하지 않으면 불교가 아닙니다. 그런 판단의 근거, 기준이 되기 때문에 '법인(法印)'이라고 하는 것입니다.

063

수다원과를 얻은
아나타삔디까의 딸
쭐라수밧다가 시를 읊다

감관은 고요하고 마음은 평온하지요.
조용하게 걷고 침착하게 서지요.
눈은 아래로 내려다보고 말은 적게 하지요.
그런 분들이 저의 스님들이에요.

몸의 행위가 청정하고
말이 청정하고
마음이 청정하지요.
그런 분들이 저의 스님들이에요.

진주조개 껍질처럼 얼룩이 없고
안팎으로 청정하고
훌륭한 덕을 갖추고 계시지요.

그런 분들이 저의 스님들이에요.

세상 사람들은 이익이 있으면 우쭐대고
손해가 있으면 풀이 죽지만
그분들은 이익과 손해에 무관심하지요.
그런 분들이 저의 스님들이에요.

세상 사람들은 명성을 얻으면 우쭐대고
잃으면 풀이 죽지만
그분들은 명성을 얻고 잃음에 무관심하지요.
그런 분들이 저의 스님들이에요.

세상 사람들은 칭찬하면 우쭐대고
비난하면 풀이 죽지만
그분들은 칭찬하거나 비난받거나
똑같은 태도를 보이지요.
그런 분들이 저의 스님들이에요.

세상 사람들은 기쁘면 우쭐대고
괴로우면 풀이 죽지만
그분들은 괴로움과 즐거움을 벗어난 분들이지요.
그런 분들이 저의 스님들이에요.
　－『담마빠다 아타까타』

눈 덮인 히말라야처럼
착한 사람은 멀리 있어도 잘 드러나고
밤에 쏜 화살처럼
악한 사람은 가까이 있어도 잘 드러나지 않네.
-『법구경』304

▽

아나타삔디까(급고독) 장자에게는 딸이 셋, 아들이 하나 있었습니다. 33번 게송에서 아들 깔라가 수다원과를 얻은 과정을 이야기했지요. 장자는 매일 부처님과 제자들 천 명을 자신의 집으로 초대해 공양을 올렸다고도 했지요. 장자의 집에는 하인이 많았지만 공양 준비는 장자가 직접 했습니다. 본인이 바쁠 때는 큰딸 마하수밧다에게 준비하게 하고, 큰딸이 시집을 간 후에는 둘째 쭐라수밧다에게 준비하게 했습니다. 아버지 아나타삔디까를 비롯해 그의 딸들도 모두 수다원과를 얻었습니다(막내딸은 사다함과를 얻습니다). 부처님이 공양하신 후 법을 설해 주셨기 때문에, 매일 듣다 보니 절로 수다원과를 얻게 된 것입니다.

둘째 딸 쭐라수밧다는 처녀 시절에 수다원과를 얻었습니다. 그런데 시집은 이교도의 집으로 가게 됐습니다. 장로가 둘째 딸의 결혼과 관련해 부처님께 "이교도의 집으로 시집을 보내도 될까요?" 하고 여쭈자 부처님은 상관없다고 말씀하십니다. 왜냐하면 쭐라수밧다가 이미 수다원과를 얻었기 때문입니다. 수다원과만 얻어도 이미 확고한 신념이 생기기 때문에 개종하거나 개종 당할 일이 없습니다. 시집을 간 후 쭐라수밧다는 이교도의 수행자들을 모셔서 공양도 올리고 법도 들었습니다. 그런데 막상 그들의 법문을 들어 보니 영 아닌 겁니다. 그래서 시부모에게 스님들을 모셔서 공양을 올리고 싶다고 청합니다. 그러자 시부모가 "대체 스님들이 어떤 분들이길래 네가 그렇게 공양하기를 청하느냐?"고 묻습니다. 이 게송은 그때 쭐라수밧다가 시부모에게 한 답입니다.

먼저 스님들의 신(身)·구(口)·의(意)에 대해 이야기합니다. 선업을 짓든 악업을 짓든 몸과 입과 생각으로 짓습니다. 그래서 신구의 삼업(三業)이라고 합니다. 한 가지로 짓기도 하지만 세 가지를 합해 짓기도 합니다. 세 가지를 합하면 효과가 더 커집니다. 우리도 말로 듣는 동시에 몸으로 익힌 건 오래 기억합니다. 수영이나 자전거는 한 번 배우면 10년이 지나도 할 수 있습니다. 그러나 10년 전 학교에서 선생님에게 들은 지식은 기억하지 못합니다. 그래서 무언가를 배울 때는 몸으로 배우는 게 가장 확실합니다. 제가 법문이나 강연을 할 때 이런저런 동작을 하면서 노래도 부르고, 암송도 하게 하는 이유도 여기에 있습니다.

그런 다음, 이익과 손해, 명성을 얻고 잃음, 칭찬과 비난, 즐거움과 괴로움의 여덟 가지 바람, 즉 '팔풍(八風)'에 흔들리지 않는 모습에 대해 말합니다. 진정한 수행자는 이 여덟 가지 바람에 흔들리지 않는다는 것입니다. 그러기 위해서는 아라한과를 얻어야 합니다.

며느리가 이 게송을 읊으니 시부모도 관심을 보입니다. 그래서 부처님과 스님들을 한번 뵙고 싶다고 하지요. 그러자 그녀가 부처님 계신 곳을 향해 허공에 대고 '부처님, 내일 저희 집에 오셔서 공양을 받아주십시오.' 하고 기원합니다. 쭐라수밧다는 친정에서 아주 먼 곳으로 시집을 갔습니다. 하지만 부처님은 신통으로 그녀의 기원을 들으십니다. 바로 그날, 아나타삔디까 장로 집에서 공양을 받으시던 부처님은 "내일은 네 딸의 집으로 공양을 갈 것이다."라고 말합니다. 다음 날 부처님은 아라한 오백 명과 함께 쭐라수밧다의 집으로 갑니다. 천상의 목수가 탑 오백 개를 만들자 스님들이 그 탑에 몸을 싣고 공중을 날아서 갔습니다.

쭐라수밧다가 공양 준비를 마치고 나니 천상에서 오백 개의 탑들이 날아오는 모습이 보였습니다. 탑 하나에 스님 한 분이 앉아 계셨습니다. 쭐라수밧다가 부처님께 "멀리서 청을 했는데 어떻게 알고 오셨습니까?" 하고 묻자 부처님이 마지막 게송을 읊어 주셨습니다.

부처님과 아라한 오백 명이 그 집에서 공양을 한 뒤 시댁 사람들 모두 불자가 되고, 그 지역 사람들도 불자가 됐다는 이야기가 『법구경』에 전해집니다.

사다함과를 얻은
아나타삔디까의 막내딸
수마나

선행을 하는 이는
금생에서도 즐겁고 내생에서도 즐겁고
두 생에서 모두 즐거워한다.
착한 일을 하였구나! 하고 되새기며 즐거워하고
선처에 태어나 더욱 즐거워한다.
-『법구경』18

▽

수마나는 아나타삔디까 장자의 막내딸입니다. 그녀는 언니들이나 아버지보다 한 단계 높은 수행 경지인 사다함과를 얻었습니다. 수다원과는 일곱 번 천상과 인간세계를 왕복하는 사이 해탈하지만 사다함과는 천상에 태어났다가 다시 인간세계로 와서 바로 해탈합니다. 그래서 '일왕래(一往來)'라고도 하지요.

어느 날 막내딸 수마나가 병에 걸려 죽음에 임박했습니다. 아나타삔디까 장자가 "애야, 상태가 어떠냐?" 묻자 딸이 "괜찮다, 아우야." 하고 답하는 것입니다. 장자는 깜짝 놀라서 "지금 제정신이냐?"고 묻습니다. 그러자 "제정신이다. 아우야." 하는 겁니다. 이에 장자가 "헛것이라도 보이느냐?"고 재차 묻자 딸은 "아무일 없다. 아우야." 하고 말했습니다. 그러곤 세상을 떴지요.

아나타삔디까 장자는 딸이 제정신이 아닌 상태로 세상을 뜬 것 같아서 마음이 좋지 않았습니다. 그래서 부처님께 가서 그일을 말했습니다. 부처님은 수마나가 "헛것을 보거나 정신을 잃고 한 소리가 아니다."라고 말씀하십니다. 부처님 말씀인즉, 수마나는 사다함과를 얻었기 때문에 수다원과를 얻은 아버지를 아우로 여긴 것입니다. 살아 있을 때는 부모 자식 간이거나 형제 간이어도 죽어서는 관계가 달라질 수 있습니다. 각자 살아 있는 동안복 닦기와 도 닦기를 어떻게 했느냐에 따라 죽어서 갈 길이 다르기 때문입니다.

이 게송에서 선행을 하는 이는 바로 수마나입니다. 이 게송을 통해 장자의 막내딸 수마나가 깨달음의 경지로 볼 때 아버지보다 높은 경지에 이르렀음을 부처님께서 인증해 주신 것입니다.

065

아나함과를 얻은 바라문 마간디야와 그의 아내

갈애, 혐오, 애욕이라는 이름의
선녀처럼 아름다운 세 딸을 보았어도
사랑하고픈 생각이 없었는데
오줌과 똥으로 가득 찬 마간디야를 왜 원하겠는가?
그 더러운 몸에 나의 발바닥조차 닿지 않게 하겠네.
– 『담마빠다 아타까타』

전쟁터의 코끼리가 날아오는 화살을 참고 견디듯이
나는 욕설을 참고 견디리라.
사람들은 대부분 도덕과 계율을 모른다.

사람들은 축제에 잘 길들인 코끼리만을 데리고 가고
왕은 길들인 코끼리만을 탄다.
날아오는 비난의 화살을 잘 참는 사람이

자신을 가장 잘 길들인 사람이다.

노새나 준마나 힘센 코끼리도
길들이면 훌륭하지만
가장 훌륭한 것은 자신을 길들이는 것이다.
-『법구경』320~322

주의 깊게 마음 챙기는 것(不放逸)은
불사(不死)에 이르는 길이고
게으르고 방일하게 지내는 것은
죽음에 이르는 길이네.
주의 깊게 마음 챙기는 이는 죽지 않고
게으르고 방일하게 지내는 자는 죽은 자와 같네.
-『법구경』21

▽

　　부처님 재세 시에 마간디야라는 바라문이 있었습니다. 그
에게는 아주 아름다운 딸이 있었습니다. 딸이 혼기가 되자 사방
에서 혼담이 들어왔습니다. 그러나 아무리 봐도 마땅한 사윗감이
없었습니다. 어느 날 마간디야가 길을 걷다가 부처님을 보았습니
다. 그는 부처님을 보자마자 '내 사윗감이다.' 생각했습니다. 마간
디야는 사람의 발자국으로 품성을 보는 재주가 있었는데, 부처님

발자국은 단정하면서도 앞뒤가 고루 파여 있었습니다. 이를 보고 대단한 사람이라는 것을 알아본 것입니다. 마간디야는 탁발 중인 부처님께 "잠시만 여기서 기다려 주십시오." 하고 부탁하고는 집으로 돌아가 딸에게 치장을 시켜 부처님 계신 곳으로 함께 갔습니다. 부처님은 가만히 그를 기다렸습니다. 마간디야와 그의 아내가 아나함과를 얻게 될 연(緣)임을 알고 계셨기 때문입니다. 마간디야가 부처님께 딸을 소개합니다(딸의 이름도 마간디야였습니다). 그때 부처님이 첫 번째 게송을 읊으셨습니다.

> "갈애, 혐오, 애욕이라는 이름의 선녀처럼 아름다운 세 딸을 보았어도 사랑하고픈 생각이 없었는데, 오줌과 똥으로 가득 찬 마간디야를 왜 원하겠는가? 그 더러운 몸에 나의 발바닥조차 닿지 않게 하겠네."

갈애, 혐오, 애욕은 마왕의 세 딸입니다. 부처님이 보리수 아래서 선정을 닦고 깨달음 얻을 당시 마왕이 자기의 세 딸을 보내서 부처님을 유혹했지만 부처님께서는 전혀 동요하지 않으셨습니다. 이 게송을 듣고 마간디야와 그의 아내는 그 자리에서 아나함과를 얻습니다. '그간 숱한 남자들이 내 딸 얼굴 한번 보려고 그 난리를 쳤는데 이분은 도대체 어떻게 된 분이 발바닥조차 닿지 않겠다고 하는가.' 하고 감탄하면서 아나함과를 얻습니다. 부처님이 다소 적나라하게 이야기한 데는 그렇게 해야 이 부부가 아나함과를 얻을 수 있음을 아셨기 때문입니다. 그런데 문제는 그의 딸이 이 게송을 듣고 자존심이 상한 것입니다.

　마간디야와 그의 아내가 아나함과를 얻고 출가하자 그의 동생이 조카인 마간디야를 이웃 나라 왕에게 소개했습니다. 이웃 나라 왕은 그녀를 보자마자 반해 결혼을 청하고, 그녀는 왕비가 됩니다. 그로부터 몇 년 후인가 시간이 흐른 뒤, 부처님은 마간디야가 왕비로 있는 나라에서 하안거를 보내게 됩니다. 마간디야는 이 사실을 알고 과거에 부처님께 들은 말을 떠올리며 복수를 다짐합니다. 그녀는 사람들을 고용해 부처님과 제자들이 탁발을 나갔을 때 욕설을 퍼부었습니다. 사람들에게 음식을 주지도 못하게 했습니다. 탁발을 하지 못하자 제자들은 굶주림에 지쳤습니다. 아난다 존자는 부처님께 "여기 계속 있으면 밥을 못 얻어먹으니 다른 곳으로 가시지요." 하고 청합니다. 그러자 부처님이 두 번째 게송을 읊으십니다.

　　"전쟁터의 코끼리가 날아오는 화살을 참고 견디듯이, 나는 욕설을 참고 견디리라. 사람들은 대부분 도덕과 계율을 모른다.
　　사람들은 축제에 잘 길들인 코끼리만을 데리고 가고, 왕은 길들인 코끼리만을 탄다.
　　날아오는 비난의 화살을 잘 참는 사람이 자신을 가장 잘 길들인 사람이다.
　　노새나 준마나 힘센 코끼리도 길들이면 훌륭하지만 가장 훌륭한 것은 자신을 길들이는 것이다."

이 게송을 들은 아난다 존자가 신통으로 이웃 나라에서 탁발을 해 오겠다고 하자 부처님은 이를 막습니다. "너희는 아라한이기 때문에 신통으로 날아다닐 수 있지만 후대의 스님들은 그렇지 못할 것이다. 후대의 스님들에게 본을 보여야 한다."시며 "걱정하지 마라. 칠 일 후에는 이 어려움이 해결될 것이다." 하고 말씀하십니다. 정말 일주일이 지나자 부처님과 제자들을 욕한 사람들이 고용된 사람들이라는 사실이 밝혀졌습니다. 그래서 많은 사람이 부처님의 말씀에 교화됐습니다. 그런데도 마간디야는 자신의 잘못을 반성하지 못하고 불자였던 다른 왕비(사마왓띠)를 모함했습니다. 그녀에게 갖가지 모함을 한 마간디야는 지금껏 다른 사람들을 해코지했던 죄가 모두 드러나 무서운 벌을 받습니다. 몸은 땅에 파묻고 얼굴만 밖에 내놓게 한 뒤 얼굴에 불을 붙이는 형벌이었습니다. 마간디야는 그렇게 죽게 됩니다. 그녀가 죽은 뒤 부처님은 마지막 게송을 읊으십니다.

> "주의 깊게 마음 챙기는 것〔不放逸〕은 불사(不死)에 이르는 길이고, 게으르고 방일하게 지내는 것은 죽음에 이르는 길이네. 주의 깊게 마음 챙기는 이는 죽지 않고, 게으르고 방일하게 지내는 자는 죽은 자와 같네."

몸이 죽는 것이 죽는 게 아니라 마음챙김을 못하는 것이 죽는 것이라는 이야기입니다. '깨어 있음,' 즉 대면관찰, 마음챙김을 하는 사람은 죽어도 죽지 않습니다. 이것을 하지 못하는 사람은 살아 있어도 죽은 자와 마찬가지라는 듯입니다.

불교는 관찰과 보시의 종교입니다. 이것이 주식이고 나머지는 반찬입니다. 반찬은 조금만 있어도 좋고 없어도 할 수 없습니다. 관찰과 보시야말로 주식이니까 불자라면 꼭 해야 하는 것입니다. 나머지는 형편과 상황 따라 하면 됩니다. 그래서 제가 강의나 법문을 마칠 때마다 "성불(成佛)은 행불(行佛)부터. 바로 지금 여기에서 몸과 마음을 관찰하자."고 말하는 것입니다. 관찰이 밥입니다. 또 제가 법회 때 마지막으로 신도들과 다 같이 하는 말은 "아는 만큼 전하고 가진 만큼 베풀자."입니다. 보시는 국 같은 것입니다. 나머지는 반찬 같은 것입니다. 정말 중요한 것은 관찰과 보시입니다.

o66

아라한과를 얻은
케마 왕비의 출가

거미가 자신의 쳐 놓은 거미줄에 얽히듯이
욕망에 빠진 사람은 욕망의 물살에 휩쓸려 간다.
지혜로운 이는 이것을 잘라 버리고
괴로움에서 벗어나 무욕(無慾) 속에 노닌다.
– 『법구경』 347

▽

　　마가다의 왕 빔비사라에게는 여러 명의 왕비가 있었습니
다. 그 중에 케마 왕비가 가장 아름다웠습니다. 그래서 케마 왕비
는 자신의 미모에 대한 자신감이 강했지요. 그녀는 평소 부처님
이 미인을 경멸한다는 소문을 들어서 부처님이 법을 설하는 죽림
정사 근처에는 얼씬도 하지 않았습니다. 하지만 빔비사라 왕은
부처님 법을 들으러 자주 죽림정사를 찾았지요. 꼬살라 국에서는

말리까 왕비가 부처님의 법을 빠세나디 왕에게 전했지만, 마가다 국은 빔비사라 왕이 부처님을 흠모하여 가족과 신하들에게 불법을 전했습니다. 사실 빔비사라 왕은 부처님이 성도하시기 전부터 흠모하였지요.

빔비사라 왕은 케마 왕비도 부처님의 가르침을 듣기를 바랐습니다. 그래서 꾀를 냈지요. 신하를 시켜서 부처님을 찬탄하는 시를 짓게 하고, 그 시를 널리 퍼뜨렸습니다. 케마 왕비는 그 시를 듣고 부처님에 대해 궁금증이 생겼습니다. 그래서 어느 날 슬그머니 죽림정사를 찾아갑니다. 부처님은 여인의 몸을 종기와 피고름 주머니로 생각한다고 들었는데 막상 가서 뵈니 부처님의 좌우에 아름다운 미녀가 서서 부처님께 부채질을 하고 있었습니다. 케마 왕비는 본인이 이 세상에서 가장 예쁜 줄 알았는데, 부채질을 하는 미녀들이 자신보다 훨씬 더 예쁜 것을 보고 깜짝 놀랐습니다.

꽃처럼 화사한 열여섯 살 미녀들이 너무나 아름다워 멍하니 보고 있는데 그 미녀들이 빠른 속도로 퇴색되는 것이었습니다. 상아처럼 희면서 복숭아처럼 발그레 혈색 돌던 고운 피부가 메마르더니 쩍쩍 금이 가면서 거칠어지고, 검은 비단처럼 윤기 나는 머리카락이 윤기를 잃고 색이 바래다가 툭툭 끊어졌습니다. 밤하늘의 별처럼 빛나던 눈동자는 흐릿하게 빛을 잃고, 진주빛 고운 이는 누레지더니 쑥 빠져버렸지요. 도톰하니 올랐던 고운 살이 거칠게 메마르면서 쭈그러들고 허리는 굽어지더니 몸까지 비틀거리다가 숨이 끊어져버렸습니다. 그것이 끝이 아니었지요. 이제는 시신이 썩어 들어가기 시작했습니다.

너무도 놀라운 광경에 케마 왕비는 말을 잃고 멍하니 바라만 보았습니다. 그런 왕비에게 부처님께서 법을 일러주셨습니다. 진리를 모르는 이는 결코 영원하지 않을 눈앞의 욕망을 따라 애착하고 집착합니다. 그러나 무상한 현상 앞에 결국은 고통만 남게 되지요. 지금 아름다움과 젊음을 가졌지만 곧 병들고 늙어 마침내 죽음을 맞이하게 될 것을, 겉모양은 무엇보다 아름답지만 한 꺼풀 벗겨낸 그 속은 피와 고름이 가득함을 부처님은 케마 왕비의 눈앞에서 바로 보여주셨지요.

욕망의 덧없음과 삶의 무상을 깨우친 케마 왕비는 부처님께 귀의하게 되었습니다. 그러고는 궁으로 돌아가 빔비사라 왕에게 청했지요. 출가하여 부처님의 제자가 되고 싶은 간절한 마음을 왕에게 말합니다. 왕은 흔쾌히 왕비의 출가를 허락하고 아름답게 꾸민 황금 가마에 왕비를 태워 죽림정사로 데려가줍니다. 꼬살라와 더불어 당시의 인도를 지배하던 두 강대국 중 하나인 마가다의 왕비가 부처님 교단에 출가한 것으로 부처님의 위엄과 명성은 더욱 높아졌지요. 케마 비구니는 후에 아라한과를 얻었으며 부처님으로부터 비구니 가운데 가장 지혜가 뛰어난 비구니라는 칭찬을 받기도 했습니다.

급고독장자의 며느리
수자타에게 설하시다

수자타여, 사람에게는 일곱 종류의 아내가 있다.
무엇이 일곱인가?

타락한 마음을 지녔고 남편의 손해를 바라며
다른 남자들에게 홀리고 남편을 무시하는 이는
살인자라고도 불리고 아내라고도 불린다.

기술과 장사, 농사로 남편이 열심히 번 재산을
적은 것이라도 가져가려고 하는 아내는
도둑이라고도 불리고 아내라고도 불린다.

일하지 않으려 하고 게으르고 많이 먹고
욕을 하고 고약하며 나쁜 말을 하며
부지런한 이들을 성가시게 하는 아내는

나쁜 주인이라고도 불리고 아내라고도 불린다.

항상 남편의 이로움을 원하며
마치 어머니가 아들을 보호하듯 남편을 보호하며
남편의 재산을 잘 모으고 보호하는 아내는
어머니라고도 불리고 아내라고도 불린다.

마치 동생이 언니를 대하듯 남편을 존중하며
좋은 마음을 지니며 남편이 바라는 대로 하는 아내는
누이라고도 불리고 아내라고도 불린다.

마치 오랜만에 만난 친구를 대하듯 남편을 보고 기뻐하고
좋은 가문 출신이며 계를 지키며 남편에게 헌신하는 아내는
친구라고도 불리고 아내라고도 불린다.

항상 성내지 않고 고요하며
마음이 타락하지 않고 잘 견디며 화내지 않고
남편이 바라는 대로 하는 아내는
하녀라고도 불리고 아내라고도 불린다.

수자타여, 이러한 일곱 종류의 아내 가운데에서
그대는 어떤 아내인가?
–『앙굿따라 니까야』

▽

아나타삔디까 장자에게는 아들 하나와 딸 셋이 있었습니다. 아들의 이름은 깔라인데 33번 게송에서 그 아들이 수다원과를 얻는 과정에 대해 이야기했지요. 그 아들이 장성하자 좋은 집안에서 며느리를 얻어 결혼을 시켰습니다. 그런데 며느리인 수자타는 남부러울 것 없는 집안에서 너무 귀염을 받으면서 자라서 그런지 고집이 세고 성질이 좋지 않았지요. 게다가 오만방자해서 시부모님의 말도 잘 듣지 않았고 남편도 우습게 알았지요. 남들 보기에 남부러울 게 없는 집안이었지만 고집 세고 방자한 며느리 때문에 아나타삔디까 장자는 고민이 많았지요. 장자의 고민을 알아차리신 부처님께서는 어느 날 장자의 공양을 받으실 때 수자타에게 일곱 종류의 아내에 대해 말씀하셨습니다.

부처님께서는 살인자 같은 아내, 도둑 같은 아내, 고용주 같은 아내, 어머니 같은 아내, 누이 같은 아내, 친구 같은 아내, 하녀 같은 아내 등 일곱 종류의 아내에 대해 설하셨습니다. 설법을 들은 수자타는 "나는 그 동안 고용주 같은 아내였고, 도둑 같은 아내였구나." 하면서 크게 반성합니다.

이런 일곱 종류 중에서 어머니 같고, 누이 같고, 친구 같고, 하녀 같은 아내 등 네 종류의 아내는 착하고 어진 아내입니다. 살인자 같고, 도둑 같고, 고용주 같은 아내 등 세 종류의 아내는 악랄하고 무자비한 아내이지요. 저는 실제로 고용주 같은 아내를 본 적이 있습니다. 남편은 벌이가 없는데 부인이 잘 버는 경우가 있지요. 예전에 은사스님께서 조계사 주지로 계실 때의 일입니다. 신도 중에 여장부 같은 분이 있었는데 그분이 사업을 해서 돈을 잘 벌었지요. 반면 남편은 여성적인 성향이었는데 남편이 일을 그만두자 부인의 구박이 시작된 겁니다. 부인이 남편에게 막말을 하며 함부로 대하자 남편은 자존심이 많이 상했습니다. 그 남편은 부인에 대한 앙심을 품은 채 세상을 떠나고 맙니다. 남편이 죽은 뒤 얼마 되지 않았을 때, 부인이 집에 문제가 생겼다며 스님을 집으로 모셨습니다. 집 거실에는 딸이 누워 신음하고 있었어요. 스님이 보니 웬 영가가 딸의 목을 조르고 있었습니다. 그 영가는 바로 남편이었습니다. 앙심을 품고 있어서 제대로 가지 못한 것입니다. 앙심을 품은 대상은 부인인데, 부인이 원체 기가 세서 어찌 할 수 없으니 부인이 가장 아끼는 딸을 괴롭혔던 겁니다. 그런 일도 다 있었다고 합니다.

제가 결혼식 주례를 서는 일이 가끔 있는데, 그때마다 신부에게 꼭 묻습니다. 어머니, 누이, 친구, 하녀 같은 아내 중 어떤 아내가 되고 싶으냐고 묻지요. 그러면 신부들은 대부분 '친구 같은 아내'를 꼽습니다. 그런데 남편들은 '어머니 같은 아내'나 '하녀 같은 아내'를 선호합니다. 남편과 아내가 서로 원하는 아내상이 다르면 결혼 생활이 평화롭기 힘듭니다. 작은 차이 같지만 사실은 큰 차이입니다. 다행히 신랑 신부가 같은 걸 원하면 천생배필이라고 말해 줍니다. 참고로 요즘 사람들은 대부분 친구 같은 아내, 친구 같은 남편을 많이 바랍니다. 양성평등을 지향하는 현대 사회에서 '하녀 같은 아내'는 무리가 있지요.

약키니로 태어난
둘째 부인에게
원한 갚는 법을 설하시다

원한을 원한으로 되갚는다고
맺힌 한이 풀어지랴?
원함을 품지 않아야만
원한이 풀어지리라.
이것은 영원한 진리.
– 『법구경』 5

▽

　피는 피로 씻을 수 없다는 말이 있습니다. 피는 물로 씻어
야 하지요. 이 게송은 이 같은 가르침을 담은 것입니다. 부처님이
살아 계시던 당시에 한 남자가 결혼을 했는데 부인이 아이를 낳
지 못했습니다. 그래서 남자는 둘째 부인을 들였습니다. 둘째 부

인이 임신을 하자 첫째 부인은 걱정이 됐습니다. 아이가 태어나면 자신이 홀대받을 것을 걱정한 것이지요. 그래서 음식에 약을 넣어 둘째 부인에게 먹입니다. 그 탓에 둘째 부인은 아이를 잃고 맙니다. 둘째 부인이 또 아이를 갖자 첫째 부인은 같은 방법으로 아이를 유산시킵니다. 그간 두 아이를 잃은 둘째 부인은 세 번째 아이를 가진 후에는 첫째 부인이 주는 음식을 먹지 않았습니다. 덕분에 임신 막달까지 무사히 아이를 지킬 수 있었지요. 그런데 막바지에 잠시 마음을 놓고 음식을 먹었다가 그만 부인과 아이 모두가 죽고 맙니다. 둘째 부인은 죽어가면서 복수를 맹세했습니다. 그리고 첫째 부인은 그 사실을 밝혀져서 남편의 손에 죽음을 맞이합니다.

첫째 부인은 죽자마자 암탉으로 태어났습니다. 둘째 부인은 고양이로 태어나서 암탉이 알을 낳자마자 먹어 버리고 암탉까지 잡아먹었지요. 둘째 부인이 첫째 부인에게 복수를 한 겁니다. 고양이는 죽어서 사슴으로 태어나고, 암탉은 표범으로 다시 태어났는데 표범이 사슴을 잡아먹었지요. 이번에는 첫째 부인이 둘째 부인에게 복수를 했지요. 이제 사슴은 야키니 그러니까 여자 야차로 태어나고, 표범은 여자로 태어났습니다. 야키니가 여자가 낳은 아이들을 차례차례 잡아먹었습니다. 처음에 첫째 부인이 둘째 부인이 가진 아이들을 해쳤던 것과는 반대로 이번에는 둘째 부인이 첫째 부인의 아이들을 해치고 있었습니다.

여자는 세 번째 임신을 한 후에야 야키니의 범행을 눈치채고 부처님이 계신 제따와나 사원으로 도망을 갑니다. 절 입구에는 신장님이 지키고 있기 때문에 야키니가 마음대로 들어갈 수 없었습니다. 천도재나 백중기도 할 때 절에 위패를 모시는데 이 위패가 영가들에게는 출입증 역할을 합니다. 평소에는 귀신이 절에 들어갈 수 없지만 위패를 모셔 놓으면 이것이 초대장이 되어 절에 들어갈 수 있지요. 부처님은 아난다 존자를 시켜 절 밖을 서성이는 야키니를 데려오라고 합니다. 야키니가 사원으로 들어오자 부처님은 이 게송을 읊어 주시면서 과거생에 서로가 서로를 해쳐왔던 일들을 말씀해주십니다. 부처님의 설법을 들은 둘은 끝없는 복수가 부질없음을 알고 더 이상 서로를 해치지 않게 되었습니다.

　　　　수십 년을 사는 동안 좋은 일도 있고 나쁜 일도 있습니다. 남에게 피해 보는 일도 당연히 있습니다. 그럴 때 되갚아주고 싶은 마음이 강하게 일어날 때도 분명 있습니다. 어떤 사람은 마음 깊이 원한이 맺힐 수도 있습니다. 그 원한을 풀고 싶을 겁니다. 하지만 어떻게 해야 원한이 풀어질까요? 상대에게 내가 받은 만큼 되돌려주면 원한이 풀릴까요? 만약 그런다면 그 상대는 다시 나에게 복수하고 싶은 마음이 생기겠지요. 그러다 보면 서로가 서로에게 원한이 맺혀 풀 수 없게 됩니다. 나부터 원한을 쉬어야 윤회의 고리가 끊어집니다. 상대에게 원한을 되갚으면 윤회를 하면서 서로 원한 갚는 일이 계속됩니다. 남이 끊기를 바라기보다 자신이 끊는 것이 빠릅니다.

069

환속하려는 비구를
교화하시다

황금이 소나기처럼 퍼붓는다 해도
끝없는 욕망을 채우지 못한다.
지혜로운 이는 이런 사실을 너무나 잘 안다.
만족은 짧고 고통은 길다는 것을.

스스로 바르게 깨달으신 님의 제자는
하늘의 영광도 즐거워하지 않고
갈애의 소멸을 즐거워한다.
-『법구경』186, 187

▽

　　어떤 비구가 출가하여 수행하고 있는 중에 속가의 아버지가 돌아가셨다는 소식을 들었습니다. 아버지는 외아들인 비구에게 유산을 물려주었지요. 비구는 생각지도 않던 돈이 생기자 그때부터 '이 돈을 어디다 쓰지?' 하며 계속 돈 쓸 생각에 골몰하게 되었습니다. 그러니 공부가 잘 안 되겠지요. 결국 그는 부처님께 환속하겠다며 찾아옵니다. 그때 부처님이 유산이 얼마나 되는지 물었어요. 예를 들어 비구가 이천만 원쯤 있다고 답했다고 치지요. 그러자 부처님은 환속한 다음에 펼쳐질 일에 대해 쭉 이야기해 줍니다. '환속하면 집도 사야지, 논도 사야지, 소도 사야지, 쟁기도 사야지, 결혼도 해야지….' 부처님의 말씀을 듣고 보니, 비구는 자신이 가진 돈으로는 턱도 없이 모자란다는 것을 알았습니다. 그제야 비구는 정신을 차립니다. 그때 부처님이 이 게송을 읊어주셨습니다.

예전에 위대한 왕이 복을 지어서 황금이 무릎까지 쏟아졌습니다. 그런데 왕은 그때 "황금이 왜 무릎까지만 차지? 기왕이면 허벅지까지 퍼부어 주지." 하고 말했답니다. 사람의 마음이 이렇습니다. 황금이 무릎까지 차오르더라도 평생 써도 다 못 쓸 텐데 모자란다고 더 욕심을 냅니다. 처음에는 단칸방에서 월세를 살 때는 전세로 살면 얼마나 좋을까 하고 생각하지요. 전셋집을 가지게 되면 이제는 내 집이 생겼으면 하고 바라지요. 스무 평짜리 내 집이 생기면 이제는 오십 평짜리 넓은 집을 바랍니다. 그러다 오십 평짜리 집이 생기면 이제는 별장을 꿈꿉니다. 황금이 소나기처럼 퍼부어도 욕망을 채우기는 어렵습니다. 잠깐은 행복하고 만족스럽지만 곧 더 큰 욕망에 고통을 받게 됩니다. 사람의 욕망에는 끝이 없습니다.

"스스로 바르게 깨달으신 님의 제자는 하늘의 영광도 즐거워하지 않고 갈애의 소멸을 즐거워한다."고 게송은 말합니다. 다른 종교는 하늘의 영광을 즐거워합니다. 하지만 불교에서는 이조차 잠깐이라고 생각합니다. 지극한 즐거움으로 가득 찬 천상이라 할지라도 존재하는 한 변화를 피하지 못하기 때문입니다.

갈애는 목마른 애착입니다. 불교에서는 이 갈애의 소멸을 즐거워합니다. 많은 사람이 다라니 기도를 하면서 원하는 바를 이루게 해달라고 합니다. 하지만 다라니는 사실 '탐욕과 성냄 어리석음의 독이 사라지리라.' 하고 기원하는 내용입니다. 입으로는 이런 뜻을 외우면서 마음속으로는 내 욕심을 충족시켜 달라고 비니, 몸과 마음이 맞지 않는 일입니다. 무슨 뜻인지도 모르고 기도할 일이 아닙니다. 탐욕과 성냄, 어리석음을 삼독(三毒)이라고 합니다. 세 가지 근원적인 번뇌라는 뜻이지요. 갈애가 바로 이 삼독과 같은 것입니다. 갈애, 즉 삼독을 소멸시키는 것이 진정한 행복으로 가는 길이지, 하늘의 영광도 별거 아니라는 말입니다.

'행복지수'라는 말을 들어본 적 있지요? 행복지수는 나라별로 측정하는데, 소유를 욕망을 나눈 수치입니다. 소유를 분자로 하고, 욕망을 분모로 해서 나누지요. 사람은 소유가 늘고, 욕망은 줄수록 행복하다고 느끼는 겁니다. 우리나라 사람들의 소유 규모는 세계 10위 ~ 20위 사이입니다. 그런데 행복지수는 100위권 안팎이에요. 왜 가진 것보다 훨씬 덜 행복하다고 느낄까요? 소유보다 욕망이 더 크기 때문입니다. 그러니 행복하지 않은 것이지요. 부탄이나 미얀마 같은 나라는 경제 규모가 우리의 10분의 1 정도입니다. 소유 규모는 우리나라의 10분의 1인데, 그 나라들은 행복지수가 높습니다. 왜 그럴까요? 욕망이 적기 때문입니다.

그간 우리는 경제 발전에 힘쓴 덕분에 소유가 많이 늘었습니다. 이제부터는 욕망을 줄여야 합니다. 소유를 늘리는 건 복음(福音)이고, 욕망을 줄이는 건 도음(道音)입니다. 지금은 복음보다 도음이 더 필요한 시기입니다. 어떻게 하면 욕망을 줄일 수 있을까요? 소유는 그대로더라도 욕망을 줄이면 행복해집니다. 소유를 늘리는 방법은 한계가 있습니다. 욕망을 줄이는 것에는 한계가 없습니다. 욕망을 줄이는 법을 배워야 행복을 늘릴 수 있는 것입니다. 욕망을 줄이기 위해서는 도를 닦아야 합니다. 도 닦기의 핵심은 무엇일까요? 대면관찰입니다. 또 다른 방법은 경전을 공부하는 것입니다.

성도 후 10년째 되던 해
꼬삼비 비구들이 불화하다

사려 깊고 함께 할 만하며
훌륭하게 살아가는 지혜로운 벗을 만났다면
그와 함께 모든 어려움을 이겨내며
즐겁게 마음 챙기고 살아가야 하리라.

사려 깊고 함께 할 만하며
훌륭하게 살아가는 지혜로운 벗을 만나지 못했다면
홀로 살아가야 하리라.
왕이 정복한 왕국을 버리고
덩치 큰 코끼리가 숲속에서 홀로 살아가듯이.

어리석은 무리와 벗하느니
홀로 살아가는 것이 더 낫다.
코끼리가 숲속에서 걸림 없이 살아가듯

나쁜 짓을 저지르지 말고
홀로 살아가야 하리라.
- 『법구경』 328~330

▽

꼬삼비는 마가다 국의 서쪽에 위치한 왐사의 수도로 우데
나 왕이 다스리는 곳입니다. 이 꼬삼비에서 수행하던 비구들 간
에 분쟁이 생겼습니다. 어느 강사 비구와 율사 비구 간의 다툼이
원인이 되었지요. 강사는 경전을 전문적으로 가르치는 스님이고,
율사는 계율을 연구하고 지키는 스님입니다. 각각 오백 명의 제
자를 가르치고 있었습니다.

하루는 강사스님이 해우소에 갔다가 나오면서 뒷물통을
뒤집지 않고 그냥 나왔습니다. 부처님 당시에도 뒷물을 하는 문
화가 있었지요. 보통 뒷물을 하고 나면 그 통을 뒤집어 둡니다. 그
래야 통이 깨끗이 유지되기 때문이지요. 그런데 강사스님이 그
만 깜박 잊고 뒷물통에 물을 조금 남긴 채 나온 겁니다. 강사스님
이 해우소에서 나오는데 마침 율사스님이 해우소를 찾았다가 그
사실을 알게 됩니다. 율사스님은 그에게 뒷물통을 마저 비우라고
하지요. 그러자 강사스님은 시키는 대로 합니다. 율사스님은 그
에게 "이번 일은 못 본 것으로 할 테니 다음에는 잘 하세요." 하고
말합니다. 이렇게 말해 놓고 율사스님은 이 일을 자신의 제자들
에게 이야기합니다. 공개적으로 망신을 준 셈이 되었지요. 율사

316

스님의 제자들이 강사스님의 제자들에게 그 이야기를 전하자, 제자들이 강사스님에게 정말 그런 일이 있었는지 묻습니다. 제자들의 말을 듣고 강사스님은 화가 났습니다. 율사스님이 '못 본 것으로 하겠다.'고 해 놓고 소문을 퍼뜨렸으니까요.

이 일로 강사스님과 율사스님, 그들의 제자들 그리고 그들을 따르는 신도들의 사이가 둘로 갈라졌습니다. 강사스님은 '사소한 일로 공개 망신을 주었다.'고 생각했고, 율사스님은 '잘못은 잘못이니 참회해야 한다.'고 생각한 것입니다. 정말 사소한 일로 대중이 두 동강이 난 것이지요.

부처님은 두 스님을 불러서 화해를 시키려고 했습니다. 그러나 두 스님이 계속 그 일로 다투자 꼬삼비의 수행처를 떠나서 먼 숲에서 홀로 한 철을 나셨습니다. 그 숲에서는 코끼리가 부처님의 시봉을 들었다고 합니다. 꼬삼비 사람들은 부처님이 보이지 않자 비구들 간의 다툼을 알게 됩니다. 그러고는 비구들에게 공양을 올리지 않고, 만나도 인사를 하지 않겠다고 선언하지요. 신도들이 이렇게 나오자 비구들은 결국 화해를 하게 됩니다. 그리고 부처님께 찾아가서 진심으로 참회합니다. 그때 부처님이 이 게송을 읊어 주셨습니다.

숲에서 부처님을 시봉하던 코끼리는 부처님이 꼬삼비로 되돌아가시자 풀도 먹지 않고 며칠을 울며 지내다가 죽어서 천상의 신으로 태어났다고 합니다. 축생으로 있다가 인간의 삶을 거치지 않고 천상에 바로 태어나는 경우도 있습니다.

어떤 이들과 함께 지내는가가 중요합니다. 잡담하고 남 험담하는 사람들과 어울리면 나도 같은 행동을 하게 됩니다. 그런 사람들은 차라리 만나지 않는 게 좋습니다. 일전에 라디오 방송을 진행할 때 한 청취자 분이 "고등학교 동창회를 나가면 마음이 위축된다."며 계속 나가야 할지 말아야 할지 고민이라며 상담을 청했습니다. 동창들이 저마다 잘난 척을 하니까 '나만 못 사나? 우리 집에만 문제가 있나?' 하는 생각이 든다고 하더군요. 그래서 제가 "나가지 마십시오." 했습니다. 동창회 갈 시간에 차라리 경전 공부를 하거나 불교방송을 들으라고 했습니다. 법희선열을 맛보면 동창회도 부질없는 일임을 알게 됩니다. 잡담은 남는 것이 없습니다. 지나면 허탈합니다. 그러나 마음공부, 대면관찰의 성과는 내생에도 가져가는 것입니다.

데와닷따의 다섯 가지
제안을 거절하시다

누구든 원한다면 숲속에 머물러도 좋고
사원에 머물러도 좋다.
누구든 탁발해도 좋고 공양청에 응해도 좋다.
누구든 누더기 가사를 입어도 좋고
새 가사를 입어도 좋다.
누구든 우기를 제외한 8개월은
나무 아래에서 머물러도 좋다.
누구든 자기가 먹으려고 잡은 것이 아니라면
물고기나 고기를 먹어도 좋다.
– 『담마빠다 아타까타』

악행을 하는 자는
금생에서도 괴롭고 다음 생에서도 괴롭고
두 생에서 모두 괴로워한다.

'악행을 저질렀구나!' 라고 되새기며 괴로워하고
악처에 떨어져 더욱 괴로워한다.
 - 『법구경』 17

▽

데와닷따는 부처님과 사촌지간이었습니다. 부처님이 성
도하신 후 까삘라왓투를 방문하셨을 때 다른 다섯 왕자들과 함께
출가했지요. 데와닷따는 세속적 욕망이 매우 크고 신통이 조금
있었다고 합니다. 부처님을 이어 교단을 이끄는 후계자가 되기를
원했지요. 그래서 그는 당시 마가다 국의 아자따샷뚜 왕자를 자
신의 편으로 만들기 위해 애를 씁니다. 아자따샷뚜는 한역 경전
에서 아사세로 옮겨져서 우리에게는 아사세라는 이름이 더 익숙
하지요. 후에 아자따샷뚜 왕자는 반란을 일으켜 부친인 빔비사라
왕을 감옥에 가두어 굶겨 죽이고 왕의 자리를 차지하게 되지요.
아자따샷뚜가 왕이 되자 그는 교단의 일인자가 되려는 작업을 본
격적으로 시작합니다. 심지어 부처님께 "연세도 많이 드셨는데
후진으로 물러나시지요. 제가 교단을 통솔하겠습니다." 하고 말
하기도 합니다. 그러자 부처님은 "나는 사리뿟따나 목갈라나 같
은 상수제자에게도 교단의 통솔을 맡기지 않고 있다. 그런데 왜
너에게 주겠느냐."시며 거절합니다.
　이에 분노한 데와닷따는 호시탐탐 기회를 노리다가 어느
날 부처님께 제안을 합니다. 그는 '승단의 기강이 해이해진 것 같

다'며 좀 더 엄격한 수행을 위한 다섯 가지 방법을 제안합니다. 그가 주장한 다섯 가지는 이렇습니다. 첫째, 비구는 숲속에서만 생활한다. 둘째, 신도의 공양청에 응하지 않아야 한다. 왜냐하면 신도의 공양에는 기름지고 좋은 음식이 많으니 오직 탁발로만 생활해야 한다는 말이지요. 셋째, 누더기 가사만 입는다. 넷째, 나무 아래에서만 잔다. 다섯째, 물고기나 고기를 먹지 않는다. 당시 스님들은 탁발을 했기 때문에 신도들이 주는 대로 먹었습니다. 신도들이 주는 음식 중에는 고기나 물고기도 있었지요. 그러니 다섯째는 탁발을 하면서도 음식을 가려서 받겠다는 말입니다.

데와닷따의 다섯 가지 제안은 얼핏 보면 여법해 보입니다. '수행자라면 이렇게 살아야지.' 하는 느낌이 들지요. 하지만 부처님은 '형식적인 고행은 열반을 얻는 데 아무 도움이 되지 않는다.'고 반대하며 첫 번째 게송을 읊으십니다. 게송의 내용을 살펴보면 불교가 중도(中道)를 중요시한다는 것을 알 수 있습니다. 부처님도 고행을 통해서는 깨달음을 얻지 못하셨습니다. 극단에 치우치면 아무것도 할 수 없습니다. 그러면 출가수행자의 수가 줄어들다가 결국 사라지게 됩니다.

부처님이 자신의 제안을 모두 거절하자 데와닷따는 "봐라, 누가 더 수행자다운가?"라며 비구들을 선동합니다. 당시 비구들 중 오백 명이나 데와닷따를 따라 승단에서 나옵니다. 사리뿟따와 목갈라나가 나중에 이들을 찾아가 잘 타일러서 모두 데리고 옵니다. 데와닷따는 멀리서 사리뿟따와 목갈라나가 오는 모습을 보고는 자신에게 동참하는 줄 알고 좋아하며 낮잠에 듭니다. 하지만 자고 일어나 보니 비구들이 모두 떠나고 없었지요.

데와닷따는 부처님을 세 번이나 죽이려고 했습니다. 한 번은 아자따삿뚜 왕에게 부탁해 부처님께 자객을 보냈습니다. 그러나 자객이 부처님 말씀에 감화돼 실패하지요. 또 한 번은 부처님이 지나는 길 위에서 바위를 굴려 해코지하려 했지만 바위가 부처님을 피해 갑니다. 마지막으로 난폭한 코끼리에 술을 먹여 부처님 해치게 했지만 부처님이 사자왕 삼매에 드시자 코끼리가 감화를 받아 무릎을 꿇고 맙니다. 세 번의 살해 시도가 모두 실패한 후 자신의 행동을 후회하게 된 데와닷따는 부처님을 만나러 옵니다. 부처님이 계신 곳 가까이 왔지만 갑자기 땅이 갈라져 산 채로 아비지옥으로 떨어졌습니다. 이 소식을 듣고 부처님께서 두 번째 게송을 읊으십니다.

데와닷따는 지옥 중에서도 아비지옥에 떨어졌습니다. 부처님의 몸에 피를 냈기 때문입니다. 바위를 굴려 부처님을 해치려고 했을 때, 바위가 부처님을 피해 가기는 했으나 바위 파편이 부처님에게 튀어 발등에서 피가 났습니다. 오역죄 중 하나가 '부처님 몸에 피를 내는 것'입니다. 나머지 네 가지 죄는 어머니를 죽이는 것, 아버지를 죽이는 것, 아라한을 죽이는 것, 대중의 화합을 깨뜨리는 것이지요. 오역죄는 용서받기 어려우며, 아비지옥에 떨어집니다.

데와닷따가 제안한 다섯 가지 중 마지막 항목 '물고기나 고기를 먹지 않는다.'와 관련해 한 가지 말씀을 드리고 싶습니다. 지금도 남방불교에서는 탁발을 하기 때문에 고기를 먹습니다. 신도들이 주는 대로 먹기 때문이지요. 그러나 불교가 북방으로 넘어오면서 절에서 밥을 지어 먹게 되었습니다. 남방의 사찰에는 공양간은 있지만 취사도구는 없습니다. 공양간에서는 오직 탁발해 온 음식을 먹기만 합니다. 그러나 북방불교, 즉 중국과 우리나라, 일본 등의 절에는 취사장이 있습니다. 고기를 먹으려면 직접 살생을 해야 하기 때문에 고기를 먹지 않도록 한 것이지요. 예전에는 냉동 장치나 도구가 없으니까 승단의 많은 사람이 고기를 먹으려면 돼지나 소를 직접 잡아야 했습니다. 고기를 먹는 일이 곧 살생으로 이어지게 되지요. 또 대승불교의 계율인 보살계에는 '고기를 먹지 말라'는 계율이 있습니다. 불교가 여러 나라로 전해지면서 그곳의 기후와 풍습에 따라 조금씩 변화한 것이지요. 원래 부처님이 살아 계실 당시에는 고기나 물고기도 먹었습니다. 다만 자신이 먹기 위해 직접 잡은 것이 아니라 신도가 공양 올린 것만 먹었습니다.

거짓 임신으로 부처님을
모함한 이교도
찐짜마나위까

진실을 넘어서 거짓말을 하며
다가올 다음 세상을
하찮게 여기는 자가
짓지 못할 악행은 없다.
–『법구경』176

▽

　　부처님이 법륜을 굴리시자 불자의 수가 많이 늘었습니다.
이교도들이 설 자리가 갈수록 줄었지요. '이걸 어떻게 막을까' 궁
리하던 어느 이교도가 험한 소문을 내서 모함을 할 계략을 꾸몄
습니다. 그는 젊고 아름다운 찐짜마나위까에게 화려한 옷을 입
히고 곱게 화장을 시켜 제따와나 사원으로 보냈습니다. 그런데

그녀는 늦은 밤에 사원으로 갔다가 다음날 이른 아침에 밖으로 나오는 것이었습니다. 다른 사람들은 아침에 가서 법문을 듣고 저녁에 나오는데, 이와는 반대로 움직인 것이지요. 사람들은 당연히 이상하게 생각하고 그녀에게 "왜 밤에 갔다가 아침에 나오느냐?"고 물으면, 그녀는 "부처님을 뵙고 옵니다." 하고 답했습니다.

서너 달 동안 그런 뒤 찐짜마나위까는 배에 천을 도톰하게 감아서 마치 아기를 가진 듯한 모습을 하고 제따와나 사원을 드나들었습니다. 그러고는 만나는 사람들에게 부처님의 아기를 가졌다고 말하고 다녔지요. 배를 감은 천을 점점 더 두툼하게 만들다가 종내에는 커다란 바가지를 옷 속에 넣어 마치 산달이 가까운 듯 흉내를 내기까지 했습니다.

얼마 후 그녀는 부처님이 법문을 하시는 장소에 배가 불룩한 모습으로 나타납니다. 그녀는 부처님께 "다른 이들에게는 좋은 말씀을 하시면서 왜 본인의 아기는 책임지지 않으시나요?" 하고 외치며 가련한 모습으로 울부짖었습니다. 그러나 부처님은 조금도 동요하지 않으셨지요. 그때 삭까천왕이 생쥐로 변해 그녀의 옷 속으로 들어가 바가지를 묶은 끈을 끊어 버립니다. 그녀의 배에서 바가지가 떨어지자 어처구니없는 모함이 드러났지요. 이 일로 부처님의 명성은 더 멀리 퍼졌습니다. 이교도의 세력은 더욱 기울게 되었지요. 그때 부처님이 이 게송을 읊으셨습니다.

부처님을 모함하려는 시도는 이뿐만이 아니었습니다. 한번은 어떤 이교도가 젊은 여인을 절에 다니게 한 후 몇 달 뒤 살해

해서 절 옆에 묻습니다. 그러고는 '스님들이 여인을 죽였다.'고 소문을 내지요. 이 일로 승단은 곤란에 빠지지만 결국 자작극임이 밝혀집니다. 이교도 입장에서는 불교가 확산될수록 자신들의 신도가 줄어드니까 부처님을 모함하고 질시하며 살인까지 저지르게 된 것입니다. 부처님은 이런 일들을 모두 잘 극복하셨습니다. 분노하지 않고 차분하게 진실을 밝혀냄으로써 오히려 불자의 수가 늘게 되는 계기로 만드셨습니다.

　이와 비슷한 일이 일본에도 전해집니다. 일본의 하쿠인[白隱] 선사는 명성이 매우 높은 분이었습니다. 하루는 스님에게 절 아랫마을 사는 중년 사내가 아기를 안고 찾아왔습니다. "큰스님인 줄 알았더니 이런 짓을 저지르냐."며 아기를 절에 두고 가 버렸습니다. 알고 보니 아랫마을 처녀의 아기였습니다. 처녀인 딸이 아기를 낳자 그녀의 아버지가 딸을 추궁하자, 딸이 '스님의 아이'라고 거짓말을 한 것이었습니다. 평소 자신의 아버지가 스님을 존경했으니 스님의 아이라고 하면 설마 무슨 큰일이 나겠나 싶었던 것입니다. 사실 그 아기는 마을 총각의 아이였습니다.

　선사는 이 사실을 다 알고 있었지만 잠자코 아이를 받아 젖동냥을 해 가며 아이를 키웠습니다. 이 일로 스님의 명예는 완전 실추되었지요. 얼마 후 처녀가 스님이 아기를 키우는 모습을 보고 아버지에게 이실직고를 했습니다. 처녀의 아버지는 스님을 찾아가 잘못을 빌고 아기를 다시 데려가겠다고 했습니다. 그러자 스님은 별 내색 없이 아기를 돌려주었습니다. 하쿠인 선사는 억울한 일을 당했을 때 동요하지 않고 차분하게 대처해 사람들에게 더 큰 존경을 받게 된 것입니다.

　걸림돌도 내가 어떻게 하느냐에 따라 디딤돌이 되기도 합니다. 살다 보면 오르막길도 있고 내리막길도 있습니다. 나쁜 일이 생겼을 때 '하필이면 나에게 이런 일이' 하며 분노하면 그 일은 걸림돌이 됩니다. 하지만 그 나쁜 일을 자기 마음과 언행을 돌아보는 계기로 삼고 또 복덕을 짓는 일로 삼으면, 위기가 오히려 기회가 됩니다. 디딤돌이 되는 것입니다.

073

성도 12년째, 살인마
앙굴리말라를 교화하시다

앙굴리말라여, 나는 영원히
살아 있는 생명에 대한 폭력을 멈추었고
그대는 생명에 대한 폭력을 멈추지 않았다.
그것이 나는 멈추었고 그대는 멈추지 않은 것이다.
– 『맛지마 니까야』 「앙굴리말라경」

사람들은 몽둥이나 막대기나 회초리로 길들이지만
부처님께서는 몽둥이도 칼도 없이 나를 길들이셨네.

예전에 해칠 때에 나의 이름은 '힝사(해치는 자)' 였지만
지금 나의 진실한 이름은 '아힝사(해치지 않는 자)' 여서
아무도 해치지 않는다네.
– 『맛지마 니까야』 「앙굴리말라경」

지난 날 저지른 악행을
선행으로 덮는 사람
그가 세상을 비추네.
구름을 벗어난 달처럼.
– 『법구경』 173

▽

    앙굴리말라는 원래 이교도의 수행자였는데, 용모가 아주 준수했다고 합니다. 하루는 스승이 외출한 사이, 스승의 부인이 그를 유혹했습니다. 그는 당연히 거절하면서 사모님을 말렸습니다. 스승의 부인은 자신의 유혹이 실패로 돌아가자 앙굴리말라가 그 사실을 남편에게 말할까봐 두려웠습니다. 그래서 오히려 남편에게 거짓말을 합니다. 앙굴리말라가 자신을 유혹했다고 반대로 말했지요. 이에 화가 난 스승은 앙굴리말라를 불러 '최후의 수행 비결'을 전수해 주겠다고 합니다. 그러면서 "사람을 백 명 죽여서 그들의 손가락으로 목걸이를 만들어 걸어라. 그러면 도를 이룬다."고 말합니다. 사정을 알 리 없는 앙굴리말라는 곧바로 스승이 시키는 대로 만나는 사람마다 죽이기 시작합니다. 아흔아홉 명을 죽이고 드디어 마지막으로 한 명만 더 죽이면 백 명을 채우게 될 때였습니다. 그럴 때 그의 어머니가 굶주리고 있을 그를 위해 먹을거리를 싸들고 그에게 갔습니다. 이미 이성을 잃어버린 앙굴리말라는 이제는 자신의 어머니까지 죽여서라도 백 명을 채우려고 했습니다.

　신통력으로 이 같은 상황을 지켜보시던 부처님이 먼저 앙굴리말라가 있는 곳으로 가십니다. 부처님을 본 앙굴리말라는 부처님을 죽여 백 명을 채우기 위해 그 뒤를 쫓아갑니다. 그런데 아무리 열심히 쫓아가도 부처님을 따라 잡을 수 없었습니다. 부처님과 그 사이의 거리가 좀처럼 좁혀지지 않았습니다. 조바심이 난 앙굴리말라는 소리쳤습니다. "사문아, 멈추어라!" 하고 소리쳤습니다. 이에 부처님은 "나는 이미 멈추었는데 너는 아직도 멈추지 못하고 있구나." 하고 답하십니다. 그가 이를 이상하게 여기자 부처님이 첫 번째 게송을 읊어 답해 주십니다.

　"앙굴리말라여, 나는 영원히 살아 있는 생명에 대한 폭력을 멈추었고 그대는 생명에 대한 폭력을 멈추지 않았다. 그것이 나는 멈추었고 그대는 멈추지 않은 것이다."

　부처님은 걸음이 아니라 '생명에 대한 폭력'을 멈추었음을 말씀하신 겁니다. 이 게송을 듣고 앙굴리말라는 금세 자신의 잘못을 깨닫게 됩니다. 그리고 곧바로 출가하여 부처님의 제자가 됩니다. 부처님은 그를 데리고 제따와나 사원으로 가셨습니다. 얼마 후 빠세나디 왕이 살인귀 앙굴리말라를 잡기 위해 나왔다가 부처님을 뵈러 왔습니다. 왕이 앙굴리말라를 잡으러 다니고 있다고 하자, 부처님은 만약 그가 출가하여 부처님의 제자가 된다면 어찌하겠는가 묻습니다. 왕은 만약 그런 일이 생긴다면 그를 해치지 않고 평생 받들어 모시겠다고 합니다. 이 말을 들은 부처님은 그제서야 앙굴리말라가 부처님께 귀의하여 비구가 되었음을 왕에게 알려줍니다. 애착도 두려움도 모두 벗어던진 앙굴리말라의 고요하고 침착한 모습을 보고난 뒤에야 왕은 이 믿을 수 없는 일을 받아들이게 되었지요.

출가한 앙굴리말라가 하루는 탁발을 나갔습니다. 그가 탁발을 하려고 문을 두드린 집에서는 임산부가 아이를 낳고 있었습니다. 임산부는 앙굴리말라를 보고는 깜짝 놀랐습니다. 그는 부처님 제자가 되었지만 이미 아흔아홉 명을 살해한 사람으로 악명이 높았기 때문입니다. 임산부가 크게 놀란 탓에 아기가 나오려다 꼼짝 않자 산모와 아기가 모두 위험에 처했습니다. 앙굴리말라가 부처님께 도움을 청하자 부처님은 두 번째 게송을 일러주시면서 산모에게 가서 이를 읊어 주라고 하십니다. 앙굴리말라가 이 게송을 읊어주자 산모의 긴장이 풀려 무사히 아기를 낳을 수 있었다고 합니다. 임산부가 무사히 아기를 낳았다는 소식을 들은 부처님이 마지막 게송을 읊어 주십니다.

074

빠세나디 왕과 말리까
왕비가 비할 바 없는
큰 공양을 올리다

황소처럼 두려움이 없고, 성자이며 영웅
계정혜를 닦는 현자이며, 마라의 정복자
탐욕을 없앤 자이며, 마음의 때를 모두 씻어 버린 자
그리고 사성제를 깨달은 자
그를 일컬어 아라한이라 한다.
– 『법구경』 422

구두쇠는 천상에 갈 수 없고
어리석은 자는 보시를 칭찬할 줄 모르네.
지혜로운 이는 보시를 즐거워하기에
다음 세상에서도 행복하리라.
– 『법구경』 177

▽

빠세나디 왕과 그의 부인 말리까 왕비는 신심이 깊은 불자였습니다. 말리까 왕비는 어느 부자의 정원 관리사였는데 부처님께 공양을 올린 공덕으로 빠세나디 왕과 결혼하게 된 여인이지요. 그 사연은 45번 게송에서 자세히 설명했습니다. 말리까 왕비는 왕이 선정을 펼칠 수 있도록 조언도 많이 합니다. 한번은 그녀가 왕에게 부처님과 아라한들에게 공양을 올리자고 청합니다. 그래서 코끼리를 오백 마리나 동원해서 많은 공양물을 옮겼습니다. 일산 아래 아라한을 한 분씩 모시고 왕과 신하들이 스님 한 분 한 분께 공양을 올리는 장면, 상상만 해도 참 멋있지요. 그런데 오백 마리 코끼리 중 한 마리가 무척 난폭했습니다. 왕과 왕비는 그 코끼리를 어느 스님 앞에 두어야 하나 고민한 끝에 앙굴리말라의 앞에 두었습니다. 그랬더니 코끼리가 아주 얌전하게 있는 것이었습니다. 그 모습을 보고 부처님이 앙굴리말라에게 첫 번째 게송을 읊어 주십니다.

이 게송에서 '마라'는 마군의 왕이기도 하지만 우리 마음속 욕망과 허영심을 뜻하기도 합니다. 갈애(渴愛)의 갈 자는 목마를 갈(渴) 자입니다. 목마른 사람이 물을 찾듯 그렇게 애착한다고 해서 갈애라고 합니다. 목이 마르면 아무 생각 없이 물만 생각나는데 그처럼 애착이 강한 것입니다. 욕망과 허영심, 갈애를 모두 씻어버렸으며 사성제를 깨닫고 계정혜 삼학을 닦은 이가 아라한이며, 앙굴리말라는 이제 아라한임을 부처님께서 확인해주신 게송입니다.

당시 빠세나디 왕을 모시는 대신 두 사람이 있었습니다. 한 사람은 왕이 부처님께 큰 공양을 올리는 모습을 보며 함께 기뻐했습니다. 그런데 다른 한 사람은 왕의 공양을 비난했습니다. 요즘에도 남이 보시하는 모습을 보면서 아까워하고 비난하는 사람이 있습니다. 남의 보시를 폄훼하거나 시기하고 질투하는 사람도 있지요. 이에 보신 부처님이 두 번째 게송을 읊어 주셨습니다.

　　부처님께서는 "어리석은 이는 남이 올린 공양에도 즐거워하지 않아서 가난하거나 낮은 세계에 태어난다. 현명한 사람은 남이 올리는 공양에 같이 기뻐하고 죽으면 천상에 태어난다."고 말하셨습니다. 공덕을 쌓는 가장 좋은 방법은 남이 보시하는 것을 보면서 함께 기뻐하는 것입니다. 그것이 바로 수희찬탄(隨喜讚嘆)입니다. 경전을 읽다보면 말미에 늘 수희찬탄하는 모습이 등장하지요. 수희찬탄에는 돈도 필요 없습니다. 이와는 반대로 지어놓은 공덕조차 까먹는 방법은 남이 공덕 짓는 것을 질시하거나 폄하하는 것입니다. 함께 기뻐하면 좋은 기운과 좋은 인연이 내게 모여 좋은 일이 가득 생깁니다. 그러나 시기하고 질투하면 나쁜 기운과 나쁜 인연이 모여 나쁜 일이 많이 생기게 됩니다. 여러분은 어느 쪽을 선택하시겠습니까?

075

쭐라빤타까에게
게송을 설하시다

때는 몸에 낀 때만을 말하지 않네.
때는 탐욕의 다른 이름
탐욕이 없는 청정한 나의 교단에서
비구들은 탐욕이라는 마음의 때를 제거하며 살아가네.

때는 몸에 낀 때만을 말하지 않네.
때는 분노의 다른 이름
분노가 없는 청정한 나의 교단에서
비구들은 분노라는 마음의 때를 제거하며 살아가네.

때는 몸에 낀 때만을 말하지 않네.
때는 어리석음의 다른 이름
어리석음이 없는 청정한 나의 교단에서
비구들은 어리석음이라는 마음의 때를 제거하며 살아가네.

-『담마빠다 아타까타』

지혜로운 이는 힘써 노력하고
주의 깊게 마음 챙기며 절제하고 감각기관을 잘 다스려
자신을 섬(의지처)으로 만들어야 한다.
홍수가 덮칠 수 없는 안전한 섬으로.
-『법구경』25

▽

　　부처님의 제자 중에는 형제가 함께 출가한 이도 있었습니다. 형은 마하빤타까이고, 동생은 쫄라빤타까였습니다. 마하는 '크다'는 뜻이고, 쫄라는 '작다'는 뜻입니다. 형인 마하빤타까가 먼저 출가해서 아라한이 되었습니다. 그래서 동생에게도 부처님 가르침을 배우게 하고 싶어서 출가하게 했습니다. 형은 게송도 잘 외우고 이해력도 좋아서 대중생활을 잘했습니다. 반면 동생은 게송 하나를 제대로 외우지 못했습니다. 앞줄을 외우면 뒷줄을 잊어버리는 식이었습니다. 형을 그런 동생을 보면서 "신도들 보기 창피하다. 그렇게 해서 비구로 살 수 있겠느냐. 집으로 돌아가라."고 했습니다. 형의 말을 들은 동생은 문 밖에서 눈물을 흘리며 슬퍼했습니다. 그때 부처님이 그 일을 아시고 동생 쫄라빤타까를 찾아가십니다. 그러고는 동생에게 왜 그리 슬피 우는지 물으시지요. 동생이 사정을 말하자 "앞으로는 내가 해 주는 말 한

마디만 외워라."시며 일러 주십니다. 그 말은 "라조(rajo) 하라낭 (haraṇam)."이었습니다. 라조는 '때'를 뜻하고, 하라낭은 '닦자'는 뜻입니다. 우리말로 하면 '때를 닦자.'가 되겠지요. 동생은 부처님이 시키는 대로 그 말만 외웠습니다.

하루는 동생이 걸레로 바닥을 닦으며 '라조 하라낭.'을 외우고 있었습니다. 바닥을 닦다 보니 처음에는 깨끗하고 하얗던 걸레가 점점 까매졌습니다. 그 걸레를 보면서 동생은 '모든 현상이 변하는구나.' 하는 제행무상을 깨닫게 됩니다. 청소를 하다 깨달음을 얻은 것입니다. 그러자 부처님이 이 게송을 설해 주십니다.

마음의 때는 세 가지입니다. 탐욕과 분노와 어리석음이지요. 이를 '탐·진·치' 또는 '삼독'이라고도 합니다. 삼독 중 어리석음은 자만하거나 인과법을 닦지 못하는 것을 말합니다. 사람들은 자기 몸의 때는 열심히 닦지만 마음의 때는 잘 닦지 못합니다. 몸의 때보다 나에게 더 해를 입히는 것이 마음의 때입니다. 이걸 없애야 합니다. 어떻게 없앨 수 있을까요? 마지막 게송대로 하면 됩니다.

> "지혜로운 이는 힘써 노력하고 주의 깊게 마음 챙기며 절제하고 감각기관을 잘 다스려 자신을 섬(의지처)으로 만들어야 한다. 홍수가 덮칠 수 없는 안전한 섬으로."

자신을 섬으로, 의지처로 만드는 방법이 대면관찰입니다.

욕심이 일어나면 '욕심이 일어나는구나.' 하고 관찰해서 알아차리는 것입니다. 별명을 붙여서 관찰하면 더욱 효과적입니다. '육근의 무더기(혹은 달마나 짱구)가 욕심을 일으키는구나.'라고 관찰하는 것입니다. 마음의 때인 탐진치는 파도와 같습니다. 바다는 고요할 때도 있지만 파도가 자주 칩니다. 고요한 바다에 탐진치의 세 가지 파도가 치면 대면관찰을 하면 됩니다. 그러면 섬으로 가게 되지요. 『반야심경』에서 보면 '가자. 가자. 건너가자. 완전하게 건너가자.'고 하잖아요. 건너가는 비결이 대면관찰입니다. 이 경전 첫 부분에 보면 '관자재보살이 오온이 공한 것을 관찰해서 일체고액을 건넜다〔觀自在菩薩 行深般若波羅蜜多時 照見五蘊皆空 度一切苦厄〕.'고 합니다.

　　탐진치와 시기, 질투는 실체가 없습니다. 파도처럼 잠시 일어났다가 관찰하면 사라지는 것입니다. 실체가 있다고 생각하고 씨름하면 백전백패입니다. 실체가 없음을 관찰하면 쉽게 이길 수 있습니다. 허깨비인 줄 아니까요. 탐진치 삼독을 때로 여기고 대면관찰해서 벗어나야 합니다.

076

공덕을 지어
도리천의 왕이 된
삭까천왕

부모를 봉양하고, 집안의 연장자를 공경하며
부드럽고 상냥하게 말하고, 험담하지 않으며
시기하지 않고, 진실만을 말하며, 분노를 다스린 사람을
도리천의 신들이 훌륭한 사람이라고 부른다네.
– 『담마빠다 아타까타』

마가와는 제멋대로 방일하게 살지 않고
바르고 착하게 살아 신들의 왕이 되었다.
그러기에 바르고 착한 삶은 찬탄할 만하고
방일한 삶은 비난받아 마땅하다.
– 『법구경』 30

▽

삭까천왕, 즉 제석천왕은 욕계 육천 중 도리천이라는 천상 세계의 왕입니다. 그는 전생에 인간이었지요. 두 번째 게송에 나오는 '마가와'가 석까천왕 전생의 이름입니다. 그는 인간이었을 때 쌓은 공덕으로 천신들의 왕이 되었습니다.

불교에서는 평범한 인간도 계를 지키고 공덕을 많이 쌓으면 다음 생에 신이 될 수 있습니다. 다른 종교에서는 있을 수 없는 일이지요. 인간을 신의 종으로 여기기 때문이지요. 하지만 불교에서는 인간으로 살 때 마음을 잘 닦아서 아라한과를 얻으면 신들의 스승도 될 수 있다고 합니다. 인간의 몸을 받았을 때 어떻게 사느냐가 중요한 것입니다. 전에도 이야기했지만 인간계는 복 닦기와 도 닦기를 하기에 가장 좋은 세계입니다. 축생이나 지옥은 환경이 너무 나빠서 복과 도를 닦기 어렵습니다. 반면 천상세계는 너무 즐거워서 복과 도를 닦을 생각이 들지 않습니다. 모든 것이 잘 갖춰지면 더 열심히 살 것 같지만 그렇지 않습니다. 복지 제도가 훌륭한 북유럽 국가들의 자살률이 높은 것이 그 예입니다. 북유럽 나라들에서는 실업을 하면 실업 수당을 주는데 이것이 월급보다 많다고 합니다. 월급을 받으면 이런저런 세금을 많이 떼지만 실업 수당은 세금을 떼지 않기 때문이지요. 우리 생각으로는 이런 나라에 살면 더 열심히 의욕적으로 살 것 같지만 의외로 삶의 의미를 찾지 못하고 자살하는 사람이 많습니다.

계를 잘 지키고 공덕을 많이 쌓으면 하늘의 신으로 태어납니다. 그 신들 중에서도 왕이 되려면 어떻게 해야 하는지 이 게송에 잘 나타나있습니다. 게송에서 말한 대로 일곱 가지 선행을 잘 실천하면 천상에서 신들의 왕으로 태어나 더 많은 공덕을 지을 수 있습니다.

077

타심통이 열린
여자 재가신도

마음은 다스리기 어려웁나니
항상 좋아하는 곳으로 빠르게 치닫는다.
마음을 길들여야 훌륭하나니
길들여진 마음이 행복을 가져온다.
- 『법구경』 35

▽

부처님이 살아 계실 때, 어떤 여성 재가신도가 있었는데
수행을 잘한 덕분에 타심통(他心通)이 열렸습니다. 타심통이란 다
른 사람의 마음을 읽는 능력입니다. 보통 사람들은 다른 사람의
마음을 잘 읽지 못합니다. 자기 마음이 비워지지 않으면 남의 마
음을 알기 어려운 법이지요.

한번은 스님들이 그 여신도가 사는 마을 옆의 숲으로 하안

거를 지내러 왔습니다. 그녀가 스님들을 보니 수행을 열심히 하는데도 깨달음을 얻지 못했습니다. 여인이 보기에 수행 환경도 좋고, 스님들 사이의 관계도 좋은데 아직 깨달음을 얻지 못한 것이 이상했습니다. 그래서 가만히 지켜보니 스님들이 먹는 음식이 그다지 좋지 않았습니다. 음식이 너무 부실해도 혹은 과해도 수행이 잘 되지 않습니다. 그래서 여신도는 스님들께 소화가 잘 되면서도 영양가가 높은 음식들을 공양했습니다. 먹는 것이 바뀌자 스님들의 공부가 일취월장했지요. 하안거를 마친 후 스님들은 부처님께 돌아가 "여신도가 좋은 음식을 공양한 덕분에 수행을 잘할 수 있었다."고 이야기합니다.

그 이야기를 들은 한 스님이 그 마을을 찾았습니다. 마을에 거의 다 도착했을 무렵 스님은 많이 지친 상태였습니다. 그래서 마음속으로 '의자와 마실 것이 있으면 좋겠다.'고 생각했습니다. 그런데 마을에 가보니 의자와 마실 거리가 준비돼 있는 겁니다. 나중에 알고 보니 이 여신도가 타심통으로 스님의 마음을 미리 알고 준비했던 것이지요. 여신도의 능력을 눈앞에서 보자 스님은 겁이 나기 시작했습니다. 스님이라고 해서 늘 좋은 생각만 하는 것은 아니기 때문입니다. 그래서 다시 부처님 곁으로 돌아옵니다. 그러자 부처님이 그곳으로 다시 가라며 이 게송을 읊어주셨습니다.

겉으로 드러나는 말이나 행동은 거짓으로 포장해서 잠시 숨길 수 있습니다. 그리고 자신의 마음과 다르게 말하거나 행동할 수도 있습니다. 그러나 마음으로 하는 생각은 다스리기가 정말 어렵습니다. 생각까지 다스릴 수 있으려면 수행이 많이 되어야 하기 때문이지요. 수행이 완성되어야 미세한 번뇌까지 다스릴수 있습니다. 불교에서는 몸으로 하는 행위와 말만 업이 된다고하지 않습니다. 마음으로 하는 생각도 업이 된다고 하지요. 아무리 작고 사소해 보이는 생각일지라도 자꾸자꾸 하다보면 점점 그힘이 강해져서 결국 말로 표현되고 행동으로 실천되기 때문입니다. 대면관찰을 부지런히 하면 번뇌에 물든 생각이 떠오르자마자물리칠 수 있게 되고, 그러면서 점점 번뇌가 가라앉게 됩니다. 대면관찰은 말과 행동보다 먼저 하게 되는 생각까지 다스릴 수 있는 수행법입니다.

078

성도 16년, 직조공의 딸이
죽음에 대한 명상을 하다

삶은 불확실하고 죽음은 확실하다.
우리는 언젠가 죽는다.
죽음은 삶의 종착역이다.
삶은 불안정하고 죽음은 반드시 온다.
– 『담마빠다 아타까타』

그대는 어디서 오는가?
모릅니다.
어디로 가는가?
모릅니다.
모르는가?
압니다.
아는가?
모릅니다.

－『담마빠다 아타까타』

세상 사람들은 눈멀었고
몇몇 사람만이 진리를 있는 그대로 보네.
몇몇 새만이 그물을 벗어나듯
몇몇 사람만이 천상으로 가네.
－『법구경』174

▽

　부처님이 한 마을에서 '죽음에 대한 명상'을 가르쳐 주셨습니다. "삶은 불확실하고 죽음은 확실하다. 우리는 언젠가 죽는다. 죽음은 삶의 종착역이다. 삶은 불안정하고 죽음은 반드시 온다."는 첫 번째 게송이 그 내용입니다.

　사실이 이러한데 대부분의 사람들은 '삶은 확실하고 죽음은 불확실하다.'고 생각합니다. 이것이 전도망상입니다. 반대로 아는 것, 그릇된 생각이지요. 요즘 세상은 특히 사건 사고가 많아서 언제 죽을지 모릅니다. 저도 젊을 때는 '사회생활 하다가 나중에 불교 공부 해야지.' 하고 생각했습니다. 그러다 주변 사람이 연이어 죽는 모습을 보면서 '언제 어떻게 죽을지 모르는구나.' 하는 것을 알게 됐습니다. 우리는 모두 죽습니다. 그런데 살아 있을 때는 이 사실을 잘 모릅니다. 머리로는 알지만 몸으로는 느끼지 못합니다. 그래서 그걸 가르쳐 주신 겁니다.

부처님이 가르쳐 주신 이 '죽음에 대한 명상'을 그 마을 직조공의 딸이 여러 달 동안 수행했습니다. 그래서 상당한 경지에 올랐습니다. 그녀는 부처님이 다시 자기 마을에 오셨다는 소식을 듣고, 일터로 가는 도중 부처님을 뵈러 갑니다. 그때 부처님이 직조공의 딸과 나눈 대화가 두 번째 게송입니다.

법회에 함께 있던 사람들은 부처님과 그녀의 문답을 듣고 의아해합니다. 그러자 부처님이 이 대화에 담긴 뜻을 설명해 주십니다. 첫 번째와 두 번째 물음 "그대는 어디서 오는가?," "어디로 가는가?"는 이 몸을 받기 전에 과거생에 어디에서 왔으며, 어디로 가는지를 물은 것입니다. 이에 대해 여인은 "모릅니다."라고 답한 것이지요. 많은 사람이 자신이 어디에서 와서 어디로 가는지 모르고 삽니다. 이건 목적지 없이 여행을 하는 것과 마찬가지입니다. 한마디로 방황하는 것입니다. 사람들 대부분이 방황하고 있지만 자신들이 방황한다는 사실조차 알지 못하지요.

세 번째 물음인 "모르는가?"는 태어나면 반드시 죽는다는 것을 모르는가? 하고 물은 것입니다. 이에 대해 그녀는 "(반드시 죽는다는 것은) 압니다."라고 답한 것이지요. 마지막 질문 "아는가?"는 언제 죽는지 아는가를 물은 것입니다. 이에 대해 그녀는 "모릅니다."라고 답한 것이지요.

직조공의 딸은 부처님과 이러한 문답, 즉 선문답 같은 대화를 하면서 수다원과를 얻습니다. 그리고는 일터에 가서 일을 하다 죽었습니다. 그녀는 죽자마자 천상세계로 올라갔어요. 그때 부처님께서 마지막 게송을 읊어 주십니다.

직조공의 딸이 죽어서 천상으로 갔음을 인증해 주신 것입니다. '부처님과 대화하고 나서 죽었으니 재앙이 아닌가?' 하고 생각할 수 있지만 그렇지 않습니다. 직조공의 딸로 태어나 고생하며 살다가 죽어서 천상세계에 간 것이니, 재앙이 아니라 축복입니다. 수다원과를 얻거나 살면서 복을 많이 닦은 사람에게 죽음이 축복입니다. 지금보다 좋은 환경에서 다시 태어나기 때문입니다. 죽음 자체는 재앙도 축복도 아닙니다. 살면서 복과 도를 얼마나 닦았는지에 따라 재앙이 될 수도 있고 축복이 될 수도 있는 것입니다.

079

천상에서
서로 모셔 가려고 하는
재가신도 담미까

이 길은 중생들을 청정하게 하고
슬픔과 비탄을 극복하게 하고
육체적 고통과 정신적 고통을 사라지게 하고
지혜를 얻게 하고
열반을 실현하기 위한 오직 하나뿐인 길이다.
그것은 바로 네 가지 대면관찰이다.
– 『담마빠다 아타까타』

선행을 하는 이는 금생에서 즐거워하고
내생에서 즐거워하고 두 생에서 즐거워한다.
그는 자기가 지은 선행을 떠올리고
참으로 즐거워한다.
– 『법구경』 16

▽

부처님 재세 시 사왓띠에 담미까라는 재가신도가 있었습니다. 그는 계를 잘 지키고 보시를 열심히 했는데 특히 스님들께 공양 올리기를 즐겨 했습니다. 그에게는 일곱 명의 아들과 일곱 명의 딸이 있었는데 모두 부친을 보고 배워 계를 잘 지키고 보시하기를 좋아했습니다. 그러던 어느 날 담미까가 중병에 걸려 죽을 때가 되자 스님들이 찾아와 경전을 독송해주었습니다. 첫 번째 게송이 그 내용입니다.

담미까가 스님들의 독경을 듣고 있는데 천상의 여섯 하늘에서 각각 한 대씩 모두 여섯 대의 마차가 그에게 내려왔습니다. 여섯 하늘은 사왕천(四王天)·도리천(忉利天)·야마천(夜摩天)·도솔천(兜率天)·화락천(化樂天)·타화자재천(他化自在天)입니다. 이 여섯 하늘에서 각기 보낸 마차는 담미까의 눈에만 보였습니다. 천상세계에서 서로 그를 데려가려고 보낸 것이지요. 천상세계에서도 스카우트를 합니다. 복 많은 중생이 자신들의 천상으로 오면 그곳이 더 좋아지기 때문입니다. 담미까는 여섯 대의 마차 중 도솔천에서 보낸 마차가 가장 마음에 들었습니다.

담미까가 자식들에게 여섯 수레에 대해 말했지만 자식들은 눈앞에서 무슨 일이 벌어지는지 알지 못했습니다. 그래서 그는 자식들에게 수건을 공중에 던져 보라고 합니다. 그러자 수건이 공중에서 내려오지 않았습니다. 마차에 걸린 것이지요. 담미까는 도솔천의 마차를 타고 떠났으며 그는 도솔천의 천신으로 다시 태어났습니다. 그의 자식들이 이 사실을 부처님께 말씀드렸더니 부처님이 두 번째 게송을 읊어 주셨습니다.

　　담미까는 살아 있을 때 계를 잘 지키고 보시를 많이 하면서 복덕을 꾸준히 쌓고 대면관찰도 열심히 했습니다. 그 공덕으로 세상을 떠나기도 전에 천상에서 그를 마중나온 것입니다.

네 아이의 어머니이자
아버지였던 소레이야 장로

부모도 친척도
어느 누구도 해 주지 못하나니
바르게 나아가는 마음만이
자신을 더욱 거룩하게 하리라.
– 『법구경』 43

▽

사왓티 근처에 사는 어떤 부잣집에 '소레이야'라는 아들이
었습니다. 부유한 집에 태어난 그는 결혼해서 두 아들을 둔 아버
지이기도 했습니다. 어느 날 소레이야는 친구들과 함께 외출했다
가 마하깟짜야나 장로를 보게 되었습니다. 마하깟짜야나 장로는
피부가 아주 좋아서 황금빛이 감돌았다고 합니다. 소레이야는 장
로를 보고 순간적으로 '어떻게 피부가 저리 좋을까, 내 아내의 피

부도 저토록 좋았으면.' 하고 불순한 생각을 했습니다. 그러자 그의 몸이 순식간에 여자로 변해버렸지요. 깜짝 놀란 그는 일행에서 떨어져 나와 다른 도시로 떠났습니다. 여자가 된 소레이야는 무척 아름다웠습니다. 그래서 다른 도시에서 부잣집 남자와 결혼해 아들 둘을 낳았습니다. 남자였을 때 이미 아들이 둘 있었으니 그는 모두 네 명의 아들을 갖게 된 것입니다.

　어느 날 소레이야가 사는 도시에 고향의 옛 친구가 왔습니다. 소레이야는 그를 자기 집으로 데려가 극진히 대접하며 고향에 있는 가족들의 안부를 묻습니다. 친구가 보기에는 낯선 여인이 자기 고향 소식을 너무 잘 아는 것이 이상했습니다. 친구가 의아해하자 소레이야는 그간의 사정을 이야기합니다. 친구는 "진즉에 마하깟짜야나 장로에게 참회했어야 했다."며 자신이 장로를 모셔올 테니 참회하라고 충고합니다. 친구의 도움으로 소레이야는 마하깟짜야나 장로에게 공양을 올리며 참회를 하게 됩니다. 장로가 그를 용서하자 그의 몸이 본래 남자의 몸으로 되돌아왔습니다. 아버지로도 살아 보고 어머니로도 살아 본 그는 '인생이 별거 아니구나.' 하는 생각 끝에 출가를 합니다.

　출가한 그에게 사람들이 물었습니다. "아버지로 살 때와 어머니로 살 때 중에 어느 때 자식에게 더 애정이 갑니까?" 하고요. 그는 "어머니로 살 때 낳은 자식들에게 더 애정이 갑니다."라고 답합니다. 세월이 어느 정도 흐른 후에는 "이제는 더 이상 아무에게도 애착이 가지 않습니다."라고 답하지요. 이를 들은 제자들이 부처님께 "소레이야가 진실을 말하지 않는다."고 하자, 부처님은 "아니다. 소레이야는 진실을 말했다. 그는 이제 아라한과를 얻었느니라."고 답하시면서 이 게송을 읊어 주신 것입니다.

아버지의 사랑과 어머니의 사랑 가운데 어느 쪽 사랑이 더 클까요? 사람들이 많이들 궁금해 하는 질문이지요. 자신의 몸에 수태해서 산고를 겪으며 낳고, 잠도 제대로 자지 못하며 아이를 양육한 어머니의 사랑이 더 크다고 하는 사람도 있습니다. 하지만 제가 보기에는 어느 쪽의 사랑이 더 크다고 하기가 어렵습니다. 어머니의 사랑이 매우 큰 것은 분명한 사실이지요. 그러나 어머니의 사랑과 아버지의 사랑은 그 종류가 다릅니다. 비교는 서로 같은 종류끼리 하는 것이지요. 겉으로 잘 드러나지 않는 아버지의 사랑도 매우 크고, 애면글면 자녀를 기르는 어머니의 사랑도 매우 큽니다. 아버지든 어머니든 자식에 대한 사랑과 애착은 차고 넘칠 정도로 크지요.

081

물거품과 아지랑이를 보고 아라한이 된 비구

이 몸이 물거품과 같고
마음이 아지랑이 같음을 분명히 알아
마라(욕망)의 꽃화살을 부러뜨리면
죽음의 왕도 그를 보지 못하리라.
-『법구경』46

▽

　한 비구가 수행을 하는데 생각만큼 잘 되지 않았습니다. 여러분도 학창 시절을 생각해 보면 알 것입니다. 다들 열심히 공부하지만 모두 공부를 잘 하는 것은 아니잖아요. 스님들도 마찬가지입니다. 발심해서 출가했지만 출가한다고 다 공부가 잘 되는 건 아닙니다. 공부하려고 노력하는데 잘 안 되는 스님도 있지요. 그러니 스님들을 보면서 '왜 어떤 스님은 이런데, 어떤 스님은 저

럴까' 생각할 필요가 없습니다. 학생들이 다 다른 것처럼 스님들도 저마다 다르니까요. 우등생은 전체 학생의 10퍼센트밖에 되지 않습니다. 스님들도 마찬가지라고 보면 됩니다. 괜히 스님들을 보면서 이렇다 저렇다 생각하고 말하면 자기 업장만 늘어납니다.

이 스님은 공부가 잘 되지 않자 부처님을 찾아가 수행 주제를 새로 받아야겠다고 생각합니다. 수행을 할 때는 반드시 명료한 주제가 필요합니다. 그렇지 않으면 수행에 진전이 없습니다. 설령 진전이 있어도 무엇 때문에 진전이 됐는지 알 수 없습니다. 그래서 수행에는 선지식이 필요하다고 하는 것입니다. 수영이나 자전거를 배울 때도 코치를 잘 만나야 하는데 하물며 마음 공부를 어떻게 혼자서 하겠습니까. 전혀 불가능한 것은 아니지만 비효율적인 방법입니다.

스님은 부처님을 뵈러 가는 길에 멀리서 어른거리는 아지랑이를 봅니다. '아, 내 마음도 저 아지랑이 같아. 있는 것 같은데 잡으려면 없구나.' 하고 생각합니다(현상은 있는데 실체가 없는 거지요). 길을 가다가 이번에는 폭포 밑에서 물거품을 보게 됩니다. 그걸 보고 '내 몸뚱이도 저 물거품과 같구나.' 하고 깨닫습니다. 우리 몸의 세포는 하루에도 수만 개가 생기고 또 사라진다고 합니다. 세포가 새로 생기는 속도가 죽는 속도보다 빠르면 성장하는 것입니다. 그 반대가 되면 늙어 가는 것이지요. 스님은 몸이 물거품과 같고 마음이 아지랑이와 같은 것이라는 것을 알게 됩니다. 이 점을 깨달았을 때 부처님이 이 스님의 마음을 읽고 보신불로 나투셨습니다. 보신으로 나투신 부처님이 이 게송을 읊어 주셨습니다. 스님은 이 게송을 듣고 아라한이 되었다고 합니다.

　　마조도일 선사라고 중국의 아주 유명한 스님의 어록에도 이와 비슷한 일화가 전해집니다. 마조 스님이 머무는 절 옆에 다른 스님이 살았습니다. 그는 평소 마조 스님을 거들떠보지도 않았습니다. 그런데 어느 날 이 스님에게 저승사자 둘이 찾아와 저승으로 가자고 합니다. 스님은 "난 아직 젊고 아프지도 않다."며 하루만 말미를 달라고 간청합니다. 그러자 저승사자들이 하루 말미를 줍니다. 스님은 자신에게 주어진 하루 동안 어떤 수행을 해야 할까 고민에 빠집니다. 그런데 수행도 늘 하던 사람이 할 수 있는 것이지 평소 하지 않던 사람은 못 합니다. 평소에 연습을 잘해야 실전에서 잘하는 것처럼요. 홀로 고민했지만 답을 찾지 못하자 마조 스님을 찾아갑니다. 마조 스님은 그에게 "마음 편히 먹고 내 옆에 앉아 있으시오."라고 합니다. 그는 스님이 시키는 대로 했지요. 다음 날이 되어, 저승사자 둘이 마조 스님 절로 찾아옵니다. 마조 스님과 이 스님의 눈에는 저승사자들이 보였지요. 그런데 저승사자들 눈에는 스님들이 보이지 않는 겁니다. 그러니 저승으로 데려갈 수가 없어 돌아갔습니다. 왜 저승사자의 눈에는 마조 스님과 이 스님이 보이지 않았을까요? 이 질문도 화두 같은 것이지요.

　　마조 스님의 가르침에 정답이 나옵니다. 바로 '평상심시도(平常心是道)'라는 것입니다. 평상심이 도라는 것이지요. 평소에는 누구나 평상심을 유지하지만 누가 욕을 하거나 근심 걱정이 떠오르면 마음이 흔들립니다. 한 생각을 일으키기 전의 마음, 그것이 바로 무분별심이고 평상심입니다. 평상심에 머무르면 저승사자도 여러분을 데려가지 못하는 것입니다. 유리창이 티끌 하나 없이 깨끗하면 아무것도 없는 것처럼 보이는 것과 마찬가지입니다. 유리창에 탐욕과 성냄, 어리석음이라는 때가 끼면 '창이 여기 있구나.' 아는 것처럼, 마음이 흔들리면 저승사자의 눈에 보이는 겁니다. 그러니 여러분도 평상심을 연습해야 합니다. 평소 평상심으로 돌아가는 수행법은 전에 알려드렸지요. 바로 '마아반야바라밀'을 염하는 것입니다. 이 수행만 잘해도 자기 명(命)을 조절할 수 있습니다.

남편을 존경하여 도리천에
돌아간 빠띠뿟찌까

욕망의 꽃을 따 모으느라
제정신이 없는 사람을
죽음이 먼저 끌고 가리라.
욕망을 미처 채우기도 전에.
-『법구경』48

▽

　빠띠뿟찌까는 신심이 아주 깊은 여인이었습니다. 그녀는 스님들이 자기 마을에 탁발을 오면 늘 시주하고 보시했습니다. 그녀의 소원은 단 하나였어요. '남편 곁으로 가고 싶다.'는 것이었습니다. 그녀에게는 현재 같이 사는 남편이 있는데도 스님들이 공양을 받은 후 축원을 올릴 때면 늘 '남편에게 돌아가고 싶다.'고 빌었습니다. 그러던 어느 날 그녀는 갑자기 죽었습니다. 스님들이 그녀에 대해 말하자 부처님은 "그 여인은 소원을 이루었다."고 말합니다. 지금 살아 있는 남편 말고 천상의 남편에게 돌아간 것이었습니다.

　　그녀는 전생에 천상에서 살았습니다. 어느 날 천상의 정원에서 꽃을 따다가 갑자기 죽어서 인간세계에 태어났던 것입니다. 그래서 스물다섯 해 정도 살았는데, 천상세계의 시간 개념으로는 하루의 4분의 1밖에 되지 않았습니다. 지상의 백 년이 천상의 하루기 때문이지요. 공간이 달라지면 시간 개념도 달라집니다. 여러분이 여기에서 백 살까지 살다가 천상에 가면 그곳 사람들은 "어디 갔다 왔어?" 하고 물을 것입니다. 만약 쉰 살에 죽으면 반나절 사라졌다가 돌아온 셈이지요.

　　그녀가 돌아오자 천상의 남편이 물었습니다. "어디 갔다 왔어? 몇 시간 동안 보이지 않던데…" 그녀가 지상에 태어나서 인간으로 살다 왔다고 답하자 남편이 인간세계는 어떤지 묻습니다. 그녀는 이렇게 대답합니다.

　　"정신없어요. 사람들 대부분이 욕망의 꽃을 다 모으느라 정신이 없었어요."

083

구두쇠인 꼬시야를 교화하여 짜빠띠를 무한정 공양 올리게 하다

벌이 꽃과 향기를 해치지 않고
꿀을 모아 날아가듯이
이와 같이 수행자도 마을에 피해를 주지 않고
탁발하며 살아가야 하리라.
-『법구경』49

▽

　꼬시야는 엄청 부자였지만 구두쇠였습니다. 부자도 크게 두 부류로 나눌 수 있습니다. 한 부류는 과거생에 베풀기를 좋아해서 부자가 된 사람, 다른 부류는 얼떨결에 혹은 남의 눈치를 보다가 베풀어서 부자가 된 사람입니다. 전자는 부자로 태어난 다음 생에서도 잘 베풀어 더 큰 부자가 됩니다. 하지만 후자는 다릅

니다. 부자가 태어나지만 베풀 줄 모르기 때문에 갈수록 가난해
집니다.

　　목갈라나 장로가 꼬시야를 교화시키려고 그의 집으로 갔
습니다. 꼬시야의 집은 6층짜리 저택이었습니다. 그는 맨 꼭대기
층에서 부인과 짜빠띠를 만들고 있었습니다. 짜빠띠는 동그랗고
납작한 밀가루 반죽을 화덕에 구어 카레와 함께 먹는 빵 같은 겁
니다. 그는 길을 가던 사람들이 나눠달라고 할까봐 꼭대기 층에
서 몰래 만들고 있었지요. 그런데 목갈라나 장로가 신통으로 6층
창밖으로 날아와 그 앞에 섰습니다. 그는 짜빠띠를 주기 싫어서
목갈라나 장로에게 이런저런 주문을 합니다. "허공을 날아봐라,"
"앞으로 날아봐라," "뒤로 날아봐라." 등등 온갖 요청을 하지요. 목
갈라나 장로가 그의 요청을 다 받아 주자 결국 짜빠띠를 주기로
마음먹습니다. 구두쇠인 그는 짜빠띠 반죽을 아주 조금만 떼어
서 작게 만들어 주려고 하지요. 그런데 막상 만들다 보니 짜빠띠
가 점점 커지는 것이었습니다. 그는 하는 수 없이 그 커다란 짜빠
띠를 목갈라나 장로에게 공양했습니다. 그러자 장로는 그에게 보
시의 광덕에 대해 설해 줍니다. 장로의 말을 듣고 꼬시야의 마음
이 변했습니다. 목갈라나 장로는 그런 꼬시야를 보면서 신통으로
그곳에서 부처님이 계신 곳까지 계단을 만들어 줍니다. 꼬시야는
그 계단을 통해 부처님께 짜빠띠 공양을 올리지요. 그때 부처님
이 이 게송을 읊어 주십니다.

084

시아버지의
어머니가 된
위사카 부인의 서원

저는 언젠가 미래의 부처님에게
어머니와 같은 존재가 되기를 서원합니다.
네 가지 필수품(의복, 음식, 거처, 약)을 보시하는 데 있어서
여자신도 중에서 제일이라는 칭송을 받기를 서원합니다.
- 『담마빠다 아타까타』

꽃이 많아야 많은 화환을 만들듯이
태어나 언젠가 삶을 마쳐야 하는 우리는
공덕을 많이 지어야 하리라.
- 『법구경』 53

▽

남성 재가신도 중 보시제일이 아나타삔디까라면, 여신도 중에서 보시제일은 위사카 부인이었습니다. 그녀는 과거생에 어느 여인이 부처님께 '보시제일'이라는 칭송을 받는 모습을 보고 서원을 세웠는데 그 내용이 첫 번째 게송입니다. 참으로 놀라운 서원입니다. 그냥 부처님께 보시를 많이 할 수 있는 사람이 되기를 바란 것이 아닙니다. 마치 아들을 보살피는 어머니와 같은 마음으로 모든 것을 부족함 없이 공양 올릴 수 있기를 바란 것입니다. 인간의 감정 가운데 사랑보다 더 강렬한 감정이 없고, 사랑 가운데 어머니의 사랑보다 더 큰 사랑은 찾기 어려울 겁니다. 세상에 태어난 자신의 아이를 향한 강렬하고 큰 사랑으로 온갖 수고를 마다하지 않으면서 자녀의 필요를 채워주려고 애쓰는 것이 어머니의 마음이지요. 그런 어머니의 마음으로 부처님께 필요한 것을 모두 공양 올리고 싶다는 서원을 위사카는 세웠던 겁니다.

위사카는 대부호의 딸로 태어나 다섯 가지 아름다움을 갖추었지요. 그 다섯 가지는 머릿결, 입술, 치아, 피부, 젊음의 아름다움입니다. 젊고 아름다웠으며 가문도 좋았던 위사카는 대부호인 미가라 장자의 아들과 결혼했습니다. 미가라 장자는 본래 나체수행자들을 섬기고 있었지만, 며느리 위사카 덕분에 부처님의 설법을 듣고 수다원과를 얻었습니다. 미가라 장자는 자신을 바른 진리의 길로 인도한 며느리 위사카에게 "내 마음을 이렇게 기쁨으로 인도한 너를 이제부터 나의 어머니로 부르겠다."고 말했지요. 이렇게 해서 위사카는 시아버지인 미가라〔鹿子〕 장자의 어머니[母]가 된 것입니다. 그 후로 그녀는 미가라마따(미가라의 어머니), 한자로는 녹자모(鹿子母)라고 불리게 되었지요.

위사카가 막대한 돈을 들여 천 명이 넘는 스님들이 머물며 수행할 수 있는 강당을 지어 부처님께 보시를 했는데, 사람들이 그 절을 녹자모 강당이라고 불렀지요. 위사카가 보시한 것은 강당뿐만이 아니었습니다. 위사카는 부처님 앞에서 다섯 가지 보시를 올리겠다고 발원하고 실천했습니다. 그 다섯 가지는, 비구스님에게 우기에 입을 가사를 보시하고, 비구니스님에게는 목욕 후 입을 가사를 보시하고, 병든 스님에게는 약을 보시하고, 병든 스님을 간호하는 스님에게는 밥을 공양하고, 먼 곳에서 온 스님들에게는 죽을 공양하는 것이었습니다.

위사카의 보시에 대한 발원을 들으신 부처님이 읊으신 게송이 두 번째 게송이지요. 불교는 '자기 창조설'을 강조합니다. 스스로 원을 세워서 꾸준히 노력하고 연습하면 원대로 된다는 것입니다. 또한 내가 세운 서원을 이루기 위해서는 꾸준히 공덕을 지어야 합니다. 마치 꽃이 충분히 많이 있어야 많은 화환을 만들 수 있는 것처럼, 서원을 이루기 위해서는 노력도 해야 하지만 그 뒤를 받쳐줄 공덕도 지어야 합니다.

085

나체 수행자 잠부까를
교화시키시다

나는 사대천왕보다 더 위대한 대왕이다.

…

삭까천왕은 내가 원하는 것을 모두 들어주는 신도이고,

내가 아프면 치료해 주는 주치의이다.

…

나는 대범천 중의 대범천이다.

– 『담마빠다 아타까타』

어리석은 자가 오랜 세월을

풀잎 끝에 묻힌 음식만으로 아주 적게 먹고

아무리 힘든 고행을 할지라도

성인들이 깨달은 법의

십육 분의 일에도 미치지 못하리라.

– 『법구경』 70

▽

잠부까는 나체 수행자였습니다. 그는 사왓티에 사는 부호의 아들이었는데 전생에 지은 악업 때문에 괴상하게 고행하는 습관을 가지고 태어났습니다. 어릴 때부터 침대에서 잠들지 않고 바닥에서 잠을 자고, 밥 대신 자신이 눈 대변을 먹었지요. 습관이 너무 괴상해서 부모가 그를 나체 수행자들에게 보냈는데 그들도 대변을 먹는 잠부까와 함께 하기를 거부하고 내쫓아 버렸지요. 그렇게 홀로 살게 된 잠부까는 밤에는 몰래 대변을 주워 먹고 낮에는 한쪽 다리로 서서 지내면 얼굴은 하늘을 바라보았지요. 사람들이 공양을 올리면 아주 겸손한 자세로 사양하면서 자신은 공기만 먹고 산다고 했지요. 그래도 자꾸 권하면 풀잎 끝에 음식을 조금 묻혀서 먹는 시늉만 했습니다. 사정을 모르는 사람들은 그를 위대한 수행자로 알고 공경했지요. 그는 이런 식으로 사람들을 속이면서 무려 55년을 살아왔습니다.

어느 날 부처님께서 신통력으로 살펴보시고는 잠부까가 곧 아라한이 될 연이 무르익고 있음을 아셨습니다. 잠부까를 바른 길로 인도하기 위해 찾아간 부처님은 근처에서 하룻밤을 보내시게 됩니다. 그날 밤 초경(저녁 7시 ~ 9시)에 잠부까가 부처님이 계신 곳을 보니 많은 천신들이 내려와 부처님께 경배하고 법문을 듣고는 환희하면서 하늘로 올라갔습니다. 삼경(밤 11시 ~ 새벽 1시)에는 다른 천신들이 내려와서 경배하고 법문을 듣고 환희하면서 올라갔습니다. 오경(새벽 3시 ~ 5시)에도 마찬가지였지요. 잠부까는 깜짝 놀랍니다. 자신은 몇 십 년간 고행을 했어도 천신은 한 번도 나타나지 않았기 때문입니다.

다음 날 그는 부처님께 초경에 내려온 신들이 누구냐고 여쭙지요. 부처님은 사대천왕과 그의 권속이라고 알려 줍니다. 다시 삼경에 내려온 신들을 묻자 삭까천왕과 그 권속이라고 답하지요. 그리고 오경에 내려온 신은 범천왕과 권속들이라고 알려 줍니다. 잠부까가 "신들의 경배를 받는 당신은 신들보다 더 뛰어납니까?" 하고 묻자 부처님이 첫 번째 게송을 읊으신 것입니다.

부처님이 통증으로 고생할 때 삭까천왕이 인간으로 변해 간병한 기록이 경전에 나옵니다. 부처님의 명호는 열 가지만 있는 것이 아닙니다. 신들 가운데 가장 뛰어난 신이라는 의미의 '천중천(天中天)'이라는 명호도 있지요.

부처님은 이어서 잠부까가 전생에 지은 악행에 대해 알려주시고 금생에 다른 사람들을 속인 것에 대해 참회하게 하셨지요. 그러고 나서 부처님이 법을 설해주셨는데 그 설법을 들은 잠부까는 아라한이 되고 곧장 부처님께 귀의합니다. 그러자 부처님이 두 번째 게송을 읊어 주십니다.

부처님께서도 성도하시기 전에 극심한 고행을 하신 적이 있지요. 하지만 고행이 생사 해탈에 전혀 도움이 되지 않음을 아셨기 때문에 고행을 그만두셨습니다. 하지만 사람들은 겉으로 보이는 힘든 고행을 높이 사는 경향이 있지요. 그래서 잠부까는 한쪽 다리로만 서 있으면서 음식을 먹지 않는 겉모습을 통해 사람들의 존경을 받았지요. 그러나 형식적인 고행이 깨달음을 주는 것은 아니었습니다. 또한 천신들은 잠부까가 깨달음을 전혀 얻지 못했음을 알기 때문에 그에게 한 번도 존경을 표하지 않았던 겁니다. 사람은 속일 수 있을지언정 내면을 꿰뚫어보는 천신들은 속이지 못하는 법입니다.

큰 복덕을 지닌
와나와시 띳사 사미에게
설하시다

슬픔과 비탄에 잠겨 흘린 눈물보다
사대양의 물이 오히려 작다.
오, 사람들이여!
그런데도 왜 대면관찰을 하지 않고
부주의하게 살아가는가?
- 『담마빠다 아타까타』

만사천 번이나 우빠살하는 이곳에서 화장됐고
사람들이 죽어 누워 보지 않은 곳이 없네.

법과 계행이 있는 곳
중생들에게 해를 끼치지 않는 곳
금욕과 자제가 있는 곳

성자는 그곳으로 건너간다네.

죽음이 없는 곳으로.

– 『담마빠다 아타까타』

이익을 구하는 길과

열반에 이르는 길이

서로 다르다는 것을 잘 알기에

붓다의 제자들은

이득과 명예를 구하지 말고

멀리 떠남에 매진해야 하리라.

– 『법구경』 75

▽

와나와시 띳사 사미는 과거에 보시를 많이 했습니다. 그 공덕으로 금생에 부처님을 만나 출가할 수 있었지요. 그는 과거 생의 공덕이 매우 컸기 때문에 그와 함께 있으면 먹을 것과 입을 것이 늘 넘쳤다고 합니다. 어느 날 부처님께서 띳사에게 "바다를 보면 어떤 생각이 드느냐? 산등성이를 보면 어떤 생각이 드느냐?" 하고 묻습니다. 그러고선 첫 번째와 두 번째 게송을 읊어 주십니다.

'우빠살하'는 사람 이름입니다. 윤회의 그물에서 벗어나지 못하고 있는 우리가 '우빠살하'인 것이지요. 여러분이 지금

껏 윤회하며 슬픔과 비탄에 잠겨 흘린 눈물의 양이 저 넓은 바다를 가득 채운 바닷물의 양보다 훨씬 많다고 게송은 말합니다. 그렇게 엄청나게 많이 윤회했다는 것입니다. '죽어 누워 보지 않은 곳이 없다'는 말도 그만큼 윤회를 많이 했다는 뜻입니다. 그런데도 윤회에서 벗어나려 하지 않고, '복된 윤회,' 단지 조금 더 나은 조건으로 윤회하기를 바라기 때문에 윤회를 거듭하는 것입니다. 밝음을 가리는 무명 때문에, 갈애와 탐욕 때문에 손에 쥐어도 종내에는 고통만 남게 될 것을 더 많이 가지겠다고 욕망하고 있습니다. 하나를 가지면 그것에 하나를 더해 둘을 가지고 싶어 하고, 아홉을 가지면 그것에 하나를 더해 열을 채우고 싶어 합니다. 이제는 윤회에서 벗어나 죽음이 없는 곳으로 가야 한다는 말씀이지요.

부처님의 말씀을 들은 와나와시 띳사 사미는 이번 생에는 반드시 생사의 문제를 해결하겠다고 결심합니다. 그래서 늘 풍족하게 넘쳐나는 온갖 공양을 멀리하고 숲속으로 들어가 열심히 수행을 하였고 마침내 아라한과에 도달합니다. 그러자 부처님께서는 그의 모범적인 행실을 칭찬하시면서 세 번째 게송을 읊으십니다.

'이익을 구하는 길'은 복을 구하는 길입니다. 그 방법은 보시와 지계가 대표적인 것이지요. 복을 구한다는 것은 다음 생에 좀 더 좋은 조건으로 태어나는 것을 말하지요. 즉, '복된 윤회'를 구하는 것입니다. 물론 도를 성취하는 데도 복이 필요합니다. 복이 없으면 그 길이 고달파지기 때문이지요. 그러나 진리에는 뜻이 없이 복된 윤회만 구하는 것은 어리석은 일입니다. 그 복이 다 하면 전보다 더 못한 상태로 윤회를 거듭하게 될 뿐이기 때문입니다. 그래서 부처님께서는 '이익을 구하는 길'과 '닙바나에 이르는 길'은 서로 다르다, 같지 않다고 분명히 말씀하십니다. 얻기 힘든 사람 몸을 받고 태어나 만나기 힘든 부처님 가르침을 만났다면, 단지 복을 구하기 위해 노력할 것이 아니라, 닙바나, 즉 열반을 얻기 위해 노력해야 합니다. 열반에 이르는 방법은 대면관찰을 열심히 하고 마하반야바라밀을 지극히 염하는 것입니다. 이 길이 불제자가 가야 할 길입니다.

087

전생에
마하둑가따(극빈자)였던
빤디따 사미의 깨달음

여기 어떤 사람이 … 자기만 공양 올리고

다른 사람에게 권하지 않으면

미래생에 재복은 있을지언정 인복이 없다.

또 어떤 사람은 다른 사람에게 공양 올리라고 권하면서

정작 자신은 올리지 않는다.

이런 사람은 미래생에 인복은 있을 지언정 재복이 없다.

또 어떤 사람은 자신도 공양 올리지 않고

다른 사람에게도 권하지 않는다.

그런 사람은 미래생에 재복도 인복도 없다.

또 어떤 사람은 자신도 공양 올리고

다른 사람에게도 권한다.

그런 사람은 재복과 인복을 동시에 받는다.

- 『담마빠다 아타까타』

농부는 물길을 내어 물을 끌어들이고
활 만드는 이는 화살을 곧게 만든다.
목수는 굽은 나무를 곧게 다듬고
지혜로운 이는 마음을 잘 다스린다.
-『법구경』80

▽

　　마하둑가따(mahāduggata)는 매우 가난한 자, 즉 '극빈자'를
뜻합니다. 하루 벌어서 겨우 하루 입에 풀칠만 하고 사는 사람이
었지요. 그가 사는 마을의 촌장이 어느 날 부처님의 가르침을 듣
게 됩니다. 그것이 첫 번째 게송이지요. 자신이 보시를 하면 재복
이 생기고, 다른 사람에게도 권해서 보시를 하게 하면 인복이 생
기니, 재복과 인복을 모두 가지고 싶다면 자신도 보시를 하고 남
에게도 권해서 보시하게 하라는 가르침이지요. 재복과 인복을 모
두 갖추는 것이 우리가 말하는 '복덕'입니다. 복덕은 복과 덕을 함
께 갖추는 것인데 그러고 싶다면 자신도 보시하고 남에게도 권해
서 보시하게 하면 됩니다.

　　부처님의 법문을 들은 마을 촌장이 직접 나서서 마을 사람
들에게 보시를 권했습니다. 저마다 몇 분의 스님께 공양을 올릴
지 정해서 약속했지요. 누구는 다섯 분의 스님께 공양 올리고, 누
구는 일곱 분의 스님께 공양 올리겠다는 식으로 보시를 약속받았
습니다. 촌장은 마을 구석구석을 다니며 보시를 받다가 마하둑가

따를 만났습니다. 너무 가난한 사람이라서 잠시 고민하던 촌장은 그에게도 보시를 권했습니다. 그는 처음에는 망설였지만 '지금이라도 보시해야 행복해질 것이다.' 하고 생각하고 한 분의 스님께 공양 올릴 것을 약속합니다.

마하둑가따는 보시를 약속하고 나니 기분이 매우 좋아졌습니다. 늘 남에게 구걸하거나 품을 팔아 근근이 살았기 때문에 남에게 베풀 기회가 없었는데 부처님과 승단에 한 분이 드실 음식이라도 보시하기로 마음먹은 순간 행복해진 것입니다. 기분이 좋아진 그는 품팔이를 하는 집에서 흥겹게 일을 했습니다. 집주인은 그가 평소와 달리 즐겁게 일하는 모습을 보고 연유를 물었지요. 그가 사연을 말하자 집주인은 좋은 생각이라며 품삯을 두 배로 주기로 했습니다.

벽돌 한 장을 쌓더라도 어떤 마음가짐으로 하느냐에 따라 결과가 달라지는 것입니다. 하기 싫은데 배운 게 이것뿐이라서 호구지책으로 어쩔 수 없이 할 뿐이라며 벽돌을 쌓을 수도 있습니다. 그리고 내가 오늘 벽돌을 쌓아서 내 가족이 먹을 양식을 구한다는 생각으로 벽돌을 쌓을 수도 있지요. 혹은 비록 내가 하는 일이 벽돌을 쌓아올리는 것이지만, 병들어 아픈 사람들을 고치는 병원이 되니 튼튼하게 잘 지어야겠다는 마음으로 일할 수도 있습니다. 하기 싫은데 억지로 하는 것과 사랑하는 사람을 위해 일하는 것, 좋은 일에 작지만 보탬이 되겠다는 마음으로 일하는 것. 이 중에 어떤 마음가짐으로 일할 때 더 즐겁게 일하고 더 좋은 결과를 내게 될까요? 겉으로 드러나는 행동보다 보이지 않는 마음이 더 중요한 것입니다.

마하둑가따는 집으로 돌아오는 길에 신선한 식재료를 사서 조리한 후 내일 아침 일찍 공양하기로 합니다. 드디어 다음 날 아침, 그가 공양을 올리려고 절에 갔는데 스님들이 모두 공양청을 받아 나가시고 아무도 안 계신 겁니다. 알고 보니 촌장이 그만 그를 깜박 잊고 다른 사람들과 함께 공양을 올린 것입니다. 마하둑가따는 울음을 터뜨렸습니다. 공양을 올리기로 약속하고 스스로 뿌듯해 하며 행복했는데 정작 공양은 올리지도 못하게 되었으니 얼마나 허탈했겠습니까? 그 모습을 본 촌장이 "스님들은 공양을 다 마치셨고, 부처님 한 분만 남으셨는데 혹시 모르니 부처님께 말씀을 드려 보라."고 권합니다. 부처님은 이미 마하둑가따의 일을 알고 계셨기에 그의 공양을 받아 주셨습니다. 마하둑가따는 자신이 준비한 공양을 부처님께 올리게 되자 너무 행복했습니다. 부처님께 공양을 올리려 찾아왔던 왕도 그의 사연을 알게 되자 "참으로 정성이 지극하다."며 그에게 집과 토지를 하사합니다.

마하둑가따는 다음 생에 일찍 출가하여 빤디따라는 사미가 됩니다. 하루는 그가 탁발을 나갔는데 농부가 논에서 물길을 내는 모습을 보았습니다. 그걸 보면서 '농부도 저렇게 물길을 내서 땅을 다스리고 있구나.' 하고 생각합니다. 그다음에는 활을 만드는 이가 화살을 곧게 만드는 모습을 봅니다. 그 모습을 보고 '화살을 만드는 이도 화살을 저렇게 곧게 만드는구나.' 하고 생각합니다. 또 길을 가다가 목수가 굽은 나무를 대패질하며 다듬는 모습을 봅니다. 그 모습을 보고 '목수도 그렇게 나무를 다듬고 있구나.' 하고 생각합니다. 그 모습들을 보고 빤디따는 '그렇다면 수행자인 내가 할 일은 무엇인가.'를 곰곰이 생각하다가 '마음을 잘 다스려야 하겠구나.' 결심하고 열심히 수행하였습니다. 그 결과 그는 어린 나이에도 불구하고 아라한과를 얻게 되었고, 부처님께서 이 게송으로 빤디따의 깨달음을 인증해 주셨습니다.

삭까천왕의 존경을 받는
마하깟짜야나 장로

마부에 의해 잘 길들여진 말처럼
그의 감각기관은 고요하다.
자만과 번뇌가 다하고
팔풍(八風)에도 흔들리지 않는 그를
인간은 물론 신들도 존경한다.
– 『법구경』 94

▽

삭까천왕(제석천왕)은 불법과 불제자를 수호하는 천신입니다. 그는 특히 마하깟짜야나(마하가전연) 장로를 존경했다고 합니다. 어느 날 삭까천왕이 스님들께 공양을 올리는데 마하깟짜야나 장로의 모습이 보이지 않자 섭섭함을 감추지 못합니다. 그런데 마하깟짜야나 장로가 뒤늦게 공양을 받는 곳에 오셨지요. 그러자 삭까천왕은 장로에게 절을 하고 바로 공양을 올렸습니다. 그 모습을 보면서 다른 비구들이 "삭까천왕은 마하깟짜야나 장로를 편애하는 것 같다."고 불평하자 부처님께서 이 게송을 읊으신 겁니다.

신들뿐만 아니라 아라한들도 번뇌가 다했으며 팔풍에 흔들지 않고 고요하고 절제된 마하깟짜야나 장로를 좋아한다고 부처님이 공인하신 것입니다. 아라한과에 오르면 신들도 공경하며 공양을 올립니다. 그래서 불단의 상단에 올라가려면 부처님이나 보살이 되거나 아니면 최소한 아라한과 이상을 얻어야 합니다. 살아 있을 때의 정신적 차원에 따라 죽으면 갈 길이 달라집니다. 죽으면 몸은 놓아두고 정신만 떠나가는 것입니다. 정신만 자신에게 걸맞은 차원으로 가요. 죽어서도 가져갈 수 있는 것은 자신이 닦은 업과 수행력뿐입니다. 그러니 살아 있을 적에 열심히 할 것은 복 닦기와 도 닦기뿐입니다.

게송에 나오는 '팔풍(八風)'이란 사람의 마음을 흔들어 시끄럽게 움직이는 여덟 가지 종류의 경계를 바람에 빗대어 말한 것입니다. 여덟 가지는 경계는 이익과 손해, 명성을 얻음과 명성 잃음, 칭찬과 비난, 즐거움과 괴로움이지요. 이익을 얻으면 좋아하고, 손해가 생기면 침울해지지요. 어제까지 높은 자리에 앉아 목에 힘을 주고 있었는데 다음 날 추락해서 쇠고랑을 차게 되기도 합니다. 사람들이 칭찬을 하면 으쓱해지면서 기분이 하늘을 나를 듯 좋지만 비난을 당하거나 험담을 들으면 분노가 치솟아 오르지요. 즐거운 일에는 마음이 들뜨고 기쁘지만 고난을 당하면 괴로워하지요. 남이 나를 흔들지 않아도 이 여덟 가지 경계를 만나면 내가 스스로 자신을 흔들어 평안하지 않게 합니다.

남이 나를 괴롭게 하는 게 아닙니다. 나 자신이 나를 괴롭게 하지요. 하지만 대면관찰을 열심히 하면 흔들리지 않게 됩니다. 남이 나를 칭찬하든 비난하든 혹은 이익이 생기든 손해가 생기든 일희일비(一喜一悲)하지 않게 되지요. 이런 경계에 마음이 전혀 흔들리지 않는 이가 바로 아라한입니다. 마하깟짜야나 장로는 온갖 번뇌를 끊어 팔풍에도 전혀 흔들리지 않기 때문에 인간도 신도 모두 존경하는 것입니다.

사리뿟따 장로의 사자후

부처님이시여,
몸에서 몸에 대한 대면관찰이 확립되지 않았다면
저는 동료 비구를 때리고 화해하지 않고
유행을 떠났을 것입니다.

부처님이시여,
마치 땅이 똥, 오줌, 침, 피, 고름 등을
깨끗하거나 더럽거나 간에 싫어하거나
피하지 않고 받아들이듯이
저도 땅과 같이 광대하고 무량한 마음으로
화를 내거나 나쁜 마음을 품지 않고 머뭅니다.
부처님이시여,
몸에서 몸에 대한 대면관찰이 확립되지 않았다면,
저는 동료 비구에게 상처를 주고 화해하지 않고
유행을 떠났을 것입니다.

…

부처님이시여,

마치 한 남자가 기름이 질질 새고 있는

구멍 난 냄비를 사용하듯이

저도 구멍이 나서 새고 있는 이 몸에 머물고 있습니다.

부처님이시여,

몸에서 몸에 대한 대면관찰이 확립되지 않았다면

동료 비구에게 상처를 주고 화해하지 않고

떠났을 것입니다.

-『담마빠다 아타까타』

마음은 대지와 같아

칭찬과 비난에도 흔들리지 않고

성문의 기둥처럼 견고하며

티 없이 맑은 호수처럼 고요하다.

이런 사람에게 더 이상 윤회는 없다.

-『법구경』 95

▽

　　부처님의 10대 제자 중에서 지혜제일 사리뿟따는 으뜸가
는 제자였습니다. 사리뿟따가 하안거를 마치고 길을 떠났을 때였
습니다. 그가 길을 나선 지 얼마 되지 않았을 때, 한 비구가 부처

님을 찾아와 이렇게 말했습니다.

"사리뿟따 장로가 저를 때리고 사과도 하지 않고 길을 떠났습니다."

부처님은 다른 비구를 시켜서 사리뿟따를 데려옵니다. 그 비구의 말이 사실인지 묻자 사리뿟따가 앞의 다섯 게송으로 답한 것입니다.

사리뿟따는 거듭해서 말합니다. "몸에서 몸에 대한 대면관찰이 확립되지 않았다면…."이라고 거듭거듭 말합니다. 대면관찰은 몸에 대해 몸을 보고, 느낌에 대해 느낌을 보고, 마음에 대해 마음을 보고, 법에 대해 법을 보는 것입니다. 대면관찰을 하면 어떤 감정에도 휘둘리지 않게 됩니다. 분노든 슬픔이든 시기 질투든 감정에 휩싸여서 행동하지 않게 되지요. 그렇기 때문에 사리뿟따 장로가 다른 사람을 때리거나 상처를 주는 일은 있을 수 없지요. 그리고 게송 중에 '구멍 난 냄비'는 육근(六根), 즉 여섯 가지 감각기관을 가지고 있는 몸을 의미합니다.

사리뿟따가 이 게송을 읊을 때 이를 듣던 비구들이 모두 울었다고 합니다. 사리뿟따는 어머니 같은 분으로 전해지고 있습니다. 비구들이 탁발을 나가면 절에 남아서 정리 정돈을 하고, 아픈 비구가 있으면 나서서 간병을 하는 등 자애로운 어머니의 역할을 했다고 합니다. 부처님이 엄한 아버지와 같았다면, 사리뿟따는 자애로운 어머니와 같았던 것이지요.

나중에 알고 보니 사리뿟따에게 맞았다고 주장한 비구의 말은 거짓이었습니다. 사리뿟따는 이 비구를 때린 것이 아니라

이 비구의 옷깃을 살짝 스치고 지나간 것이었습니다. 사리뿟따가 길을 떠나면서 다른 비구들에게는 각각 이름을 부르며 인사를 했는데, 이 비구의 이름은 부르지 않았습니다. 이 비구는 그것이 서운한 나머지 부처님께 사리뿟따가 자신을 때렸다고 거짓말을 한 것입니다. 사건의 진상을 알게 된 부처님은 이 비구에게 "사리뿟따에게 참회하라."고 이릅니다. 비구는 사리뿟따에게 진심으로 참회하고 용서를 받습니다. 그러자 부처님이 마지막 게송을 읊으면서 사리뿟따를 인증하셨습니다.

'칭찬과 비난에도 흔들리지 않고 성문의 기둥처럼 견고하며'라는 구절은 팔풍에 흔들리지 않는 모습을 비유한 것입니다. 문은 하루에서 수십 번씩 열리고 닫히며 움직이지만, 기둥은 조금도 움직이지 않는 법이지요.

090

사리뿟따의 막내 동생
레와따 사미의
거처를 방문하시다

마을이거나 숲이거나
골짜기거나 봉우리거나
아라한이 머무는 곳은
언제나 즐거움이 가득하리라.
-『법구경』98

선과 악, 그 두 가지를 모두 버리고
번뇌를 뛰어넘어
슬픔과 탐욕에서 벗어나 해맑은 사람
그를 일컬어 아라한이라 한다.
-『법구경』412

▽

　사리뿟따는 출가 전 부잣집의 장남으로 남동생이 셋 있었습니다. 사리뿟따가 출가한 후 세 동생도 차례로 출가했습니다. 막내인 레와따는 숲에서 혼자 살았습니다. 어느 해 하안거를 끝낸 후 사리뿟따는 막내 레와따의 안부가 궁금해졌습니다. 그래서 부처님을 비롯한 여러 비구와 그곳을 방문했습니다. 레와따가 머무는 숲에 도착해 보니 동생은 아주 잘 정비한 도량에서 살고 있었습니다. 사리뿟따와 부처님은 그곳에서 잠시 머물다가 되돌아왔습니다. 부처님은 그곳에 수행의 즐거움이 가득하다 칭찬하시며 첫 번째 게송을 읊으신 겁니다.

　그때 함께 갔던 비구 중 하나가 '어떻게 사미 혼자 저렇게 큰 도량을 짓고 살까?' 하는 의문을 품었습니다. 그의 의문은 금세 풀렸습니다. 한 비구가 그 도량에 짐을 두고 온 바람에 다시 그곳에 가보니 도량은 사라지고 나무만 가득했던 것이지요. 레와따는 신통을 발휘해 임시로 도량을 지었던 것입니다. 레와따는 사미였지만 아라한과를 성취하고 신통을 얻은 것입니다.

　사리뿟따는 늦게 출가했지만 부처님께 상수제자로 인정받았습니다. 함께 출가한 목갈라나도 마찬가지였지요. 사리뿟따와 목갈라나가 출가하기 전에 이미 부처님께는 천 명이 넘는 제자가 있었는데, 출가한 순서에 따라 서열이 정해지는 승단의 일반적인 원칙을 따르지 않은 일이었지요. 그래서 시기하고 질투하는 이들이 종종 있었습니다. 사리뿟따 장로가 많은 비구들과 안거를 끝내고 부처님을 뵈러 가면서 신도들에게 보시 받은 옷을 모두 가져가자고 했습니다. 그 말을 들은 비구들이 '사리뿟따 장로가 물질에 대한 욕심을 숨기고 있었구나.' 하고 오해를 하고는 부처님께 일렀습니다. 그러자 부처님께서 두 번째 게송을 읊으시면서 그 오해를 풀어주신 겁니다.

　　인생의 모든 것을 선과 악으로 나누고 거기에 머무르면 윤회에서 벗어날 수 없습니다. 선과 악은 다 상대적인 것입니다. 자기 입장에서 선이고 자기 입장에서 악인 것입니다. 선과 악, 지옥과 천당 등 이분법적 견해를 가진 사람들은 결코 번뇌를 뛰어넘을 수 없습니다.

가장 짧은 시간에
깨달음을 얻은 바히야

바히야여, 그대는 이와 같이 자신을 닦아야 한다.
'보이는 것을 보기만 하고, 들리는 것을 듣기만 하고,
느끼는 것을 느끼기만 하고, 인식하는 것을 인식하기만 하리라.'라고
이와 같이 자신을 닦아야 한다.

바히야여,
보이는 것을 보기만 하고, 들리는 것을 듣기만 하고,
느끼는 것을 느끼기만 하고, 인식하는 것을 인식하기만 한다면,
그대는 그것과 함께 하지 않을 것이다.
그것과 함께 하지 않을 때 거기에는 그대가 없다.
거기에 그대가 없을 때 그대에게는 이 세상도 없고 저 세상도 없고
그 둘 사이의 어떤 세상도 없다.
이것이 고통의 소멸이다.
-『우다나』「바히야경」

▽

바히야는 가장 짧은 시간에 아라한과를 얻은 것으로 유명합니다. 원래 배를 타는 선원이었는데 어느 날 배가 난파돼 동료들은 모두 죽고 혼자만 살아남았습니다. 그 일로 바히야는 인생의 무상함을 절감한 겁니다. 여러분이 도를 깨치려면 인생무상을 절감해야 합니다. 그렇지 않으면 결코 도를 깨달을 수 없습니다. '제행무상(諸行無常)'이 첫 번째 진리입니다. 그 진리를 보지 못하면 '제법무아(諸法無我)'를 볼 수 없습니다. 일본의 도겐(道元) 선사는 "모든 것이 변한다는 진리를 절감하는 것이 진정한 출가"라고 말하기도 했습니다. 제행무상을 뼈저리게 느끼면 '어떻게 살 것인가?' 하는 물음의 답이 나옵니다. 하루를 살아도 법을, 진리를 구하며 살아야 하는 것입니다. 백 살, 백이십 살까지 좋은 집에서 맛있는 음식 먹으며 풍족하게 살아도 의미가 없습니다. 백 년을 사는 것보다 하루를 살아도 진리를 깨닫고 사는 삶이 중요한 것입니다.

바히야는 제행무상을 절감한 후 길에서 거지로 살아갑니다. 그렇게 살면서도 옷은 받지 않았어요. 헐벗고 있어야 사람들이 밥을 주기 때문이지요. 그런데 계속 옷을 거절하니 사람들 사이에서는 예사 거지가 아니라고 소문이 났습니다. '도인인가 봐,' '아라한인가 봐.' 이렇게 소문이 났지만 그는 부정도 긍정도 하지 않고 계속 거지로 생활합니다.

바히야에게는 전생에 함께 도를 닦던 도반이 있었습니다. 그는 범천의 신으로 태어났지요. 바히야를 지켜보던 천신은 지상에 내려와서 "그대는 아직 아라한과를 이루지 못했는가?" 하고 묻습니다. 이에 바히야가 "어차피 아라한은 이 세상에 없지 않냐?"고 되묻습니다. 그러자 천신은 기원정사에 최고의 아라한이 계시다는 사실을 말해 줍니다. 그 길로 바히야는 기원정사를 찾아가 부처님을 만납니다. 부처님은 막 탁발을 나가려는 참에 그를 만났습니다. 부처님은 진시(辰時, 아침 7시 ~ 9시)에 탁발을 나가 사시(巳時, 아침 9시 ~ 11시)에 공양을 드셨습니다. 그것도 하루에 한 끼만 드셨습니다. 번뇌가 없는 사람은 조금만 먹어도 배가 고프지 않기 때문입니다. 부처님이 "탁발을 가는 길이니 다녀와서 법을 설해주마." 하고 말씀하시자 바히야는 "지금 바로 법을 설해 주십시오. 탁발을 다녀오시는 사이 부처님이나 저에게 무슨 일이 생길지 어떻게 알겠습니까. 천재지변이라도 생기면 어떻게 합니까. 부처님을 만나고 법을 듣지 못하면 천추의 한이 될 것입니다."라며 거듭거듭 청했습니다. 그래서 부처님은 최초로 길에서 법문을 설하십니다. 바로 이 게송입니다.

이 게송은 대면관찰의 요점을 설하신 겁니다. 밥 먹을 땐 밥 먹을 뿐, 잠잘 땐 잠잘 뿐, 아플 땐 아플 뿐, 죽을 땐 죽을 뿐. 거기에는 내가 없습니다. 내가 없기 때문에 내 고통도 없는 것이지요. 이것이 바로 고통의 소멸에 이르는 법입니다.

이 설법을 듣고 바히야는 그 자리에서 바로 아라한이 되었고, 부처님께 귀의하였지요. 부처님은 탁발을 하러 길을 나서시고, 바히야는 가사를 만들기 위해 옷감을 구하려다가 소에 받혀 그 자리에서 숨이 끊어졌습니다. 탁발에서 돌아오시던 길에 그의 유해를 본 부처님은 비구들에게 명해서 화장을 하게 했습니다. 다비를 마치고 나서 부처님은 바히야가 아라한과를 얻어 완전한 열반에 들었음을 말씀하셨습니다.

바히야는 삶의 무상함을 절감했기 때문에 무아의 법을 금세 깨달을 수 있었던 것입니다. 살면서 겪게 되는 고난과 괴로움은 단지 피해야 할 대상이 아닙니다. 이를 깨달음으로 나아가기 위한 도구로 삼을 수 있습니다. 고통스럽고 절망스러울 때 그 감정에 휩쓸리지 말고 대면관찰 하십시오. 그러면서 삶이 얼마나 무상한 것인 줄 절감하며, 이 존재에 '나'라고 할 만한 것이 없음을 체감하십시오. 그것이 모든 고통을 소멸시키는 방법입니다.

가장 짧은 시간에
깨달음을 얻은 비구니
곱슬머리 밧다

이로움을 주지 못하는
수백 편의 게송을 읊어 주는 것보다
들으면 마음이 고요해지는
한 구절의 법문을 해 주는 것이 더 가치 있다.

전쟁터에서 백만 명을 정복한 것보다
자기 자신을 정복한 사람이
더 위대한 승리자이다.
－『법구경』 102, 103

▽

비구 중 가장 짧은 시간에 깨달음을 얻은 이가 바히야였다면, 비구니 중 가장 짧은 시간에 깨달음을 얻은 제자는 밧다입니다. 밧다의 인생은 참 기구했습니다. 부유한 상인의 딸로 태어난 그녀는 도둑을 사랑했지만 신분이 너무도 달라 결혼할 수 없었습니다. 그 도둑이 사형을 당하게 되자 아버지를 졸라 큰돈을 들여 도둑을 석방시키게 한 뒤 결혼을 했지요. 그런데 그 도둑은 밧다를 사랑하지 않았고 그녀의 돈만 가지고 도망치려고 했습니다. 도둑은 그녀를 높은 절벽으로 데려가 떠밀어 죽이려고 했습니다. 그때 그녀는 꾀를 내어 오히려 그 도둑을 절벽에서 밀어서 떨어뜨려버립니다. 그 뒤 외도의 무리에 귀의했는데 토론하는 실력이 매우 뛰어났습니다. 그런 밧다가 사리뿟따 장로를 만나 논쟁을 벌이다가 졌습니다.

밧다가 자신을 이긴 사리뿟따에게 귀의하려고 하자 사리뿟따는 부처님께 귀의하라면서 부처님이 계신 곳으로 데려갑니다. 밧다가 부처님을 찾아가 귀의하자 부처님은 그녀에게 짧은 설법을 하십니다. 이미 연이 무르익고 있었던 밧다는 부처님의 설법을 듣자마자 바로 깨달아 선 채로 아라한과를 얻었습니다. 그때 주변에 있던 비구들이 어떻게 이런 일이 있을 수 있는가 궁금해 하자 부처님이 첫 번째 게송을 읊으신 것입니다.

깨달음에 도움이 되지 않는 수만 수천의 글보다 비록 한 구절 짧은 글귀라도 생사해탈에 도움이 되는 것이 훨씬 더 가치 있습니다. 팔만대장경을 앞으로 읽고 뒤로 읽으며 모두 욀 필요는 없습니다. 오직 한 구절만으로도 충분히 깨달을 수 있습니다. 쭐라빤타까는 '라조 하라낭,' 즉 '때를 닦자' 한 구절만 외면서도 아라한이 되었습니다.

사찰에서 사캬무니 부처님을 모신 전각을 대웅전(大雄殿)이라고 합니다. 대웅은 큰 영웅(英雄)이라는 뜻이니, 대웅전은 큰 영웅을 모신 전각이라는 의미입니다. 사람들은 영웅이라고 하면 이순신 장군이나 세종대왕 혹은 원을 세운 칭기즈칸 같은 사람을 떠올립니다. 그런데 왜 부처님을 모신 곳을 큰 영웅을 모신 전각이라고 할까요? 부처님도 영웅이기 때문입니다. 칭기즈칸이나 세종대왕보다 더 훌륭한 영웅입니다. 왜일까요? 그들은 자기 자신을 정복하지 못했지만 부처님은 바로 당신 자신을 정복한 분이기 때문입니다. 탐진치 삼독과 무명 번뇌를 모두 물리친 분입니다. 그렇기 때문에 자기 자신을 정복하는 것이야말로 진정한 승리라고 말씀하신 것입니다. 그 말씀이 두 번째 게송에 담겨 있습니다.

수명이 늘어난
소년 디가유

언제나 어른을 섬기고 받들면
네 가지 축복을 받는다.
수명이 길어지고 아름다워지며
행복이 늘어나고 힘도 강해진다.
– 『법구경』 109

▽

      디가유의 아버지는 이교도 수행자였습니다. 그가 결혼해
서 낳은 아들이 바로 디가유였습니다. 하루는 그와 함께 도를 닦
던 도반이 그의 집을 찾았습니다. 도반이 디가유를 보더니 "아이
의 수명이 일주일밖에 남지 않았네."라고 했습니다. 아버지가 "어
떻게 하면 아이의 수명을 늘릴 수 있는가?" 하고 묻자 도반은 자
신은 그 방법을 모르지만 부처님은 아실 것이라고 말해 줍니다.

그는 당장 부처님께 가서 아이의 수명을 늘릴 수 있는 방법을 묻습니다. 부처님은 "집에 정자를 지어 아이를 그곳에 눕힌 후 스님들을 모셔 아이를 빙 둘러 앉도록 하라. 그리고 일주일간 아이에게 독경을 해 주면 아이의 수명이 연장될 것이다." 하고 말해 주었습니다. 그는 부처님이 시키는 대로 합니다. 원래는 야차가 칠 일 후에 그의 아들 디가유를 잡아먹기로 돼 있었습니다. 스님들이 아이를 둘러싸고 계속 독경을 하자, 천상에서 신들이 많이 내려왔습니다. 천신들 사이에도 위계가 있습니다. 여러 신이 내려오니 위계에 따라 야차가 점점 아이 곁에서 먼 곳으로 물러나게 되면서, 아이를 잡아먹지 못하게 되었습니다. 독경을 한 지 팔 일째 되는 날에는 부처님께서 직접 가셔서 기원을 해주셨습니다. 그런 뒤 부처님께서는 "이 아이는 수명이 연장되어 백이십 살까지 살 것이다." 하고 말해 주십니다.

비구들이 단명의 운을 타고난 아이가 어떻게 수명이 연장될 수 있는지를 궁금해 하자, 부처님께서 이 게송을 읊어주시면서 그 이유를 말씀하셨습니다. 수행력이 높고 덕망 있는 수행자의 축복과 기원이 가진 힘은 정말 큽니다. 이런 분들이 영가를 위한 천도재를 지내주시는 경우 그 영가가 좋은 곳으로 천도되지요.

가족을 모두 잃은
빠따짜라를 교화하시다

아들도 지켜 줄 수 없고
부모나 친척도 지켜 줄 수 없다.
죽음이 닥친 이를
어느 누구도 지켜 줄 수 없다.
- 『법구경』 288

오온이 일어나고 사라지는 것을
관찰하지 않고 백 년을 사는 것보다
오온이 일어나고 사라지는 것을
관찰하며 단 하루를 사는 것이 더욱 값지다.
- 『법구경』 113

▽

빠따짜라 비구니의 삶은 정말 처절했습니다. 사왓티의 부유한 집안에 태어난 빠따짜라는 부모님의 사랑을 듬뿍 받고 자랐습니다. 아름답게 자란 그녀는 집안의 하인과 사랑에 빠져 몰래 도망쳐 먼 곳으로 가서 함께 살았습니다. 시간이 흘러 그녀는 첫 번째 아이를 가지게 되었고 사왓티에 있는 친정에 가서 아이를 낳고 싶었습니다. 당시에는 친정에 가서 아이를 낳는 풍습이 있었기 때문이기도 했고, 부모님이 보고 싶었기 때문이기도 했습니다. 그러나 아내가 친정에 가서 아이를 낳으면 친정 부모님이 아내를 보내주지 않을까 걱정한 남편은 반대했지요. 그래서 결국 그녀는 친정으로 가지 못하고 첫 아이를 낳았습니다.

세월이 흘러 그녀는 두 번째 아이를 갖게 되었습니다. 이번에는 기필코 친정에 가고 싶었던 그녀는 몰래 아이를 데리고 집을 나왔지요. 그런데 얼마 가지 못해 뒤따라온 남편에게 잡혀 실랑이를 벌이다가 산기를 느끼게 되었습니다. 남편은 아이를 낳을 곳을 찾다가 그만 독사에 물려 죽었습니다. 그날 밤은 비가 많이 왔지만 그녀는 돌봐주는 사람도 없이 혼자 아이를 낳았지요. 해산한 뒤 남편을 찾다가 독사에 물려죽은 남편을 발견하고 통곡을 했습니다. 하지만 그러고만 있을 수 없어서 두 아이를 데리고 친정을 향해 가게 되었습니다.

사왓티로 가는 길에 강이 있었는데 며칠 전 내린 비로 강물이 많이 불어난 상태였습니다. 어린 아이 둘을 한꺼번에 데리고 강을 건너기에는 위험했지요. 그래서 그녀는 갓 태어난 둘째를 먼저 안고 강을 건넜습니다. 강가의 수풀 위에 아기를 내려놓은 그녀는 큰 아이를 데려오려고 강으로 들어가서 반쯤 건너갔을 때였습니다. 굶주린 커다란 독수리가 하늘에서 쏜살같이 내려와 아기를 채가는 것이 보였습니다. 깜짝 놀란 그녀가 독수리를 쫓으려고 팔을 흔들며 소리를 질렀지요. 그런데 건너편 언덕에 있던 큰 아이는 엄마가 자기를 부르는 것인 줄 알고 강에 뛰어들었다가 물결에 휩쓸려 떠내려가 버렸습니다.

갓 태어난 둘째는 독수리가 채어 가고, 큰 아이는 강물에 휩쓸려 사라져 찾을 수도 없게 되었지요. 졸지에 남편도 잃고 두 아이마저 잃어버려 큰 슬픔에 잠겼지만 그녀는 부모님과 형제자매를 만나기 위해 사왓티로 걸음을 옮겼습니다. 그러나 집에 와 보니 친정은 폐허가 되었고 부모님과 형제자매는 모두 죽은 뒤였습니다. 얼마 전 내린 비에 집이 무너졌던 것입니다. 가슴이 찢기는 슬픔에 통곡하던 그녀는 그만 미쳐버렸습니다.

제정신을 놓은 빠따짜라는 고통에 차 울부짖으며 거리를 배회하다가 부처님이 계시는 제따와나 사원까지 오게 되었습니다. 사람들이 그녀를 막으려 하자 부처님이 막지 말라고 했습니다. 부처님이 그녀에게 첫 번째 게송을 말씀하시자 그녀는 곧 온전한 정신을 회복했습니다.

그렇습니다. 내 앞에 죽음이 닥쳤을 대 그 누구도 나를 죽음에서 지켜줄 수 없습니다. 아무리 사랑하는 사람이라도 나를 죽음에서 지켜줄 수 없고, 아무리 소중하게 여겼던 것이라도 죽음에서 나를 지켜줄 수 없습니다. 죽고 싶지 않다면 태어나지 말아야 하는 것입니다. 윤회의 굴레에서 벗어나야 합니다. 그러기 위해서는 스스로 의지처를 구해야 합니다. 두 번째 게송이 그 방법을 말해줍니다.

'오온'은 우리의 몸과 마음을 뜻합니다. 몸과 마음에 일어나고 사라지는 것을 관찰하며 사는 것이 부귀영화를 누리며 백 년을 사는 것보다 훨씬 값진 것입니다. 몸은 생로병사하고 마음은 생주이멸합니다. 늘 변하는 몸과 마음을 관찰하는 관찰자가 바로 우리의 피난처이고 의지처입니다. 이 관찰자는 나고 사라지지 않습니다〔不生不滅〕. 더럽지도 깨끗하지도 않습니다〔不垢不淨〕. 늘지도 줄지도 않습니다〔不增不減〕. 늘 한결같습니다〔如如不動〕. 이 관찰자 입장에 서는 연습을 꾸준히 해야 합니다.

아들을 살리려고 겨자씨를 구하러 다닌 끼사고따미

자식과 가축에 애착하는 사람을
죽음이 끌고 간다.
잠든 마을을 큰 홍수가 휩쓸어 가듯이.
- 『법구경』 287

죽음이 없는 닙바나를 보지 못하고
백 년을 사느니
죽음이 없는 닙바나를 보고
단 하루를 사는 것이 더욱 값지다.
- 『법구경』 114

누더기 가사를 걸치고
몸이 마르며 힘줄이 튀어나오고
숲속에서 홀로 명상하는 사람

그를 일컬어 아라한이라 한다.

-『법구경』395

▽

끼사고따미라는 여인은 아들이 어린 나이에 죽자 반미치
광이가 됩니다. 죽은 아들을 안고 다니며 되살릴 수 있는 방법을
여기저기 묻고 다녔습니다. 그러다가 부처님께 가게 되었지요.
부처님은 그녀에게 한 가지 방법을 일러 주었습니다.

"아들도 딸도 어떤 사람도 죽은 적이 없는 집에 가서 겨자
씨를 구해 오너라."

그녀는 부처님이 이르는 대로 죽은 이가 아무도 없는 집을
찾아다녔습니다. 몇날 며칠을 다녔지만 죽은 이가 한 사람도 없
는 집은 없었습니다. 부모든 할아버지든 자식이든 어느 집이나
죽은 이가 있었습니다. 죽은 이가 단 한 명도 없는 집을 찾아 헤매
다가 그녀는 '누구나 가족의 죽음을 경험한다.'는 사실을 알게 됩
니다. 그런 그녀에게 부처님이 첫 번째 게송을 읊어 주십니다.

태어난 존재는 반드시 죽음을 맞이하게 됩니다. 존재가 태
어나게 하는 것은 갈애(渴愛)이고 무명(無明)이지요. 그래서 "애착
하는 사람을 죽음이 끌고 간다."고 한 것입니다. 갈애가 없으면
태어나는 일도 없습니다. 이 게송을 듣고 끼사고따미는 수다원과
를 성취하고 부처님께 귀의합니다.

그녀는 출가해서 촛불을 관찰하며 수행을 했는데, 촛불들

이 저마다 다르게 타오르는 걸 보았습니다. 왕성하게 타오르다가 흔들리기도 하고 그러다가 꺼져버리지만, 다시 불을 붙일 수도 있습니다. 촛불은 불이 켜졌다 꺼졌다 합니다. 그러나 그 촛불을 보는 성품은 불생불멸입니다. 그것이 바로 닙바나, 즉 열반입니다. '보배 구슬' 혹은 '여의주'라고도 합니다. 많은 사람이 집안에 보배 구슬을 두고 바깥으로 찾으러 다닙니다. 누구에게나 불생불멸하는 보배 구슬이 있습니다. 그 구슬을 찾아서 잘 써먹어야 합니다. 촛불을 관찰하는 수행을 하는 그녀에게 부처님이 두 번째 게송을 읊어 주십니다. 그녀는 이 게송을 듣고 아라한과를 성취합니다. 그 후 숲에 가서 홀로 명상하며 지냅니다.

하루는 부처님께서 법을 설하고 계실 때 끼사고따미가 허공을 날아서 부처님께 왔습니다. 그러자 사람들이 "얼마 전만 해도 미쳤던 여자가 언제 저렇게 되었냐?"며 수근거렸습니다. 그러자 부처님이 세 번째 게송을 읊으며 그녀가 아라한과를 얻었음을 인증해 주십니다.

096

아나타삔디까 집의 문에
살던 여신이 용서를 구하다

악행이 과보를 초래하지 않을 때
악인도 행복을 누린다.
악행이 과보를 초래할 때
악인은 괴로움을 겪는다.

선행이 과보를 가져오지 않을 때
선인도 괴로움을 겪는다.
선행이 과보를 가져올 때
선인은 행복을 누린다.
『법구경』 119, 120

▽

불교의 중요한 가르침 중 하나가 인과법입니다. 콩 심은 데 콩 나고 팥 심은 데 팥 난다는 이야기입니다. 그런데 사람들이 이를 잘 믿지 못합니다. 주변에서 보면 "진짜 나쁜 놈인데 하는 일마다 잘되고, 정말 좋은 사람인데 하는 일마다 잘 안 풀린다."는 말을 흔히 듣습니다. 하지만 인과에는 한 치의 오차도 없다는 사실을 알아야 합니다. 다만 시간의 차이가 있을 뿐입니다. 지금 밭에 콩을 심었다고 콩이 바로 나는 것은 아닙니다. 금방 심어 놓고 왜 열매가 열리지 않느냐고 따지면 안 되지요. 인과도 마찬가지입니다. 인간의 몸으로 있을 때 받지 않으면 다음 생에서라도 받습니다. 나쁜 짓을 했으면 지옥에 가든가 축생으로 태어나든가 하는 것이지요.

지인 중에 낚싯대 만드는 사업을 하는 사람이 있었지요. 하필 살생 도구를 만드는 일을 했지만 잘 먹고 잘 살았습니다. 그런데 젊은 나이에 세상을 떠났습니다. 죽기 전에 몇 년간 고생도 많이 했는데, 살생 도구를 만드는 게 별로 안 좋은 일이기 때문입니다. 제가 이런 이야기를 했더니 "어, 내 옆집 아저씨는 맨날 낚시 다니는데 건강하지만 내 남편은 낚시도 안 하는데 노상 비실거려요. 이건 왜 그런 건가요?" 하고 묻는 분이 있었습니다. 인과에는 시간 차가 있다는 것을 몰라서 하는 소리입니다. 지금 낚시하는 과오는 늘그막에 혹은 다음 생에 받는 겁니다. 지금 건강한 건 과거생의 공덕 때문입니다. 이미 지난 일은 어쩔 수 없습니다. 하지만 지금이라도 살생, 투도, 사음, 망어를 행하지 말아야 합니다. 살생 대신 방생하고, 투도 대신 보시하고, 사음 대신 수행(정행)하고, 망어 대신 진실한 말을 하면 누구나 다 부자가 되고 건강하고 남에게 존경받습니다. 이게 인과법이지요.

부처님 당시에 아나타삔디까라는 장자가 있었는데, 한자로는 급고독 장자라고도 합니다. 그는 코살라 국 최고의 부자였어요. 그는 오억사천 냥, 지금으로 치면 오백사십 억 정도 되는 큰 돈으로 부처님께 제따와나 사원(기원정사)을 지어 기증했습니다. 요즘으로 치면 땅을 사는 데 백팔십 억, 건물 짓는 데 백팔십 억, 집기 등을 사는 데 백팔십 억 정도 들어간 겁니다. 그는 사원을 기증한 후에도 매일 자신의 집으로 부처님과 스님들을 천 분씩 모셔 공양을 올렸습니다. 한참을 그렇게 하다 보니 재산이 점점 줄어 들었지요. 그러다가 나중에는 옥수수 죽을 공양으로 올리고는 괴로워합니다. 그때 부처님이 「웰라마경」을 설해 주십니다. 이 경은 36번 게송에서 자세히 설명했습니다.

아나타삔디까 장자의 집 대문에는 여신이 깃들어 살고 있었습니다. 그런데 부처님이 그 집에 오시면 매번 문에서 내려와 인사를 올려야 하는 것이 그만 귀찮아졌습니다. 여신은 장자의 재산이 점점 줄자 장자에게 "공양을 그만하라."고 권했지요. 장자는 "우리 집에 빌붙어 사는 주제에 공덕을 그만 지으라고 하냐."며 여신에게 나가라고 했습니다. 아나타삔디까는 수다원과를 얻었기 때문에 신들도 함부로 대하지 못했습니다. 집에서 쫓겨난 여신은 사대천왕을 찾아가서 어찌 하면 집으로 돌아갈 수 있는지 물었습니다. 사대천왕은 아나타삔디까 장자에게 오백사십 억을 찾아 주라며 이렇게 말합니다.

"장자가 어느 장사꾼에게 빌려 주고 받지 못한 돈 백팔십억 냥을 되찾아 오고, 예전에 장자가 강둑 항아리 안에 묻어 둔 돈 백팔십억 냥을 되찾아 오너라. 마지막으로 임자 없는 돈 백팔십억 냥이 어디 있는지 내가 알려 줄 테니 그걸 찾아 주어라."

여신은 사대천왕이 시키는 대로 돈을 모두 구해서 장자에게 가져다주고 용서를 구합니다. 그러자 장자는 부처님께 가서 참회하라고 하지요. 여신이 부처님께 가서 참회하자 부처님이 이 게송을 읊어 주셨습니다. 천신일지라도 인과법을 피할 수 없는데 하물며 사람이 피할 수 있겠습니까. 지금 당장 과보가 나타나지 않는다고 실망하지 말고 열심히 수행하고 공덕을 지어야 할 것입니다.

위사카 부인이 오백 명의
여자 신도들에게 묻다

죽음은 목동의 막대기와 같아서
태어남을 늙음으로 몰고
늙음을 병듦으로 몰고
병듦을 죽음으로 몰고 가서
마침내 도끼로 자르듯이 생명을 끊어 버린다.

그럼에도 불구하고
윤회에서 벗어나려고 하는 사람은 아무도 없고
오히려 다시 태어나려고 발버둥을 친다.
– 『담마빠다 아타까타』

소 치는 아이가
막대기로 소떼를 몰고 풀밭으로 가듯이
늙음과 죽음이

사람들의 목숨을 앗아 간다.
- 『법구경』 135

▽

　　위사카 부인은 여성 재가신도 중에서 보시제일인 사람입니다. 시아버지인 미가라 장자를 부처님께 귀의하도록 인도하였고, 시아버지에게서 "너를 이제부터 나의 어머니로 부르겠다."는 말을 들어서 그 후로는 미가라마따(미가라의 어머니), 한자로는 녹자모(鹿子母)로 불리게 된 여인입니다. 그녀가 천 명이 넘는 스님들이 머물며 수행할 수 있는 강당을 지어서 보시했는데 그 강당이 녹자모 강당이지요. 한번은 재일을 맞아 위사카가 집에서 여러 나이대의 여성들과 함께 경건하게 기원을 드리고 있었습니다. 그때 위사카는 그 부인들에게 왜 기원을 드리는지를 물었습니다. 미혼의 아가씨들은 "좋은 배우자를 만나기 위해서." 중년 부인들은 "남편과 자식 잘되라고." 노년의 신도들은 "죽어서 좋은 데 가고 자식 잘 되라고." 기원을 드린다고 답했지요. 위사카 부인이 부처님께 이 이야기를 전해드렸더니 부처님이 이 게송을 읊으신 것입니다.

　　사람들 대부분이 '복된 윤회'를 바랍니다. 윤회에서 벗어나기를 바라는 사람은 드뭅니다. 복된 윤회를 하더라도, 그것은 한때입니다. 지은 복이 다하면 더 이상 누리지 못하는 것들입니다. 오르막길이 있으면 내리막길도 있습니다. 복은 아무리 구해

도 영원히 복과 즐거움만 누리고 살지 못합니다. 윤회하는 존재
는 고통에서 벗어나지 못하기 때문입니다. 윤회에서 벗어나려면
도를 닦아야 합니다. 마음에 대한 애착이 쉬어야 윤회에서 벗어
납니다. 몸과 마음에 대한 애착을 점점 키우면 윤회가 길어지기
만 할 뿐입니다. 불교와 다른 종교의 차이가 여기에 있습니다. 불
교에서는 복음(福音)과 도음(道音), 둘 다 이야기합니다. 반면 다른
종교에서는 복음만 이야기합니다. 복된 윤회를 보장하는 것이 복
음입니다. 복음을 넘어 도음을 얻으려면 공부를 해야 합니다. 자
기 마음이 깨어야 합니다.

사리뿟따 장로가
어머니를 교화하고
빠리닙바나에 들다

누군가에게서
붓다의 가르침을 배워 깨달았다면
그분을 온 마음으로 받들어라.
마치 바라문이 불을 섬기듯이.
-『법구경』 392

▽

　　사리뿟따는 네 형제의 장남이었습니다. 세 동생도 모두
출가해 아라한과를 얻었지요. 그러나 그의 어머니는 불자가 아
니었습니다. 어머니가 젊었을 때에는 불교가 없었기 때문입니
다. 그녀는 신을 섬기는 종교를 믿었습니다. 그래서 아들 넷이
모두 출가해 아라한과를 얻었는데도 기뻐하기는커녕 실망했습

니다. 아들들이 모두 출가해 대가 끊어졌다고 생각했으며, 많은 재산을 자식이 아닌 나라에 바칠 생각을 하니 화가 났습니다. 당시에는 대를 이을 아들이 없으면 부모가 죽은 뒤 모든 재산은 나라에 귀속되었기 때문입니다. 그래서 장남인 사리뿟따가 병이 들어 집에 왔지만 어머니는 간병을 해 주지 않았습니다. 그런데 그날 밤, 밖이 마치 대낮처럼 환해서 나가 보니, 어머니가 섬기는 신들이 내려와 사리뿟따를 간병하고 있었습니다. 다음 날, 어머니는 아들에게 간밤의 사정을 물었습니다. "너는 어떻게 신들의 보살핌을 받는 것이냐?" 하고요. 아들은 아라한인 자신이 신들보다 높은 존재라고 말합니다. 아들의 말을 들은 어머니는 이 일을 계기로 불교에 대해 다시 생각하게 되고 결국 불자가 됩니다. 사리뿟따는 어머니를 교화하고 나서 빠리닙바나, 즉 열반에 들었습니다.

평소 사리뿟따는 아사지 장로가 계신 곳을 향해 절을 올렸다고 합니다. 부처님은 아무도 없는 허공에 대고 절을 하는 그를 보고 "일찍이 내가 허공에 대고 절을 하지 말라고 일렀는데, 왜 그리 하느냐?" 하고 물었습니다. 그에 사리뿟따는 "앗사지 장로 덕분에 불교를 알게 되고 부처님 제자가 되었기 때문입니다."라고 답합니다. 그러자 부처님은 사리뿟따를 칭찬하면서 제자가 스승에 대해 가져야 하는 바른 자세에 대해 설하는 이 게송을 읊으신 것입니다.

099

목갈라나 장로가
빠리닙바나에 들다

악의가 없는 사람에게
벌을 주고 해를 끼친다면
열 가지 괴로움 가운데 한 가지를
반드시 당하리라.

처절한 고통과 재산의 상실
불구, 중병, 정신병에 걸린다.

형벌, 모함, 가족의 죽음,
잦은 재산 피해를 당하거나 집이 불탄다.

그런 후에도 못된 자는
목숨이 다하면 지옥에 태어난다.
-『법구경』137~140

▽

　　사리뿟따와 함께 출가하여 나란히 부처님의 상수제자가
된 목갈라나는 신통제일의 제자였습니다. 그래서 천상세계를 제
집 드나들 듯 했지요. 그는 천상과 지상을 잇는 메신저 역할을 했
습니다. 그런 그를 보면서 이교도들은 샘이 났습니다. 자신들은
'모든 것은 신의 뜻이다.' '우리의 신만이 유일하다.' 하는 교리를
설파하는데, 정작 자신들은 신을 만나지도 못하고 신의 이야기를
듣지도 못하니까요. 반면 목갈라나는 천상세계를 다녀와서 신들
에 대한 이야기를 사람들에게 상세히 설명해 주었습니다.

　　목갈라나 때문에 자신들이 불교 승단보다 못하다는 사실
을 들키기 싫었던 이교도 수행자들은 목갈라나를 해치기로 마음
먹었습니다. 그래서 그들은 자객을 돈으로 고용해서 그를 살해하
려고 했습니다. 그가 마가다 국의 라자가하 근처에 있는 작은 숲
에서 수행하고 있을 때였습니다. 자객들이 그가 수행하고 있는
곳을 포위하고 해치려 하자, 그는 신통력으로 빠져나왔습니다.
얼마 뒤 자객들이 수행하고 있는 그를 다시 포위하자 이번에는
하늘로 솟아올라 벗어났습니다. 그러나 그들은 포기하지 않고 계
속 목갈라나를 해치려 했습니다.

　　자객들이 세 번째로 그가 수행하고 있는 곳을 포위하고 좁
혀 들어왔습니다. 목갈라나는 이번에는 자신의 전생을 살펴보고
는 전생에 행한 악행의 업이 아직 남아 있음을 알게 되었습니다.
갚아야 할 것은 반드시 갚아야 하지요. 아무리 피하려고 해도 피
할 수 없는 것이 업입니다. 선업이든 악업이든 그 과보는 반드시

오게 되어 있습니다. 그래서 목갈라나는 이번에는 신통력을 써서 피하는 것을 포기했습니다. 자객들은 뼈마디가 으스러질 정도로 그를 매우 심하게 때리고 떠났습니다. 그는 온몸이 만신창이가 되어 고통이 극심했지만, 수행의 힘으로 고통을 참으며 부처님이 계신 제따와나 사원을 향해 갔습니다. 이 세상을 떠나기 전에 마지막으로 부처님께 하직 인사를 드리기 위해서였습니다. 부처님께 마지막 인사를 올린 뒤, 그는 자신의 고향 나란다로 돌아가 빠리닙바나, 즉 완전한 열반에 들었습니다.

목갈라나가 자객들에게 심하게 구타당해서 결국 세상을 떠났다는 소식이 널리 알려졌습니다. 이 소식을 들은 마가다의 왕 아자따삿뚜는 매우 분노하며 그들을 모두 잡아들여서 살아 있는 채로 불에 태워 죽이게 하였습니다. 목갈라나의 죽음에 승단의 스님들은 슬픔을 누르지 못하면서도 한편으로는 의구심을 가졌습니다. 목갈라나는 수행력도 높지만 신통력은 여러 제자들 가운데 제일이라는 소리를 들을 만큼 강했는데 어째서 그런 험한 일을 피하지 못했는지 의아해했습니다. 이에 부처님은 목갈라나가 오랜 전생에 지은 악업 때문에 그 과보를 피하지 못했음을 말씀하셨습니다. 목갈라나는 오랜 전생에 아내의 사주를 받아서 앞을 보지 못하는 연로한 어머니와 아버지를 제 손으로 살해하는 악행을 저질렀던 것입니다. 부처님이 인과응보는 누구도 피할 수 없음을 말씀하시며 이 게송을 읊으신 것입니다.

목갈라나는 자신의 손으로 낳아주고 길러준 부모님을 살해한 과보를 여러 생에 걸쳐 받았는데 이번 생에서 남은 과보를 모두 갚았던 것입니다. 그러나 그는 또한 윤회에서 벗어나겠다는 결심을 놓치지 않고 오랫동안 열심히 수행했습니다. 그러면서 부처님이 세상에 출현하시면 그 법을 배우고 으뜸가는 제자, 즉 상수제자가 되겠다는 서원을 세우기도 했습니다. 그 서원에 따라 사꺄무니 부처님께 귀의하고 늦게 출가하였음에도 상수제자가 될 수 있었습니다. 그 결과 목갈라나는 불법을 배워 아라한이 되었으며 오랜 전생에 부모를 죽인 과보를 모두 갚고 이번 생을 마지막으로 빠리닙바나, 즉 완전한 열반에 들었던 것입니다.

우리가 지은 모든 행은 원인이 되어 결과를 남깁니다. 그것이 선행이든 악행이든 그 과보는 반드시 받게 됩니다. 다만 시간의 차이가 있을 뿐이지요. 열심히 복을 쌓고 대면관찰을 해도 지금 진보가 보이지 않는다고 포기하지 말아야 합니다. 아직 그 결과가 드러나지 않았을 뿐이기 때문입니다. 물은 섭씨 100도가 되어야 끓어오릅니다. 물이 끓지 않는다면 아직 물의 온도가 100도가 되지 않았을 뿐이지요. 진척이 느껴지지 않을 때는 더 열심히 하면 됩니다. 더 열심히 복을 쌓고, 더 열심히 대면관찰하고, 더 열심히 부처님 가르침을 배우고 실천하면 됩니다. 그러면 반드시 흐름에 들어 하나씩 성취를 이루어 아라한이 되고 보살이 되며 마침내는 부처가 될 수 있습니다.

부처님 말년에 위두다바가
사꺄족을 몰살하고
홍수에 휩쓸려 죽다

쾌락의 꽃을 따 모으느라
제정신이 없는 사람들을
죽음이 휩쓸어 간다.
깊이 잠든 마을을 홍수가 휩쓸고 가듯이.
-『법구경』 47

▽

　　부처님이 열반에 드시기 여러 해 전부터 교단과 세속에 큰
일들이 벌어졌습니다. 마가다 국의 아자따삿뚜 왕자가 부왕 빔비
사라를 죽이고 왕위를 찬탈하였고, 그 무렵 부처님의 사촌동생
데와닷따는 교단을 분리시키며 부처님을 살해하려고 세 차례나
시도하였습니다. 그리고 몇 년 후 코살라 국의 위두다바 왕자가

부왕인 빠세나디 왕을 축출하고 왕위를 찬탈하였습니다. 아들에게 왕위를 빼앗긴 빠세나디 왕은 조카가 있는 마가다 국으로 갔지만 라자가하 근처에서 그만 세상을 떠났습니다. 그 뒤 위두다바 왕은 까뻴라왓투를 점령하고 수많은 사꺄족을 죽였습니다. 이 참극의 이유는 위두다바 왕의 원한이었습니다.

부처님의 종족인 사꺄족은 자존심이 매우 강했습니다. 비록 까뻴라왓투가 힘이 약해서 꼬살라의 속국이었지만, 사꺄족의 혈통은 그들보다 훨씬 고귀하다고 생각했습니다. 그래서 부처님을 존경하던 꼬살라의 빠세나디 왕이 사꺄족의 왕녀와 결혼하고 싶다고 청했을 때 선뜻 응하지 못했습니다. 하지만 세력이 강한 꼬살라 국을 다스리는 왕의 요청을 거절할 수 없었던 그들은 왕과 노비 사이에서 태어난 여인을 왕녀로 속이고 시집을 보냅니다. 이 사실을 모르는 빠세나디 왕은 매우 기뻐하면서 그녀를 첫 번째 왕비로 삼았고, 그 사이에서 태어난 위두다바를 태자로 봉했습니다.

위두다바가 자라서 자신의 외가인 까뻴라왓투의 사꺄족 왕가를 방문했다가 자신의 어머니가 노비의 딸임을 알게 됩니다. 그는 어머니의 신분 때문에 사꺄족 사람들에게 큰 모욕을 받았고 가슴 깊이 원한을 새기고 돌아왔습니다. 훗날 왕이 된 위두다바는 자신에게 모욕을 준 사꺄족을 몰살하려고 많은 병사를 이끌고 출병했습니다. 이를 알게 된 부처님은 사꺄족을 돕기 위해 나섰습니다.

부처님은 꼬살라와 까뻴라왓투 국경 부근의 나무 아래에

앉아서 위두다바 왕을 기다렸습니다. 왕은 부처님을 보고 말에서 내려 예를 표하면 말했습니다. "부처님, 이런 더운 날씨에 어째서 이파리 하나도 없이 말라버린 나무 아래 앉아 계십니까? 저기 잎이 무성한 나무 밑에 앉으십시오." 그러자 부처님은 "왕이시여, 그냥 두십시오. 친족의 나무 그늘이 더 시원합니다." 하고 답했습니다. 이 말을 들은 위두다바 왕은 부처님이 사꺄족을 보호하기 위해 오신 것을 알아차리고 부처님께 예를 갖춰 인사드린 다음 사왓티로 되돌아갔습니다.

그러나 사꺄족에 대한 분노와 원한이 가라앉지 않았던 왕은 다시 군대를 일으켜 쳐들어왔지만 전과 같이 말라비틀어진 나무 아래 앉아 계신 부처님의 모습을 보고 되돌아갔습니다. 시간이 지나도 원한이 풀리지 않은 위두다바 왕은 다시 군대를 일으켰고, 이번에는 부처님도 그를 막지 않으셨습니다. 사꺄족이 강물에 독을 풀었던 전생의 악업을 신통으로 살펴보신 부처님은 더 이상 막을 수 없음을 아셨던 것입니다.

결국 위두다바 왕은 까삘라왓투를 침략해서 닥치는 대로 사꺄족 사람들의 목숨을 빼앗았습니다. 이때 부처님은 매우 슬퍼하시며 위두다바 왕 또한 그 과보를 받게 될 것임을 말씀하셨습니다. 위두다바 왕은 군대를 이끌고 철수하다가 강가에서 야영을 했습니다. 밤중에 큰 폭우가 내려 불어난 물살에 왕과 수천의 군대는 모두 몰살당했습니다. 사꺄족이 멸망할 당시의 참상과 위두다바 왕의 마지막은 경전에 상세히 기록되어 있습니다.

이 게송은 사꺄족의 비극적인 소식을 들은 부처님이 읊으신 것입니다. 자신의 헛된 욕망이 헛된 것인 줄 모르고 그저 욕망을 채우려고 발버둥 치듯 사는 사람들이 많습니다. 모든 것을 다 이룬 듯 사는 사람일지라도 하루아침에 죽음의 강을 건너기도 합니다. 오늘 같은 내일이 영원히 계속되는 일은 없습니다. 윤회의 굴레에 갇힌 사람의 힘으로는 언제 어디에서 무슨 일로 모든 것을 내려놓게 될지를 알 수 없습니다. 지금 마음을 돌려야 합니다. 지금 부처님 가르침 하나라도 더 익히겠다고 결심하고 실천해야 합니다. 지금 이 108게송 가운데 단 하나의 게송이라도 잘 익혀 생사해탈의 흐름으로 들어서고야 말겠다 노력해야 합니다.

애인의 죽음에 충격받은
산따띠 장군이
아라한과를 얻다

지나간 과거를 붙들고 근심하지 말고
오지 않은 미래를 걱정하지도 말라.
지금 이 순간에도 마음이 머무르는 바가 없다면
그대는 평화롭게 살아가리라.
- 『담마빠다 아타까타』

화려하게 치장했더라도
내면은 평화롭고 고요하며
감관을 잘 다스려 흔들림이 없고
도를 얻어 청정하며,
살아 있는 생명을 해치지 않고 조화롭게 살아간다면
그는 바라문이자 사문이며 비구이다.
- 『법구경』 142

▽

산따띠는 나라의 장군이었습니다. 이웃 나라가 쳐들어오자 병사들을 이끌고 전쟁터에 가서 승리하고 돌아왔습니다. 산따띠 장군의 승리를 축하하기 위해 왕은 일주일에 걸쳐 잔치를 벌여 주었습니다. 이 산따띠에게는 사랑하는 여인이 있었습니다. 그녀는 그 나라에서 춤을 제일 잘 추는 무희였지요. 그녀는 산따띠를 위한 잔치에서 춤을 추기 위해 일주일간 굶다시피 했습니다. 왜냐하면 인도의 무희들은 배를 드러낸 옷을 입고 춤을 추기 때문입니다. 산따띠에게 날씬하고 아름다운 모습을 보이고 싶은 마음에 무리해서 다이어트를 한 것입니다. 그 탓에 기력이 약해진 그녀는 잔치에서 춤을 추다가 그만 죽고 맙니다. 일종의 과로사였던 것이지요.

산따띠는 그녀의 죽음에 허망함을 느꼈습니다. 부처님을 찾아간 그가 눈물을 흘리자 부처님은 "그대가 지금껏 윤회하면서 흘린 눈물의 양이 저 바닷물보다 많다."시면서 첫 번째 게송을 읊어 주십니다.

산따띠는 이 게송을 듣고 아라한과를 얻었습니다. 부처님의 제자들은 그를 보면서 "어제까지만 해도 술을 마시고 춤과 노래를 즐기던 사람이 어떻게 게송 하나를 듣고 아라한과를 얻습니까?"라며 의문을 표합니다. 그러자 부처님이 두 번째 게송을 읊으시면서 그 의문에 답을 해주셨습니다.

사실 산따띠는 과거생에 전법(傳法)을 열심히 했습니다. 처음에는 형편이 어려운 사람들을 물질적으로 도와주었습니다. 그러나 물질적인 도움에는 한계가 있었습니다. '진정으로 어려운 이들을 돕는 방법이 무얼까?' 고민하던 그는 어떤 이가 법을 전하는 모습을 보고 '밥보다 법을 전하는 것이 중요하다.'는 사실을 알게 됩니다. 누군가를 진정으로 돕는 것은 그의 가치관을 전환시키는 것입니다. 그러기 위해서는 부처님 법을 전해야 합니다. 산띠따는 전생에 이러한 생각으로 평생에 걸쳐 법보시를 했습니다. 그 공덕이 있었기에 산띠따는 술을 마시고 춤과 노래를 즐겼지만 부처님의 게송을 듣고 바로 아라한과를 얻었습니다.

생사해탈을 하기 위해서는 법을 배우고 수행을 해야 합니다. 이것에 대해서는 저도 강조했지만 다른 스님들도 수없이 강조하고 또 강조한 것입니다. 그러나 부처님의 법을 다 깨우치고 난 다음에 전법을 하려고 하면 너무도 오랜 시간이 걸립니다. 부처님의 법을 완전히 깨우치는 데는 한두 번의 생으로 되는 일이 아니기 때문입니다. 이생에서는 전법을 하지 못하고 죽기 쉽습니다.

그러나 모든 법을 깨우치지 않아도 전법을 할 수 있습니다. 내가 배운 만큼, 아는 만큼 전법하면 됩니다. 하지만 다른 이에게 부처님 법을 전하려면 내가 정확하게 알고 있어야 하겠지요. 그러니 내가 하나라도 확실히 배워 알고 실천했으면 그 하나의 법이라도 전하면 됩니다. 만약 내가 아직 확실히 체득한 부처님 법이 없다면, 부처님 법이 담긴 책을 보시하면 됩니다. 인연이 있고, 근기가 되는 사람은 그 책을 보고 부처님 법을 좋아하고 배우게 될 것입니다.

전법의 공덕은 수행의 공덕 못지않게 큰 것입니다. 산따띠 장군은 전생에 열심히 전법을 했습니다. 그는 물질적으로 베푸는 재보시도 했지만, 법을 전하는 법보시는 더 열심히 했습니다. 나만 홀로 보시를 하면 재복이 생기지만, 나도 보시하면서 다른 이에게도 권해서 보시하게 하면 인복이 생긴다는 이야기를 앞에서 한 적 있습니다. 내가 열심히 전법을 위해 법보시를 하는 것은 나의 보시도 되지만, 이 행위를 통해 다른 사람의 보시를 이끌게 되기도 합니다. 복과 덕을 함께 갖추게 되면, 산따띠 장군처럼 게송 하나에 생사문제에서 벗어나는 아라한이 될 수도 있습니다.

기생 시리마를
짝사랑한 비구에게
설하시다

분노는 자비로 이겨내고
악은 선으로 이겨내라.
인색은 보시로 이겨내고
거짓말은 진실한 말로 이겨내라.
－『법구경』 223

보라, 이 분칠한 모습을!
뼈마디로 이루어지고 오물로 가득 찬 가죽주머니를!
자주 병들고 번뇌 망상으로 가득한 이 몸을!
그 어디에 항상함이 있고 견고함이 있는가?
－『법구경』 147

▽

　　웃따마는 신심이 깊은 불자였습니다. 그러나 그녀의 시집
은 불교를 믿지 않았지요. 그녀는 친정아버지에게 '어쩌자고 저
를 이런 집에 시집을 보내셨나요. 이 집은 공양도 올리지 않고 법
문도 듣지 않습니다. 저는 사는 게 사는 게 아닙니다.'라고 한탄하
며 편지를 보냈습니다. 그러자 그녀의 아버지는 돈과 함께 답장
을 보냅니다. 그 내용인즉 '이 돈으로 기생을 사서 남편과 어울리
게 하고 너는 스님들에게 공양청을 올리고 법문을 들거라.' 하는
것이었습니다. 웃따마는 아버지가 시키는 대로 당시 가장 유명한
기생 시리마를 큰돈을 주고 보름간 고용해 남편과 어울리도록 했
습니다. 그리고 본인은 보름간 스님들께 공양을 올리며 법문을
들었습니다. 그녀는 그 시간이 너무 행복했습니다.

　　그런데 남편은 스님들께 공양 올리며 행복해 하는 아내를
보며 '세상에 이런 여자가 다 있나' 싶어 웃음을 지었습니다. 남자
가 웃는 모습을 본 기생 시리마는 순간 엄청난 질투를 느꼈습니
다. 원래 자신의 남자도 아니었는데, 그 사이 탐욕이 생겨났던 것
입니다. 질투에 눈이 먼 그녀는 끓는 기름을 가져와 웃따마에게
들이부었습니다. 그러나 웃따마는 화를 내기는커녕 '이 여인 덕분
에 보름간 스님들께 공양을 올리며 법문을 들을 수 있었다.' 생각
하며 자애 삼매에 듭니다. 그러자 끓는 기름을 온몸에 뒤집어썼는
데도 그녀는 전혀 다치지 않고 멀쩡했습니다. 곁에 있던 하녀들이
기생을 때리자 웃따마는 오히려 그들을 말렸습니다. 부처님께서
나중에 이 사연을 들으시고 첫 번째 게송을 읊어 주십니다.

원한을 원한으로 되갚으면 원한은 결코 풀리지 않습니다. 오히려 원한이 더욱 커질 뿐입니다. 어느 쪽이든 한쪽이 먼저 원한을 품지 않아야 계속 되풀이되는 원한이 풀릴 수 있습니다. 증오와 원한은 사랑으로 대해야 쉬어지고, 악은 선으로 대해야 이겨낼 수 있습니다. 인색함은 상(相) 없는 보시로 이겨낼 수 있고, 거짓은 참된 진실만이 이겨낼 수 있습니다. 쉽게 실천할 수 없는 말씀이지만 인과법은 이 말씀이 드러나는 현상의 본질임을 말하고 있습니다.

그리고 저는 평소 결혼한 여성 불자들에게 이렇게 이야기합니다. "남편이 늦게 들어오면 가행정진, 남편이 초상집에 가면 철야정진, 남편이 일주일간 출장을 가면 용맹정진 하십시오." 꾸준한 정진을 통해 아내의 표정이 밝아지면 남편의 표정도 덩달아 밝아집니다. 무슨 일이든 어떻게 보느냐에 따라, 초점을 어디에 맞추느냐에 따라 결과가 달라집니다.

그런데 부처님의 제자 중에 이 아름다운 기생 시리마를 짝사랑하는 스님이 있었습니다. 지나가는 시리마의 아름다운 모습을 보고 그만 애욕에 휩싸이게 된 것이었습니다. 얼마 지나지 않아 시리마가 갑자기 죽었습니다. 이 소식을 들은 부처님은 빔비사라 왕에게 부탁을 했습니다. 시리마의 시신을 화장하지 말고 다른 짐승들이 훼손하지 못하게 해달라고 했습니다. 며칠 지나지 않아 시리마의 시신은 조금씩 부패하기 시작했습니다. 색이 검푸르게 변하면서 역한 냄새를 풍기고 썩은 물이 흐르며 부패하기 시작했지요. 곧이어 시신을 먹는 온갖 벌레들이 죽은 시리마의 몸에 들끓기 시작했습니다. 빔비사라 왕은 시리마의 시신이 있는 곳으로 라자가하에 있는 모든 사람들을 불러 모았습니다. 부처님도 제자들과 함께 그곳으로 갔습니다. 시리마를 짝사랑하던 스님도 물론 함께 갔지요.

사람들이 모두 모이자 부처님은 몸의 더러움에 대한 법문을 하셨습니다. 그러고는 빔비사라 왕에게 청하기를, 1,000금을 주고 시리마를 데려갈 사람이 있는지를 선포해달라고 하였습니다. 아무도 없었습니다. 500금, 250금, 100금, 50금, 10금, 1금 등으로 가격을 계속 낮추며 시리마를 데려갈 자를 찾았습니다. 그래도 아무도 나서지 않았습니다.

예전에는 라자가하의 많은 남자들이 기생 시리마와 즐기기 위해 1,000금을 지불했습니다. 그러나 지금은 어느 누구도 그녀를 원하지 않았습니다. 그토록 젊고 아름다웠던 육신이 지금은 허망하게 부서졌습니다. 이 몸의 어디에도 즐거움은 없습니다. 실로 피와 고름으로 가득 찬 가죽 주머니일 뿐입니다. 이렇게 시리마의 시신을 통해 몸의 더러움을 가르치신 부처님은 두 번째 게송을 읊으셨습니다. 애욕을 끊지 못하고 있던 그 스님은 이 게송을 듣고 수다원과를 얻었습니다.

103

부처님을 병수발한
삭까천왕

성자를 보는 것은 좋은 일이며
함께 지내는 것은 행복한 일이네.
어리석은 자를 보지 않음 또한 큰 즐거움이네.

어리석은 자와 함께 하는 이는
오랫동안 슬프고 원수를 만난 듯 괴롭네.
지혜로운 이와 함께 하는 것은
친척을 만난 듯 행복하네.

그러므로 현명하고 지혜롭고 삼장을 배워 익히며
인내심을 가지고 할 바를 다하는 성인
그와 같은 바르고 지혜로운 이를 가까이 하라.
달이 궤도를 벗어나지 않듯이.
-『법구경』 206~208

▽

　부처님이 빠리닙바나에 드시기 전 여러 달 전 웰루와 마을 근처에서 마흔다섯 번째 안거를 지내고 계실 때였습니다. 부처님 께서는 여러 날 동안 설사병을 앓으셨는데, 삭까천왕이 이를 알 고 부처님의 병간호를 위해 내려왔습니다. 부처님은 삭까천왕에 게 이곳에는 비구들이 많이 있고 병수발도 잘 들고 있으니 천상 으로 돌아가라고 했습니다. 그러나 삭까천왕은 부처님의 설사병 이 다 나을 때까지 극진히 간호하며 수발을 들었습니다.

　함께 안거를 보내고 있던 많은 스님들은 천상에서 삭까천 왕이 내려와 직접 부처님의 병수발을 드는 것을 보고 매우 놀라 면서 크게 감동을 받았습니다. 이를 보신 부처님은 왜 삭까천왕 이 이렇게까지 정성스럽게 병수발을 드는지 그 이유를 말씀해주 셨습니다.

　그는 전생에 늙어서 죽게 되었을 무렵 전생의 부처님을 뵙 고 설법을 들었습니다. 그는 자신이 들은 설법을 잘 숙고하면서 수행을 했고 그 결과 그는 수다원과를 얻어서 지금의 삭까천왕으 로 다시 태어났던 것입니다. 그 뒤 부처님을 뵙고 "신들도 부처님 의 가르침을 들을 수 있도록 허락해 주십사." 하고 청해서 허락을 받았습니다. 이와 같은 연유를 말씀하시며 부처님이 이 게송들을 읊으신 것입니다.

　여러 가지 공덕 중에서도 아픈 사람을 간병하는 공덕이 최 상의 공덕입니다. 부처님도 아무도 돌보지 않는 병든 비구를 간 병한 적이 있습니다. 부처님이 꼬살라에 계실 때의 일입니다. 아난다와 함께 사원을 돌아보시던 부처님은 한 늙고 병든 비구가 있는 곳에 가시게 되었습니다. 그 비구는 아무도 돌보는 사람 없이 홀로 병에 고통 받으며 똥오줌이 널린 방에서 일어나지도 못하고 있었습니다. 부처님은 대소변이 묻은 비구의 옷을 깨끗이 세탁하고, 거처를 청소한 뒤 그 비구를 직접 목욕시켜 침상에 뉘였습니다. 그런 뒤에 설법을 하여 비구의 마음을 편안하게 해주셨지요. 곁에 있던 시자 아난다가 자신이 하겠다며 나섰지만 그것을 말리시고 부처님이 직접 그 모든 일을 하셨습니다.

더 없는 진리를 깨달으시고 하늘과 땅의 모든 중생을 위해 법을 널리 펼치신 부처님도 병자를 위해 직접 간호하셨습니다. 공덕 중에서 가장 큰 공덕이 병든 이를 정성껏 간호하는 공덕입니다. 그렇기에 하늘의 삭까천왕도 땅에 내려와 부처님의 병수발을 들었던 것입니다.

IО4

부처님을 진정
존경하는 방법

띳사처럼 행하는 사람이
나를 진실로 존경하는 사람이다.
꽃과 향을 올리며 존경을 표하는 사람은
나를 진실로 존경하는 사람이 아니다.
높고 낮은 법을 얻기 위해 열심히 수행하는 사람이
나를 진실로 존경하는 사람이다.
- 『담마빠다 아타까타』

벗어남의 맛을 알고
내려놓음의 맛을 아는 이는
근심과 악행에서 벗어나
진리의 기쁨을 만끽한다.
- 『법구경』 205

▽

    부처님은 빠리닙바나에 드시기 석 달 전에 "앞으로 석 달 뒤 빠리닙바나에 들 것이다."라고 선언을 하셨습니다. 그러자 아직 도를 성취하지 못한 제자들이 부처님께 꽃을 올리면서 그 곁을 떠나지 않았습니다. 그러나 띳사 비구는 '부처님이 아직 세상에 계실 때 아라한이 되어야겠다.'고 마음먹고 부처님과 떨어진 곳에서 홀로 정진했습니다. 그러나 다른 제자들은 띳사의 마음을 이해하지 못했습니다. 그들은 띳사가 부처님을 존경하지 않고, 자신만 아낀다며 부처님께 말했습니다.

    그러자 부처님은 첫 번째 게송을 읊으시면서 띳사의 결심을 알려주셨습니다. 누구든지 진실로 부처님을 존경하고 사랑한다면 저 띳사 비구처럼 행동해야 한다고 말씀하셨습니다. 진실로 부처님을 사랑한다면 꽃을 바치고 향을 사르면서 하루 종일 곁에 앉아 있는 것은 옳지 않다고 하셨습니다. 진실로 부처님을 존경하고 사랑한다면, 저 띳사 비구처럼 부처님이 가르친 법에 따라 수행하고 계를 지키며 생사에서 해탈해야 한다고 말씀하셨습니다. 그런 뒤, 부처님은 수행에 매진하는 띳사에게 두 번째 게송을 읊어 주십니다. 띳사는 이 게송을 듣고 아라한과를 얻게 됩니다.

    부처님의 이러한 말씀은 오늘의 우리들에게도 적용되는 말씀입니다. 정말로 부처님을 존경하고 신앙하며 부처님의 가르침을 따르는 이라면, 부처님이 가르치신 진리를 열심히 배우고 실천하며, 그 법을 널리 전하기 위해 노력해야 합니다. 계를 지켜 몸과 마음을 조복하고, 보시하며 공덕을 쌓고, 인과법과 사성제,

팔정도의 가르침을 배우고, 늘 깨어 있으면서 대면관찰하는 수행을 놓치지 않는 것. 그것이 오늘의 우리가 부처님을 존경하고 따르는 방법입니다.

해골을 두드려
태어난 곳을
알아맞히는 왕기사

중생들의 죽음과 태어남을 알고
집착을 여의고 피안으로 잘 갔으며
깨달음을 성취한 사람
그를 일컬어 아라한이라 한다.

천신도 건달바도 인간도
그가 간 곳을 모르며
번뇌가 다하고 마땅히 공양받을 만한 사람
그를 일컬어 아라한이라 한다.
- 『법구경』 419, 420

▽

　　라자가하에 사는 왕기사라는 사람은 특이한 재주를 가졌습니다. 바로 죽은 이의 해골을 두드려 소리를 듣고, 그 소리로 죽은 사람이 어디에서 다시 태어나는지 알아맞히는 것이었지요. 그 해골의 주인이 인간으로 환생했는지, 천상에 천신으로 태어났는지 아니면 축생이 되거나 지옥에 떨어졌는지를 알아맞히는 것이었지요. 그래서 그의 가족들은 그 능력으로 큰돈을 벌려고 마음먹고 왕기사에게 수행자의 가사를 입혀 여러 곳으로 다니며 사람들을 불러 모았습니다. 사람들은 자신의 부모와 형제, 친척들이 죽어서 어디로 환생했는지 알고 싶어 돈을 들고 찾아왔습니다.

　　그러던 어느 날 왕기사는 부처님이 머물고 계시는 사왓티에 오게 되었습니다. 사왓티의 사람들이 각기 공양물을 들고 제따와서 사원으로 가는 것을 왕기사가 보았습니다. 그는 부처님의 설법을 들으러 가는 것을 알고는 자신이 부처님보다 더 뛰어난 사람이라고 주장했습니다. 그러나 사람들은 그의 말을 믿어주지 않았습니다. 그래서 왕기사는 자신의 말을 증명하겠다며 부처님을 뵈러 제따와나 사원으로 갔습니다. 왕기사를 보신 부처님은 그에게 해골 여섯 개를 주고 해골의 주인들이 어디에서 태어나는지 알아맞혀 보라고 합니다. 왕기사가 올 것을 아신 부처님이 미리 준비하고 계셨던 것입니다. 왕기사는 해골 다섯 개의 주인은 어디에서 태어났는지 알아맞혔습니다. 그러나 아무 애를 써도 하나는 맞히지 못했습니다. 결국 왕기사는 "하나는 도저히 모르겠습니다." 하고 답할 수밖에 없었습니다.

아라한이 된 이는 어디에서 태어나는지 알아맞힐 수 없습니다. 아라한은 무아법에 통달한 사람입니다. 무아법에 통달하면 윤회의 굴레에서 완전히 벗어나게 됩니다. 다시 태어나지 않기 때문에 불생(不生)이라고도 하지요. 남은 하나의 해골은 아라한과를 얻은 이의 것이었기 때문에 왕기사가 맞힐 수 없었던 것입니다. 부처님은 그러한 사실을 말씀해주시고, 이 두 편의 게송을 읊어 주셨습니다. 게송을 들은 왕기사는 부처님께 귀의하고 가르침을 배워 아라한이 되었습니다.

죽은 뒤에 어디에서 어떤 존재로 환생하게 될지 두려운 사람이 있는지요? 선업보다 악업이 더 많고, 지은 공덕도 적어 육도 중에 악도에 떨어질까 두려운 사람이 있는지요? 현생보다 더 좋지 못한 환경에 더 나쁜 조건의 몸으로 태어날까 두려운 사람이 있는지요? 두려워하지 마십시오. 지금도 늦지 않았습니다. 부처님 법을 만나 배우고 있는 사람이라면 비록 현생에 지은 선업이 부족하고 당장의 수행이 모자라더라도 과거 전생에 쌓은 공덕이 크기 때문에 지금 불법을 만난 것입니다. 지금, 바로 이 순간부터 계를 지키고 보시를 하고 선업을 쌓으면서 열심히 부처님 가르침을 공부하면 됩니다. 지금, 바로 이 순간부터 정신 차려 대면관찰을 열심히 하고, 이 108게송 가운데 한 게송이라도 그 뜻을 체득하면 도의 흐름에 들어갈 수 있습니다. 너무 늦은 때는 없습니다. 지금 바로 이 순간부터 시작하면 됩니다.

열반에 앞서 자신을 섬으로 삼고 가르침을 귀의처로 삼도록 당부하시다

아난다여, 수행자는 어떻게 자신을 섬으로 삼고
자신을 귀의처로 삼고 남을 귀의처로 삼지 않으며,
가르침을 섬으로 삼고 가르침을 귀의처로 삼고
다른 것을 귀의처로 삼지 않는가?

세상에 대한 탐욕과 근심을 제거하면서
열심히 노력하고 분명히 알아차리며 관찰을 확립하고
몸에서 몸을 관찰한다.
세상에 대한 탐욕과 근심을 제거하면서
열심히 노력하고 분명히 알아차리며 관찰을 확립하고
느낌에서 느낌을 관찰한다.
세상에 대한 탐욕과 근심을 제거하면서
열심히 노력하고 분명히 알아차리며 관찰을 확립하고

마음에서 마음을 관찰한다.
세상에 대한 탐욕과 근심을 제거하면서
열심히 노력하고 분명히 알아차리며 관찰을 확립하고
법에서 법을 관찰한다.
- 『쌍윳따 니까야』

▽

　　깨달음을 이루신 후 45년째 되던 해, 세수 팔십이 되신 부처님은 안거를 마치고 시자 아난다와 함께 웰루와 마을에 계시는 동안 몸이 편찮으셨습니다. 부처님은 정진의 힘으로 고통을 견디셨는데 이 모습을 옆에서 지켜보던 아난다는 걱정하며 부처님께 말씀을 올렸습니다. 연로하신 부처님께서 많이 편찮으셔서 걱정을 많이 했지만, 승가에 대해 아무런 지시를 하지 않으신 것을 보니 반열반에 들지는 않으실 듯하여 한편으로 마음이 놓인다고 했습니다. 하지만 부처님은 손에 비밀스레 움켜쥐고 가르치지 않은 것 따위는 전혀 없다고, 모든 것을 가르치셨다고 하시며, 따로 남길 말씀이 없다 하셨습니다. 깜짝 놀란 아난다가 부처님께 반열반에 드시지 말고 오래오래 이 땅에 머물러 주십사 청했습니다. 그러나 부처님은 이제 세수 팔십에 이르렀고, 마치 낡고 부서진 수레를 가죽끈으로 묶어 억지로 움직이는 것처럼 부처님의 몸도 그와 같은 지경이라 하시며, 아난다의 청을 받아들이지 않으셨습니다.

　　아난다는 부처님이 반열반에 드시고 난 후에는 수행자들

이 누구를 믿고 무엇에 의지해야 하는지를 여쭈었습니다. 이에 부처님께서 답하신 말씀이 그 '자등명(自燈明) 법등명(法燈明)', 즉 "자기 자신을 등불로 삼고 자신을 의지하라. 법을 등불로 삼고 법을 의지하라. 이밖에 다른 것에 의지하지 말라."는 가르침입니다. 이 말씀을 들은 아난다가 말씀의 뜻을 여쭈자, 부처님이 그 뜻을 설명해주신 것이 이 게송입니다.

빨리어로 된 니까야에서는 '자기 자신을 섬으로 삼고 자신을 의지하라.'고 기록하고 있는데, 한문으로 옮기면서 '자기 자신을 등불로 삼고 자신을 의지하라.'로 바뀌었습니다. 빨리어 디빠(dīpa)는 '섬〔洲〕'이나 '피난처'라는 뜻도 있고 '등불'이라는 뜻도 있기 때문에 어느 쪽의 옮김도 잘못된 것이 아닙니다. 넓은 바다에서 폭풍우가 휘몰아칠 때 몸을 의탁하여 피할 곳은 파도에 움직이지도 않고 바다에 가라앉지도 않는 섬〔洲〕입니다. 우리가 괴로움의 바다〔苦海〕에서 번뇌의 파도를 만났을 때 우리 자신과 부처님의 가르침을 섬으로 삼아 피난하고 의지하라는 말씀입니다. 캄캄한 어둠 속에서 길을 갈 때 우리가 의지할 것은 길을 밝혀주는 등불입니다. 무명(無明)의 캄캄한 어둠 속에서 나아갈 곳을 몰라 윤회 속을 헤맬 때 우리가 의지할 곳은 우리 자신과 부처님의 가르침이라는 등불입니다. 부처님께서는 이 밖의 그 무엇에도 의지하지 말라고 하셨습니다.

그렇다면, 자기 자신을 섬(피난처)으로 삼고 자신을 귀의처로 삼으며, 법을 섬으로 삼고 법을 귀의처로 삼는다는 말씀은 무슨 뜻일까요? 어떻게 하는 것이 자기 자신과 법을 섬으로 삼고 귀의처로 삼는 것일까요? 두 번째 게송이 이에 대한 설명인데, 부처님은 이 게송을 통해 '네 가지 대면관찰'을 답으로 전하셨습니다.

　　부처님이 깨달으시고 가르치신 법은 연기법과 사성제, 팔정도입니다. 그 가운데 '네 가지 대면관찰'은 팔정도 중 정념, 즉 바른 관찰을 말합니다. 이것은 사념처, 즉 네 가지 대상에 대한 대면관찰입니다. 신(身)·수(受)·심(心)·법(法)의 네 가지 대상, 즉 몸·느낌·마음·법을 관찰하는 것입니다. 몸에 대해 몸을, 느낌에 대해 느낌을, 마음에 대해 마음을, 법에 대해 법을 관찰하는 것입니다. 연기법을 더욱 확장한 십이연기법에서 윤회의 근본 원인을 '무명(無明)'이라고 했습니다. 무명은 명(明)이 어둠에 쌓인 것입니다. 번뇌가 밝음[明]을 가린 것이지요. 우리가 본래 가진 밝음을 되찾으면 윤회에서 벗어날 수 있습니다. 생사해탈을 할 수 있는 것이지요. 본래 가진 밝음을 찾는 방법이 바로 대면관찰입니다. 그래서 연기법과 네 가지 대면관찰이 부처님 가르침의 핵심입니다.

　　부처님이 반열반에 드신 뒤, 뒤에 남은 수행자들이 해야 할 일은 자기 자신과 부처님의 가르침을 의지처로 삼고 귀의처로 삼아 수행하면 됩니다. 그것을 실천하는 방법이 '네 가지 대면관찰'인 것입니다.

열반으로 나아가는
네 가지 선정에 대해
설하시다

비구들이여, 네 가지 선정이 있다. 무엇이 네 가지인가?

비구는 감각적 쾌락과 선하지 않은 법에서 멀어져,

거친 사유와 미세한 사유를 지니고,

멀어짐에서 생겨난 희열과 행복이 있는

첫 번째 선정에 들어 머문다.

비구는 거친 사유와 미세한 사유가 가라앉아

안으로 고요해지고 마음이 한곳에 고정되어,

삼매에서 생겨난 희열과 행복이 있는

두 번째 선정에 들어 머문다.

비구는 희열이 사라진 후 평정이 머물며,

마음챙김과 알아차림을 지녀 행복을 느낀다.

성자들이 말하는 '평정과 마음챙김을 지녀 행복하게 머문다'고

하는 세 번째 선정에 들어 머문다.

비구는 즐거움도 사라지고 괴로움도 사라지고,
희열과 근심도 사라지고, 괴롭지도 즐겁지도 않은,
평정에 의해 도달한 마음챙김의 청정을 지닌
네 번째 선정에 들어 머문다.
비구가 이와 같이 네 가지 선정을 닦고 많이 익히면
그는 열반으로 향하고 열반으로 나아가고 열반으로 들어간다.
-『쌍윳따 니까야』

▽

부처님이 반열반에 드신 뒤, 뒤에 남은 수행자들이 해야 할 일은 자기 자신과 부처님의 가르침을 의지처로 삼고 귀의처로 삼아 수행하는 것입니다. 이 말씀을 실천하는 방법이 '네 가지 대면관찰'인 것입니다. 대면관찰은 몸에 대해 몸을 보고, 느낌에 대해 느낌을 보고, 마음에 대해 마음을 보고, 법에 대해 법을 보는 것입니다.

대면관찰을 꾸준히 하면 처음에는 희열이 찾아옵니다. 관찰자의 입장에서 번뇌를 객관화하여 보게 되면 번뇌에 끄달리지 않게 됩니다. 번뇌에 끄달리지 않으니 기쁨을 느끼게 됩니다. 고통에서 한 발자국 떨어져 관조하는 방법을 배웠기 때문입니다. 대면관찰을 통해 희열을 느끼는 단계가 초선정, 즉 제1 선정입니다.

꾸준히 대면관찰을 하다 보면 억지로 하라고 하지 않아도 자연스럽게 대면관찰을 하기 시작합니다. 그러면서 희열과 행복을 느낍니다. 거친 생각과 미세한 생각이 가라앉고 마음이 집중되면서 희열과 행복을 느끼게 됩니다. 희열이 거친 기쁨이라면 행복은 잔잔한 기쁨입니다. 이 단계가 제2선정입니다. 계속 꾸준히 닦다 보면 제3선정에 듭니다. 마음이 희열의 거친 기쁨을 떠나 중립적인 평정 상태에 있게 되며, 행복을 느끼는 단계입니다.

마지막 경지가 제4선정인데 궁극의 경지로, 행복조차 없어진 경지입니다. 오직 평정만 남습니다. 마치 고요한 바다처럼 말입니다. 즐거움도 괴로움도 모두 소멸되어 마음이 평온하고 생각이 청정해집니다. 우리가 행복을 느낀다는 것은 좋은 것입니다. 그러나 행복을 느끼는 상태는 불행을 느낄 여지도 아직 있다는 것입니다. 행복조차 초월해야 진정한 행복이 됩니다. 그것이 바로 평정 상태입니다. 이것이 무아법에 통달한 상태, 무아의 맛입니다. "행복해."라고 말할 때는 아직 내가 있는 것입니다. 진정한 무아는 행복감마저 쉰, 평정 상태입니다.

불교의 선정에는 아홉 가지 종류가 있는데 이를 구차제정이라고 합니다. 색계의 사선정과 무색계의 사선정 그리고 멸진정까지 포함해 아홉 단계의 선정을 말합니다. 이 중에서 중요한 선정은 색계의 사선정입니다. 부처님이 성도하실 때 색계의 사선정을 차례로 거쳐 제4선에서 깨달음을 얻으셨고, 반열반에 드실 때도 제4선에서 반열반에 드셨습니다.

108

부처님 열반 후 정법이
오래 지속되려면
어찌 해야 하나요?

여래가 완전한 열반에 든 뒤
정법(正法)이 오래 머물지 못한다면
네 가지 대면관찰을 닦지 않고
많이 익히지 않았기 때문입니다.
여래가 완전한 열반에 든 뒤
정법이 오래 머문다면
네 가지 대면관찰을 닦고
많이 익혔기 때문입니다.
－『쌍윳따 니까야』

▽

사꺄무니 부처님은 룸비니의 무우수 아래에서 태어나, 스물아홉에 출가하여 6년 동안 수행하셨고, 서른다섯에 부다가야의 보리수 아래에서 성도하셨고, 45년 간 유행하며 전법하시다가, 여든에 꾸시나가라의 사라쌍수 아래에서 반열반에 드셨습니다. 부처님이 반열반에 드신 후 그 가르침이 온전히 남아 있고 이에 따라 수행하면 깨달음을 얻을 수 있는 시대가 정법(正法) 시대입니다. 정법 시대가 지나면, 부처님 가르침이 남아 있고 이에 따라 수행하는 사람도 있지만 깨달음을 얻는 이가 드문 시대가 상법(像法) 시대입니다. 상법 시대가 지나면, 가르침은 남아 있어도 이에 따라 수행하여 깨달음을 얻기 매우 힘든 시대가 말법(末法) 시대입니다.

전해지는 문헌에 따라 이 세 시대의 기간이 조금씩 다릅니다. 정법 500년, 상법 1,000년, 말법 1만 년이라고 하는 곳도 있고, 정법 1,000년, 상법 1,000년, 말법 1만 년이라고 하는 곳도 있습니다. 부처님이 반열반에 드신 지 2,600년이 지난 지금은 어떤 설에 따르더라도 분명한 말법 시대입니다. 지금이 비록 말법 시대일지라도 부처님의 바른 가르침이 사라진 것은 아닙니다. 수행하기가 더욱 힘들고 깨달음을 얻기는 그보다 더 힘들지라도 열심히 수행하면 누구나 생사해탈을 할 수 있습니다. 늙고 죽음의 문제를 해결하기 위해 어떤 수행을 해야 할까요? 그 답이 이 게송 안에 있습니다. 바로 네 가지 대면관찰입니다.

부처님은 나고 죽는 고해를 뛰어넘는 법을 찾아 수행하셨고, 모든 현상에는 원인이 있다는 연기법을 깨달았습니다. 그리고 늙고 죽음의 원인을 찾아보고 십이연기의 법칙을 말씀하셨습니다. 늙고 죽음의 원인을 찾아보니 무명(無明) 때문이었습니다. 본래 밝음[明]이 가려져 무명이 되었고, 무명을 깨뜨려 본래 밝음을 드러내기 위해서는 무아법(無我法)을 체득하면 됩니다. 나라는 것은 본래 없는데 나의 생각, 나의 고집을 주장하다 보니 내가 생겨났고, 내 고통이 사라지게 하려면 내가 사라져야 함을 아는 것이 무아법을 체득하는 것입니다.

이 무아법을 체득하는 방법이 네 가지 대면관찰입니다. 몸에 대해 몸을 보고, 느낌에 대해 느낌을 보고, 마음에 대해 마음을 보고, 법에 대해 법을 보는 것입니다. 거울에 비친 내 모습을 보듯, 영화를 보듯 관찰자가 되어 관찰하면 됩니다. 관찰할 때 닉네임을 붙여서 하면 관찰이 더 쉽게 잘 됩니다. 느낌을 관찰하되 '내가 슬프구나.' 하고 관찰하지 말고, 영화관에서 영화를 보듯이 '복덩이가 슬프구나.' 하고 별명을 지어 거리를 두고 관찰하면 됩니다.

2,600여 년 전 석가모니 부처님이 남긴 가르침을 담은 서적을 경전이라고 합니다. 현대에 살고 있는 우리들은 원하면 언제든 경전을 찾아 부처님의 가르침을 배우고 되새길 수 있습니다. 그러나 부처님이 살아 계실 당시에는 경전이 없었습니다. 부처님은 가르침을 모두 게송으로 전했지요. 이 게송을 문자로 기록한 경전이 쓰인 것은 부처님 열반 후에도 몇 백 년이 지나서입니다. 부처님의 가르침을 책이라는 형태로 만들기 전에 스님들은 암송으로 후대에 전했습니다.

제가 부처님의 일대기를 108개의 게송으로 정리한 데는 이유가 있습니다. 게송이 산문이나 설명조의 긴 문장보다 부처님 가르침의 원초적 형태에 더 가깝기 때문입니다. 책이라는 것이 없었던 당시에는 부처님 말씀을 모두 외워서 전해야 했기 때문에 암송하기 쉬운 게송(노래나 시의 형태)으로 전했으니까요. 즉 게송은 불교 경전의 원형인 것입니다.

이 책은 부처님의 전생 이야기에서부터 탄생과 출가 그리고 중요한 가르침과 입적에 이르기까지 가장 중요한 것들과 관련된 게송을 따로 모은 것입니다. 이 게송들을 모으고 정리한 뒤 얼마나 기뻤는지 모릅니다. 죽어도 여한이 없다고 생각했을 정도입니다. 108개의 게송을 모아 정리한 뒤 넉 달간 무료로 강의를 펼친 이유도 이 게송들에 담긴 뜻을 바르게 전하기 위해서였습니다.

부처님 생애와 가르침을 108게송으로 모아 정리한 이 책을 통해 초기불교의 중요한 법을 전한 후에는, 대승불교의 경전에서 부처님 가르침을 108개의 게송으로 모아 '담마(법)의 노래'로 엮고, 그다음에 '상가(승가)의 노래'로 선불교를 정리할 예정입니다. 불법승 삼보를 씨줄로 하고, 초기불교와 대승불교 그리고 선불교를 날줄로 한 인드라망이 중생을 건지리라 믿습니다. 저는 그런 원력을 세우고 정진할 것입니다.

이 책에서 실려 있는 『담마빠다 아타까타』와 『법구경』의 많은 게송은 무념 스님과 응진 스님이 빨리어 법구경 주석서 『담마빠다 아타까타』를 우리말로 옮긴 『법구경 이야기』에서 인용한 것입니다. 부처님 가르침을 널리 전하기 위해 방대한 양의 주석서를 꼼꼼히 그리고 아름다운 우리말로 옮기고 그 내용의 게재를 허락해준 무념 스님께 깊은 감사를 전합니다. 스님들의 이러한 노력 덕분에 부처님의 가르침이 더욱 널리 퍼지게 되었습니다.

행불사문 월호 합장

일러두기

아래의 게송들은 『법구경 이야기』(무념·응진 역, 옛길) 1~3권에서 인용한 것입니다.
표현의 통일성을 위해 〈마음챙김〉과 〈부처님〉 등의 단어를 〈대면관찰〉과 〈붓다〉로 수정하였습니다.
게송의 게재를 허락해준 무념 스님께 감사드립니다.

〈붓다의 노래〉 강설집

붓다!
기쁨의 노래

초판 1쇄 발행 2018년 3월 29일

◉

지은이	월호
펴낸이	오세룡
기획·편집	정선경, 이연희, 박성화, 손미숙, 최상애
취재·기획	최은영, 권미리
디자인	쿠담디자인
	고혜정, 김효선, 장혜정
홍보·마케팅	이주하

◉

펴낸곳   담앤북스
서울시 종로구 사직로8길 34(내수동)
경희궁의 아침 3단지 926호
대표전화 02) 765-1251
팩스 02) 764-1251
전자우편 damnbooks@hanmail.net

◉

출판등록 제300-2011-115호

◉

ISBN 979-11-6201-074-7 (03220)

◉

이 도서의 국립중앙도서관 출판예정도서목록(CIP)은
서지정보유통지원시스템 홈페이지(http://seoji.nl.go.kr)와
국가자료공동목록시스템(http://www.nl.go.kr/kolisnet)에서
이용하실 수 있습니다. (CIP제어번호: CIP2018009427)

◉